W0389457

Relia Wecker

Krebs – Erfahrungen einer spirituellen Suche

Relia Wecker

Krebs – Erfahrungen einer spirituellen Suche

Lüchow

Hinweis

Das Buch ersetzt weder medizinische Diagnosen noch Therapien. Im akuten Krankheitsfall sollte stets fachärztlicher Rat eingeholt werden. Die praktischen Hinweise sind eine subjektive Empfehlung der Autorin und keine Patentrezepte. Sie dienen lediglich als Anhaltspunkte für den eigenen Weg aus der Krankheit, der sich immer am individuellen Fall orientieren muss. Auch wegen der großen Zahl von Therapien, Gesundheitstipps und Buchveröffentlichungen zum Thema Krebs kann die Auswahl an praktischen Hinweisen nur begrenzt sein.

Originalausgabe
Copyright © 2004 Lüchow Verlag, Stuttgart
Der Lüchow Verlag ist ein Unternehmen
der Verlagsgruppe Dornier
Alle Rechte vorbehalten
Umschlaggestaltung: Nies-Lamott Design, Sternenfels
Redaktion: Christine Stecher
Satz: de·te·pe, Aalen
Druck und Bindung: Clausen & Bosse, Leck
Printed in Germany

ISBN 3-363-03044-4
www. luechow-verlag.de

Inhalt

Widmung

Wie kann man sich beim Göttlichen bedanken und ihm etwas widmen, da es alle und alles erschaffen hat? Ohne die Gnade Gottes und Mata Amritanandas Liebe und Unterstützung hätte diese Geschichte nicht geschrieben werden können

Vorwort

Dieses Buch entstand als Antwort auf die vielen Fragen, die mir von Menschen gestellt worden sind, die wie ich an Krebs erkrankten. Sie wollten wissen, wie ich es geschafft habe, den Krebs bei mir zum Stillstand zu bringen.

Ich fing an aufzuschreiben, was ich selbst ausprobiert hatte, und stellte zunächst Selbsthilfeunterlagen mit dem Titel *Der andere Weg*[1] zusammen. Doch die Erfahrung zeigte mir, dass Selbsthilfemaßnahmen – auch unter gleichzeitiger Anwendung von schulmedizinischen Therapien – nur dann greifen, wenn bei den Betroffenen ein echtes Umdenken stattfindet und es zu einer umfassenden Neuorientierung kommt.

Seine Lebenseinstellung grundlegend ändern – das war in meinen Augen die wirkungsvollste Medizin. Viele Menschen wollten nun von mir wissen, wie sie es schaffen könnten, sich umzuorientieren und die Weichen in Richtung Heilwerden zu stellen. Doch ich vermochte keine pauschalen Ratschläge zu geben. Mit der Diagnose Krebs steht jeder vor einer ganz persönlichen Wegkreuzung. Es ist für einen Außenstehenden schwierig, die individuell sinnvollen Schritte zu empfehlen. Um in dieser Situation den Erkrankten Mut für den eigenen Weg zu machen, erzählte ich immer öfter von meinen eigenen Erfahrungen. Daraus entstand dieses Buch.

Eine Krebserkrankung ist stets eine große Chance zur Lö-

[1] Bezugsquelle: Verein Amrita e.V. (siehe Anhang).

sung von einengenden Bindungen und Verhaftungen. Die Krankheit schenkt die Freiheit, den alten Weg oder die alten Gedanken, die krank gemacht haben, loszulassen. Wenn ich nicht resigniere, sondern unermüdlich suche, um das göttliche Selbst in mir zu finden, werde ich durch die innere Kraft getragen, bis Freude und Frieden in meinem Herzen erblühen. Ich habe die Erfahrung gemacht, dass dann an die Stelle von Angst umfassende Liebe tritt.

Der Schmerz ist das Zerbrechen der Schale des Ego, die den Kern – das wahre göttliche Selbst – eingeschlossen hält. Erst als ich erkennen durfte, dass all mein Schmerz aus der Seele stammte, die wieder in ihren Ursprung eintauchen wollte, und dass in der Hingabe an die jeweiligen Umstände der Schlüssel liegt, öffnete sich das Tor. Alles Weh ist Heimweh.

Der Schock

April 1991. Müde und erschöpft von der langen Zugreise komme ich spät am Abend in dem kleinen bayerischen Ort Weyarn an. Ich möchte mich dort für die nächsten acht Tage für eine Meditationsübung zurückziehen. In Hannover habe ich soeben die letzten Kurse der Heilpraktikerschule mit Erfolg beendet. Bevor ich mich der staatlichen Prüfung stelle, möchte ich mich in der Stille sammeln und Kraft tanken.

Die Umgebung ist mir vertraut. Liebe Freunde führen dieses Meditationshaus, und mein langjähriger japanischer Zen-Meister, Fumon Roshi, wird die Meditationen der kommenden Woche leiten.

Statt mit den eintreffenden Mitübenden eine Tasse Tee zu trinken, ziehe ich mich gleich in den großen Meditationsraum zurück, suche einen Platz und setze mich auf mein schwarzes rundes Kissen. Wie immer liegt eine ruhige, friedliche Stimmung in dem schönen Raum. Sie hat es mir bislang stets leicht gemacht, mich langsam vom Alltag zu lösen und den Weg nach innen zu betreten. Aber dieses Mal ist alles ganz anders: In der Ruhe dieses Raumes merke ich, wie in mir alles aufgewühlt ist und brodelt.

Ich falte meine Beine zum Schneidersitz und versuche, den Rücken gerade aufzurichten und die Schultern fallen zu lassen. Ich möchte meine Aufmerksamkeit auf den Atem richten und beobachten, wie er ein- und ausfließt. Aber all dies ist mir heute nicht möglich. Ich bin einfach viel zu müde und unkonzentriert.

Unterdessen sind die anderen Teilnehmer gekommen, um die gemeinsame Abendmeditation zu beginnen, und der Zen-Meister schlägt dreimal die Glocke. Es ist das Zeichen dafür, dass die eingenommene Sitzposition auf dem Kissen während der nächsten fünfundvierzig Minuten durchgehalten werden sollte.

Mit aller Kraft versuche ich, mit geradem Rücken zu sitzen und mich auf den Atem zu konzentrieren. In meinem Kopf hämmert jedoch die Frage: »Was ist nur los? Warum bin ich so erschöpft?«

Gewiss, die letzte Zeit in der Heilpraktikerschule war sehr anstrengend. Aber allein davon kann ich doch nicht so unendlich müde sein!

Tausend andere Gedanken wirbeln durch meinen Kopf. Ich finde keinen Weg, keinen Zusammenhang. Im Gegenteil, ich stelle deprimiert fest, dass ich weit von dem Ziel entfernt bin, das ich mir gesteckt hatte, als ich vor zehn Jahren mit der Meditation begann. Damals war ich siebenunddreißig Jahre alt und hatte gehofft, ruhiger und gelassener zu werden – und vielleicht auch weniger an Migräneanfällen und Gelenkschmerzen zu leiden. Außerdem wollte ich Antworten finden auf meine vielen Fragen: Warum? Wieso? Woher? Wohin?

Stattdessen sitze ich jetzt auf dem Kissen, kann mich kaum aufrecht halten, und in meinem Kopf tobt es. Ich habe keine Ahnung, wie viele der fünfundvierzig Minuten schon verstrichen sind. Ich weiß nur, dass ich noch durchhalten muss, bis das Glöckchen wieder erklingt und das Ende der Sitzzeit anzeigt. Ich nehme meine restliche Kraft zusammen, um wenigstens einigermaßen gerade zu sitzen. Ich kann keinen klaren Gedanken mehr fassen und konzentriere mich nur noch auf das Durchhalten.

Genau an dem Punkt, an dem mein Wille nichts mehr vermag, das Denken keinen Ausweg mehr findet, der Körper ein einziger verzweifelter Schrei ist, passiert es wieder: Das Bewusstsein kann sich nirgendwo mehr festhalten und anklammern. Es lässt die Ebene der fünf Sinne, des Wissens, hinter sich. Es ist durch die angestrengte Konzentration gleichsam zusammengezogen worden, und am kleinsten Punkt hat es sich gewandelt und sich ins Unendliche oder All-Eine ausgedehnt.

Der Klang des Glöckchens lässt Zeit, Raum und Körpergefühl wieder einsetzen, und ich nehme wahr, wie ich – noch immer im Zustand tiefer Sammlung – aufstehe, mich verneige und schweigend in mein Zimmer gehe. Trotz der Müdigkeit, die sich jetzt wieder bemerkbar macht, bin ich hellwach und ganz klar.

In meinem Zimmer gibt es ein kleines Waschbecken, und ich versuche, mich mit kühlem Wasser zu reinigen. Auch ein kleiner Spiegel hängt dort. Als ich meinen Oberkörper abreibe, sehe ich im Spiegel wieder die zwei kleinen, etwa anderthalb Zentimeter langen Falten an der Außenseite der rechten Brust, die ich schon seit ein paar Monaten kenne. Schlagartig ist mir jetzt klar: Das hat nichts mit dem Alterungsprozess zu tun, das ist Krebs! Jetzt taste ich zum ersten Mal diese Stelle ab – und erfühle einen etwa anderthalb Zentimeter großen Knoten.

Mir stockt der Atem. Mit einem Mal erscheint mir alles sinnlos.

Wie versteinert stehe ich in der kleinen kalten Schlafkammer, und wie ein Film laufen siebenundvierzig Lebensjahre vor meinem inneren Auge ab.

Ich sehe mich wieder als Arbeiterkind, das am Rand der Stadt Zürich, im wunderschönen Limmattal, aufwächst. Wir wohnten in einem alten abbruchreifen Haus direkt am Fluss. Meine Schule lag auf dem Berg, wo die feinen Leute wohnten. Meine Mitschüler ka-

men deshalb fast ausschließlich aus wohlhabenden Familien; ich dagegen war die Außenseiterin.

Schon mit zehn Jahren fing ich an, für diese feinen Leute schwere Einkaufstaschen zu tragen und Treppenhäuser zu fegen. Mit solchen Arbeiten kannte ich mich aus, denn meine Mutter hatte mich schon als kleines Kind mitgenommen, wenn sie zum Putzen ging. Als ich größer wurde, konnte ich ihr mitunter ein wenig bei der Arbeit helfen. So war ich für die Eltern meiner Mitschüler »die von da unten«. Selten durfte ich eine Klassenkameradin zum Spielen nach Hause begleiten; ich wurde nicht zu den Kindergeburtstagen eingeladen – ich war einfach nicht fein genug.

Da die Lehrer der Meinung waren, dass aus mir nie etwas werden würde, verließ ich mit vierzehn Jahren die Schule und lernte im Ausland als Au-pair-Mädchen zunächst einmal drei Sprachen. Anschließend machte ich eine Lehre als Verkäuferin. Gern hätte ich die Kunstschule besucht, denn ich liebte das Singen und Zeichnen. Bei beidem zeigte ich auch sehr viel Talent, aber einem Kind einfacher Arbeiter war damals solch eine Ausbildung nur schwer zugänglich. Mit zwanzig Jahren hatte ich mich trotz allem von der kleinen Verkäuferin zur Einkäuferin hochgearbeitet und reiste zu vielen Messen, um für den Kaufhauskonzern, bei dem ich angestellt war, Kunstgewerbe-Objekte und Antiquitäten einzukaufen.

Ich war einundzwanzig Jahre alt, als ich einen Mann kennen lernte. Vollkommen naiv und unerfahren, wie ich damals war, wurde ich prompt schwanger. Er aber verlangte, das Kind abzutreiben. Er meinte, dass kein Kind leben dürfe, das er gezeugt habe – natürlich verstand ich seine Argumente überhaupt nicht. Die Verbindung war zudem »nicht standesgemäß«, denn er kam im Gegensatz zu mir aus bestem Haus. Es war eine traurige Zeit. Obwohl ich das Kind abtrieb, brachte er sich auf schreckliche Weise selbst um.

All diese Ereignisse zehrten an meinem Gemüt und an meiner ohnehin schon schwachen Gesundheit. Ich bekam plötzlich sehr starke

Knochen- und Gelenkschmerzen, die mich die nächsten fünfundzwanzig Jahre begleiten sollten. Zusätzlich erlitt ich in vierzehntägigem Rhythmus mit jeder Periode und mit jedem Eisprung einen Migräneanfall, sodass ich eigentlich keinen Tag ohne mehr oder minder starke Schmerzen war. Kein Mensch konnte mir helfen, obwohl ich von Arzt zu Arzt pilgerte und Psychiater wie Heilpraktiker aufsuchte.

Ich war religiös erzogen worden, und bislang hatte mir nur der Glaube über alles hinweggeholfen. Ich ging von Kindheit an jeden Sonntag in die Gottesdienste der Christlichen Wissenschaft, eine Glaubensgemeinde, zu der sich meine sehr fromme Mutter bekannte. Die Glaubenslehre dieser Gemeinde war von der Amerikanerin Mary Baker Eddy 1875 in dem Buch Wissenschaft und Gesundheit *niedergelegt worden. Die später gegründete Kirche nannte sie Christian Science – Christliche Wissenschaft. Grundlage ist der Glaube, dass Gott den Menschen zu seinem Bild und Gleichnis geschaffen hat. Demzufolge ist das Böse und sind Krankheiten unwahr. Wenn das Denken völlig auf das Göttliche ausgerichtet wäre, würde alles Böse und Krankhafte aufgelöst.*

Nach allem, was ich in meinen ersten zweiundzwanzig Lebensjahren erfahren hatte, begann ich jedoch an dieser Lehre zu zweifeln. Zuvor war Gott für mich mein innigster Freund gewesen, und in innerer Zwiesprache hatte ich immer alles mit Gott beredet und geklärt. Ich war bislang felsenfest davon ausgegangen, dass das Gute letztendlich siegen würde, wenn ich positive, gute Gedanken hätte, wenn ich betete und glaubte. Ich konnte damit jedoch weder meine eigenen Schmerzen lindern, noch all das Gemeine und Diskriminierende, das ich als Kind erlebt hatte, erklären und verstehen.

Die Fragen nach dem Warum, nach dem Wieso und der Präsenz Gottes begannen wie ein riesiges Feuer in mir zu brennen. Es zwang mich zu der Suche nach diesem Gott – und auch nach etwas, das meine Schmerzen lindern würde.

Wegen der unerträglichen Schmerzen riet mir damals eine Bekannte, mich an die Bircher-Benner-Klinik in Zürich zu wenden und mich über Ernährung zu informieren. Dies war für mich ein fremder Gedanke, da ich immer froh gewesen war, dass wir zu Hause überhaupt genug zu essen bekamen, und ob das, was auf den Tisch kam, gesund war, wagte ich nicht in Frage zu stellen. Trotzdem ging ich in der Hoffnung auf Schmerzlinderung für drei Wochen in diese Klinik, bekam Birchermüsli, Rohkost, und Leberwickel. Alles war wunderbar, aber meine Schmerzen ließen nicht nach. So suchte ich weiter. Meine Reise führte mich von A wie Ayurveda über F wie Fasten über M wie Mayr-Kur und Makrobiotik zu S wie Schnitzer (Rohkost und Körner) und Z wie Za-Zen (einfach sitzen).

Weil die verschiedenen Ernährungsformen, die ich ausprobierte, mir keine Erleichterung bei den Schmerzen brachten, befasste ich mich mit Selbsthilfemethoden und machte eine Yogalehrerausbildung, lernte Jin Shin Jyutsu und Reiki. Außerdem fing ich an, mich mit Erdstrahlen, Wasseradern und Elektrosmog zu beschäftigen.

Mit siebenundzwanzig Jahren heiratete ich und zog zu meinem Mann nach München. Carl wollte mir helfen, meine Schmerzen loszuwerden, und schickte mich zu den besten Ärzten, aber auch sie konnten meine Qualen nicht lindern. Sie verschrieben mir lediglich Schmerzmittel oder überwiesen mich zum Psychiater.

Nach vielen Jahren des Suchens traten außerdem plötzlich unerträgliche Schmerzen in meiner linken Schulter auf, die mir den Schweiß auf die Stirn trieben und die sich fast wie eine Herzattacke anfühlten. Im Münchner Herzzentrum ließ ich mich von Kopf bis Fuß untersuchen. Der Assistenzarzt, der das Abschlussgespräch führte, meinte mit dem mir so bekannten milden Lächeln, es sei doch alles in bester Ordnung und ich solle vielleicht eine Krankengymnastin aufsuchen.

Plötzlich wird mir alles klar. Wie hatte der Lehrer in der Heilpraktikerschule doch gesagt: »Wenn ein Schulter-Arm-Syndrom auftritt, das nicht diagnostiziert und eingeordnet werden kann, sollte man die Brust auf eventuelle Tumore untersuchen.«

Immer noch vor dem Spiegel stehend, zitternd und fröstelnd komme ich wieder in die Gegenwart zurück, und ich sehe mich mit der unfassbaren Tatsache konfrontiert, dass ich jetzt auch noch Krebs habe.

Die Uhr zeigt weit nach Mitternacht. Alles ist totenstill im Haus. Ich kann mich kaum bewegen, so steif und kalt bin ich.

Wieder brennt eine Frage wie Feuer in meinem Herzen: Warum, warum, warum? Als ich endlich unter der Decke liege, ist an Schlaf nicht zu denken. Die Gedanken rasen weiter. Wofür habe ich denn gebetet, gelitten, gekämpft, mich lächerlich gemacht als Vegetarierin, »Körnerfresserin«, Andersdenkende, umweltbewusste Radfahrerin, wenn ich jetzt auch noch Krebs habe! Was würde mein Mann Carl dazu sagen?

All den esoterischen, ganzheitlichen Wegen, die ich damals entdeckt und praktiziert hatte, um endlich schmerzfrei zu werden, begegnete Carl mit tiefstem Misstrauen. Er tat sich schwer, dafür Verständnis aufzubringen. Für ihn bestand ja auch keine Notwendigkeit, sich mit alternativer Medizin auseinander zu setzen: Carl war kerngesund, erfolgreich in seinem Managerberuf tätig und ein richtiger Widder: lebensfroh und voller Kraft. Als ich ihn am Anfang unserer Partnerschaft vor einem Leben mit mir, einer Frau, die dauernd an Schmerzen litt, warnte, hatte er nur gemeint: »Das kriegen wir schon hin, dafür gibt es gute Ärzte.«

Im Jahr 1972, zwei Jahre nach dem Tod seiner ersten Frau, hatten Carl und ich uns kennen und lieben gelernt. Da ich mich mit seinen Kindern auf Anhieb sehr gut verstand, heirateten wir sofort.

Zwar hatte ich weniger Kontakt zu seinem ältesten Sohn Thomas, der im Internat lebte, aber mit den beiden Töchtern Lynn und Sarah, die damals acht und sieben Jahre alt waren, entwickelte sich ein inniges Verhältnis.

Ich zog nach München in das Haus meiner neuen Familie, in dem Carls erste Frau auch gestorben war – und es ging mir tagtäglich schlechter. Ich konnte morgens kaum auf meinen Füßen stehen, so weh taten mir meine Knochen. Jetzt hatte ich jedoch einen großen Haushalt mit vielen gesellschaftlichen Verpflichtungen zu führen, hatte Kinder großzuziehen, musste Geschäftsessen und -reisen organisieren. Die Ärzte konnten mir nicht helfen, die Schmerzen loszuwerden. Carl steckte tief in seiner Arbeit, und so war es ihm nicht möglich, mich zu Hause zu entlasten. Durch die neuen Lebensumstände, vor allem durch das Essen in Restaurants und das Reisen, häuften sich meine Migräneanfälle noch mehr, und nur mein unerschütterlicher Glaube an Gott und meine Hoffnung auf Besserung ließen mich weitermachen. Obwohl ich jetzt verheiratet war, war ich wieder ganz allein mit meinem Schmerz und meinem Herrgott.

Das Rasseln des Weckers unterbricht meine trüben Gedanken. Es ist vier Uhr früh. O weh, ich hatte mich zum Weckdienst eingetragen! Mechanisch mache ich schnell Morgentoilette und bin rechtzeitig zur Stelle, um den Gong zu schlagen. Jeder Kursteilnehmer weiß, dass dreißig Minuten später die Meditation beginnt.

Wegen der ungewöhnlich frühen Stunde sitzen alle recht schlaftrunken wieder auf ihrem Kissen. Pünktlich um halb fünf fängt dann unser Meditationstag an. Auch ich versuche, meine Beine so hinzulegen, dass sie während der kommenden fünfundvierzig Minuten eine gute Grundlage bilden, auf der ich meinen Rücken gerade halten kann.

Das Glöcklein wird geschlagen, und sogleich stürzen die

Gedanken wieder auf mich ein: Wozu das alles, wenn ich doch jetzt Krebs habe?

Dennoch bin ich froh und dankbar, in dieser schweigenden Gruppe aufgehoben zu sein und die Kraft des Meisters im Rücken zu spüren. Zwar sind trotz Meditationspraxis meine Schmerzen über all die Jahre gleich geblieben und die äußeren Umstände haben sich nicht verändert, aber ich werde mir gerade jetzt einer inneren Kraft bewusst, die mich trägt wie nie zuvor. Plötzlich kann ich meine momentane Situation ganz ruhig betrachten, es ist fast so, als ob jemand anders diese Relia beobachtet, die da auf dem Kissen hockt und deren Gedanken herumirren. Aber diese andere ist nicht außerhalb von mir, sondern in gewisser Weise tief in mir selbst. Diese andere Instanz, das Selbst, ist ganz unbeeindruckt von der Situation, in der ich mich befinde; das Selbst ist ruhig und klar. Plötzlich kann ich auch loslassen.

»Wenn das mein Weg ist, dann gehe ich ihn« – Ich erinnere mich an Ramana Maharshi, einen indischen Heiligen, der an Krebs gestorben ist. Das Buch über sein Leben mit dem Titel Wer bin ich? *war mir 1981 von einem guten Freund zum Lesen empfohlen worden. Ich hatte bis zu diesem Zeitpunkt eigentlich nie Bücher gelesen; es gab kein Werk, das mich wirklich interessiert hätte. In meiner Kindheit war Bücherlesen verpönt gewesen; nur die praktische Arbeit hatte gezählt. So kostete es mich auch einige Überwindung, in einen Buchladen zu gehen und dieses Buch zu kaufen. Doch dann war das Werk damals für mich eine solche Offenbarung, dass ich es nicht mehr aus den Händen legen konnte. Ich las es immer wieder von Neuem. Ich konnte es zwar nicht wirklich verstehen, aber etwas in mir verstand. Endlich zeigte sich ein Silberstreifen am Horizont. Lange vergessenes Wissen schien sich einen Weg zu bahnen, und eine unerklärliche Sehnsucht ergriff mich. Jedesmal wenn ich in dem*

Buch las, wurde ich ruhig und klar. Es stellte den Kontakt zu etwas her, das in mir immer ruhig und klar gewesen ist.

Genau diese tiefe innere Ruhe tritt jetzt beim Stillsitzen auf dem Kissen ein. Die Gedanken haben gegen sie keine Chance, und ich entspanne mich. Ich kann die ganze Situation losgelöst betrachten.

Noch liegen sechs Tage vor mir, die ich in diesem Meditationshaus, in diesem geschützten Raum, schweigend verbringen darf – genügend Zeit, um mir über die weiteren Schritte Gedanken zu machen. Eines steht für mich fest: Auf keinen Fall werde ich mich der schulmedizinischen Krebsbehandlung unterziehen. Ich bin schon jetzt viel zu müde, um mich auch noch einer Strahlen- oder Chemotherapie auszusetzen. Außerdem kenne ich in meinem Bekanntenkreis keinen Krebspatienten, dem diese Tortur geholfen hätte, den Krebs zu besiegen. Wenn ich diese Welt verlassen muss, dann soll es in Frieden und Ruhe geschehen – und dazu werde ich meine ganze Kraft brauchen, die ich jetzt noch besitze.

In allen spirituellen Büchern, die ich gelesen habe, wird der Tod als ein Übergang beschrieben: als ob wir ein altes Kleid – den Körper – ablegen und uns ein neues anziehen würden. Durch Meditation war ich schon öfter in Bewusstseinsbereiche gelangt, in denen sich der Schleier ein wenig gelüftet hatte und ich Rückerinnerungen an frühere Leben auf der inneren Leinwand als Film betrachten konnte. Oft erkannte ich im Nachhinein auf Reisen solche Schauplätze wieder, genau wie ich sie zuvor vor meinem inneren Auge gesehen hatte.

Für mich sind die verbleibenden stillen Tage unendlich viel wert. Ich versuche mich nach Kräften auf den Atem zu konzentrieren, um nicht mehr von den Gedanken überrannt zu werden. Daraus wächst in mir sehr viel Kraft, und ich werde wieder ruhig. Und langsam mache ich Pläne. Als Erstes werde ich mir sofort Literatur zum Thema Krebs besorgen. Ich hatte mich zuvor nie mit dieser Krankheit beschäftigt. Auch weiß ich, dass es in der Schweiz eine spezielle anthroposophische Krebsklinik gibt; dahin werde ich mich zuerst wenden. Ich will um keinen Preis von Diagnosen und Therapievorschlägen überrumpelt werden, sondern mich zuerst informieren. Wieder einmal kann ich nur auf Gottes Hilfe und Führung vertrauen, wo sonst sollte ich mich auch hinwenden?

Als ich mich wieder gefasst habe, erzähle ich meiner Freundin Helena, die mit ihrem Mann das Meditationshaus leitet, von dem Knoten. Sie nimmt mich in ihre Arme und hält mich fest. Was gibt es schon zu sagen!

Am Tag der Abreise erzähle ich dann Fumon Roshi, dem Zen-Meister, dass ich Krebs habe. Er schweigt, und ich bin ihm dankbar. Dadurch hilft er mir, ebenfalls im Jetzt zu sein. In diesem Moment und im Hier ist doch alles gut, so wie es ist. Wie lehrt er immer aus dem *Shin Jin Mei*: »Der höchste Weg ist gar nicht schwer, nur abhold wählerischer Wahl.«[2]

[2] *Bi-yän-Lu Bd. 1, Wilhelm Gundert, München 1977*

Die Entscheidung

Die Rückkehr in den normalen Alltag nach der Woche in der Stille fiel mir besonders schwer, denn nichts schien mehr »normal« zu sein. Ich musste einen ganz neuen Weg finden. Eine Entscheidung, wie ich diese bedrohliche Situation angehen sollte, konnte ich auch nicht mit dem Verstand treffen. Es blieb nur wieder das Vertrauen in die höhere Führung: »Dein Wille geschehe.«

Der Familienalltag musste wieder organisiert werden, und dieser sah auch ohne eine solche Hiobsbotschaft recht kompliziert aus. Zudem war es für mich unerträglich geworden, mich in unseren Wohnräumen aufzuhalten. Ich schlief meist in meinem Yogastudio und pendelte täglich zwischen Wohnhaus und Yogastudio hin und her.

Als ich 1972 nach unserer Hochzeit in Carls Haus gezogen war, hatte ich bald gemerkt, dass es kein guter Platz für mich war. Ich verlor an Kraft und bekam gleichzeitig immer mehr Knochen- und Gelenkschmerzen. Ich hatte damals keine Erklärung dafür. In den frühen siebziger Jahren gab es nur wenig Informationen über Erdstrahlen oder Wasseradern. Aber ich hatte das Glück, dass mir eine Bekannte etwas davon erzählte, worauf ich gleich hellhörig wurde. Vielleicht lag so etwas in meinem Fall vor?

Ich ließ einen Rutengänger zu uns nach Hause kommen. Er stellte fest, dass das Haus tatsächlich auf einem sehr ungünstigen Platz mit vielen unterirdischen Wasserläufen, Kreuzungen und Verwerfungen erbaut worden war. Das Wohnklima und vor allem die Schlafplätze waren dadurch extrem gestört und ungesund. Auf diese Weise konnte ich mich nachts nicht genügend regenerieren. Es ließ sich im ganzen Haus eigentlich kein einziger Platz finden, wo man hätte friedlich schlafen können. Wenigstens wurde mein Bett nach dem Besuch des Rutengängers von der schlimmsten Stelle weggeschoben.

Der Rutengänger war ein weiser alter Mann, der sich auch anteilnehmend nach meinem Befinden erkundigte. Ich verstand damals die Tragweite seiner Worte noch nicht, als er sagte: »Bleiben Sie so positiv und fröhlich, und geben Sie Ihr Gottvertrauen nie auf!«

Carl schien das schlechte Wohnklima nichts auszumachen; aber er hielt sich die meiste Zeit auch nicht in diesen vier Wänden auf. Die Kinder waren ebenfalls tagsüber viel unterwegs; vormittags gingen sie zur Schule, nachmittags spielten sie draußen mit Freunden. Dann wurden sie erwachsen und studierten an anderen Orten. Nur ich selbst verbrachte all die Jahre über viel Zeit im Haus, weil wir aufgrund von Carls beruflicher Beanspruchung auch an den Wochenenden nicht ins Grüne fuhren.

Carl glaubte im Übrigen nicht an die Existenz von Erdstrahlen, und erst Jahre später, als ich die Arme nicht mehr hochheben konnte, als mein Körper beim Betreten des Hauses wie gelähmt wurde und ich sofort grundlos weinen musste, akzeptierte er zähneknirschend, dass ich die meiste Zeit im Yogastudio lebte. Dieses Yogastudio hatte ich fünf Jahre lang mit viel Freude aufgebaut, aber als ich immer kränker wurde, gab ich es auf. In der Hoffnung mir besser helfen zu können, wollte ich lieber die Heilpraktikerschule besuchen.

Nach langem Ringen willigte Carl dann Anfang der neunziger Jahre ein uns ein Haus in den Schweizer Bergen zu kaufen. Wir beide hofften, dass ich in meiner geliebten Bergwelt endlich gesunden konnte. Wir unterschrieben den Vertrag im März 1991, und überglücklich wollte ich sofort nach der Prüfung für die Heilpraktikerzulassung im Mai dorthin ziehen – zu spät!

Es war jetzt Mitte April 1991, und ich hatte diesen großen Knoten in der Brust. Mir war klar: Selbst wenn ich im neuen Haus vielleicht nicht mehr lange leben könnte, so wollte ich trotzdem dorthin umziehen und wenigsten in meinen geliebten Bergen in Ruhe sterben.

Ich war von den jahrelangen Knochenschmerzen mürbe und überempfindlich geworden. Auch meine regelmäßig wiederkehrenden Migräneanfälle schwächten mich. Leider vertrug ich die Schmerzmittel nicht; sie machten mich nur noch schmerzempfindlicher. Das Einzige, das mir über all die Jahre immer wieder auf die Beine geholfen und mich aus den körperlichen Tiefs herausgeholt hatte, war eine Selbsthilfemethode. Sie nennt sich Jin Shin Jyutsu und besteht kurz gesagt darin, einen oder mehrere Finger der Hand zu halten und auch die Hand auf den Körper aufzulegen; ich komme später darauf zurück.

Ich war also fünfundzwanzig Jahre lang mehr oder weniger ununterbrochen von Schmerzen geplagt gewesen. Jetzt wollte ich nur noch meine Ruhe. Ich wollte und konnte nicht mehr kämpfen, schon gar nicht gegen Krebs.

Bevor ich Carl informierte, rief ich meine Freundin Sonja in ihrer Apotheke an, erklärte ihr meine Situation und bat sie um Rat. Liebevoll nahm sie sich sofort Zeit und empfahl mir die anthroposophische Lukas-Klinik in Arlesheim bei Basel. Sie war überzeugt, dass ich es mit einer Mistel-Behandlung schaffen würde, unterstützt durch all die anderen zusätzlichen Therapien, die dort angeboten wurden. Doch zuerst solle ich mich von einem Chirurgen operieren lassen, der Anthroposoph sei und eine kleine Klinik in der Nähe von Bern habe. Davon wollte ich jedoch nichts wissen, denn ich hatte nicht vor, mich operieren zu lassen – was ich gegenüber Sonja allerdings nicht erwähnte.

Mein Plan sah vor, nur in die Lukas-Klinik zu gehen, um mir die Mistelspritzen geben zu lassen, die angeblich eine Metastasierung verhindern. Danach wollte ich mich sofort in die Berge zurückziehen. Dort würde ich Zeit haben, mich eingehend über Krebs zu informieren und meinen Weg zu suchen. Auf keinen Fall wollte ich meinen geplagten Körper zusätzlich durch Operation, Chemotherapie oder Bestrahlung belasten.

Ich nahm meinen Kalender zur Hand, um einen Termin mit der Klinik zu vereinbaren. »Zufällig« war am 3. Mai schon ein Termin in Basel eingetragen: ein Freundestreffen meines Mannes, zu dem auch die Ehefrauen und Partnerinnen eingeladen waren. In zehn Tagen würde ich sowieso nach Basel fahren – dies schien mir ein gutes Omen zu sein.

Ich beschloss, gar nicht erst in der Klinik anzurufen. Vielleicht hatten sie keinen Platz oder verlangten einen Überweisungsschein oder würden mir einen viel späteren Termin geben. So etwas wollte ich auf keinen Fall riskieren und hoffte, dass sie mich schon nehmen würden, wenn ich einfach vor der Tür stünde. Ich wagte nicht, daran zu denken, was passieren könnte, wenn sie mich abwiesen. Dann würde Carl aktiv werden und mich so lange bedrängen, bis ich zum »besten Professor« in München ginge – und dann wäre ich im Rad der Schulmedizin gefangen.

Schließlich erzählte ich Carl von dem Knoten in meiner Brust und von meinem Plan, nach dem Freundestreffen bei der Lukas-Klinik vorzusprechen. Er schaute mich nur fassungslos an. Ich bat Carl inständig, niemandem etwas zu sagen, bis ich die Klinik aufgesucht hätte, und er akzeptierte schweigend.

Plötzlich fühlte ich, dass ich selbstbestimmt wie nie zuvor in meinem Leben handelte. Staunend stellte ich fest, dass ich felsenfest auf meine innere Führung vertraute.

Wir packten unsere Koffer und fuhren zu dem Freundestreffen nach Basel. Ich erlebte es wie in Trance. Ich schaute dem bunten geselligen Treiben zu und war innerlich völlig unbeteiligt. Niemand bemerkte meine innere Abwesenheit. Ich wusste nicht, ob ich in einer Komödie oder in einem Drama mitspielte. Am nächsten Tag fuhren wir die wenigen Kilometer nach Arlesheim.

Ich war froh, dass Carl mit mir kam, denn mein Herz klopfte so heftig, dass es schier zu zerspringen drohte. An der Klinikpforte höre ich mich sagen: »Ich habe da einen dicken Knoten in der Brust. Könnte ich bitte einen Arzt sprechen?« Etwas verwundert, aber sehr freundlich meinte die Empfangsdame, dass sie sich erkundigen werde, ob dies möglich sei. Wir sollten doch auf der Bank Platz nehmen. Ich war stumm; ich sah nichts, und ich hörte nichts außer meinem rasenden Herzklopfen.

Nach wenigen Minuten erschien ein junger groß gewachsener, gutaussehender Arzt. Er stellte sich als Dr. Thomas vor und forderte uns auf, ihm in seinen Praxisraum zu folgen. Ich war völlig perplex, denn unter einem anthroposophischen Arzt hätte ich eher einen etwas weltentrückten, völlig durchgeistigten Menschen erwartet. Aber ich hatte ja auch nur eine laienhafte Vorstellung von der Anthroposophie.[3] Es blieb mir nicht viel Zeit zum Nachdenken, denn der junge Arzt forderte mich

[3] Von Griechisch *anthropos* (Mensch) und *sophia* (Weisheit); auf den Lehren und Forschungen Rudolf Steiners gründender Erkenntnisweg, der »das Geistige im Menschenwesen zum Geistigen im Weltall führen« will und eine konkrete Lebenspraxis einschließt, u.a. im Rahmen von Heilkunde, Pädagogik, Landwirtschaft, Architektur und Kunst.

auf, ihm meine Geschichte zu erzählen. Er schien Zeit zu haben, denn er hörte mir zu und war mit wachen Augen bei der Sache.

Als ich zu Ende gesprochen und meinen Wunsch nach den Mistelspritzen vorgetragen hatte, lächelte er freundlich und bat, mich zuerst untersuchen zu dürfen. Als er die eingezogene Falte an meiner Brust angesehen hatte, hielt er meine Hand und sagte zu mir: »Ich melde Sie gleich beim Chirurgen zur Operation an, Sie dürfen keinen Tag länger warten.«

Ich war sprachlos, dann hörte ich mich sagen: »Aber ich will nicht operiert werden. Ich will nur die Mistelspritzen.«

In ruhiger und bestimmter Art hielt er meine Hand weiter fest und sagte zu mir und Carl: »Es gibt keinen anderen Weg. Sie müssen sofort operiert werden.«

Jetzt schien mein Herz tatsächlich gleich zu zerspringen. Es war recht warm, und als Praxisraum diente ein kleines Dachzimmer. Wir drei fanden darin gerade Platz. Und nachdem der Arzt diese Worte gesprochen hatte, wurde es für mich noch enger in dem Raum.

Ich hörte Carl fragen: »Können wir bitte eine Woche Bedenkzeit haben?« Der Arzt verneinte. Mit besorgter Miene meinte er, es dürfe kein weiterer Tag verloren gehen, da der Tumor schon nach außen verwachsen sei, und er griff zum Telefonhörer. Ich fragte, ob denn die Mistel nicht ohne Operation helfen könne. Er verneinte, der Tumor sei viel zu groß und müsse sofort herausoperiert werden. Es bliebe keine Zeit mehr.

Alles war jetzt genau so, wie ich es nicht haben wollte. Ich war überrumpelt worden. Es gab angeblich keine Zeit mehr zum Überlegen. Ich saß scheinbar in der Falle.

Doch plötzlich übernahm tief in mir wieder *etwas* ganz Ruhiges und Klares die Führung, und ich sagte: »Bitte melden Sie mich an.« Wie staunte ich, als er die Klinik bei Bern, die mir meine Freundin Sonja empfohlen hatte, anrief und bei genau jenem Chirurgen für übermorgen einen Termin bekam.

Nach dem Telefonat war die Situation etwas entspannter. Der junge Arzt erklärte mir in umsichtiger Weise, dass es vielleicht möglich sei, nur den Tumor, statt die gesamte Brust zu entfernen, aber dies müsse der Chirurg entscheiden. Nach der Operation könnte ich wieder in die Lukas-Klinik verlegt werden, wo er mich weiter betreuen würde.

Dr. Thomas wirkte durch und durch wie ein Schulmediziner und machte vor allem auf meinen Mann einen kompetenten Eindruck. Beruhigt stellte Carl fest, dass hier keine »Hokuspokus-Medizin« betrieben würde. Behutsam erklärte Dr. Thomas, dass das weitere Vorgehen erst nach der Operation festgelegt werden könne, und verabschiedete uns.

Wir verließen die Klinik schweigend. Es blieben genau sechsunddreißig Stunden bis zur Operation.

Im Krankenhaus

Carl und ich hatten gerade noch Zeit, das Notwendigste für meinen Krankenhausaufenthalt zu besorgen. Dann fuhren wir nach Bern. Die kleine Klinik lag etwa zwanzig Minuten außerhalb der Stadt, inmitten von Wiesen und Äckern. Welch ein Glück! Ich war über die ländliche Umgebung sehr froh, denn große Stadtkrankenhäuser mochte ich gar nicht. Ich spürte, dass es für Carl schwer war, eine solche »Wald- und Wiesenklinik« zu akzeptieren, denn viele seiner Bekannten waren Professoren an den namhaftesten Krankenhäusern in München.

Die Frau meines Chirurgen saß selbst am Empfang und erledigte alle Formalitäten auf herzliche Art. Nachdem ich im Labor zum Ultraschall und zur Blutabnahme gewesen war, empfing uns Dr. Bergmann. Die ruhige Gelassenheit, die er ausstrahlte, ließen sowohl Carl als auch mich Vertrauen finden. Sehr offen informierte er uns über die neuesten Erkenntnisse und Statistiken der Brustkrebstherapie. Er machte mir klar, dass er erst beim Operieren entscheiden könne, ob es ausreichen werde, nur einen Teil der Brust zu entfernen.

Dr. Bergmann fragte mich auch beiläufig einige persönliche Dinge: Wo ich aufgewachsen und zur Schule gegangen sei und anderes mehr. Ein Dialog entstand, da er ebenfalls etwas von sich erzählte. Dieser Austausch lockerte unsere Anspannung. Dr. Bergmann wendete sich auch Carl zu und fragte nach seiner beruflichen Tätigkeit. Auf diese Weise war das schwere

Untersuchungsgespräch bald von Herzlichkeit und Menschlichkeit geprägt.

»Morgen um zehn Uhr werde ich Sie operieren.« Mit diesen Worten verabschiedete sich der Arzt und wünschte mir eine gute Nacht.

Eine launische Schwester holte uns an der Pforte ab und brachte uns zu meinem Zimmer. Sie hatte wohl nicht ihren besten Tag. Doch als ich das hübsche Zimmer sah, berührte mich dieser Missklang nicht mehr. Hier waren Anthroposophen am Werk gewesen: Die Wände waren zart lila- und rosafarben gestrichen; für die Türen und Möbel war ein erfrischendes Grünblau gewählt worden. Vor dem Fenster blühten Apfelbäume. Endlich! So lange hatte ich mir gewünscht, wieder einmal unter einem blühenden Apfelbaum zu liegen – hier war er und reckte seine Äste fast bis ins Zimmer hinein.

Als mich Carl so beruhigt sah, entspannte sich auch sein Gesicht, und er verabschiedete sich, um zurück nach München zu fahren.

Ich holte meinen Walkman und legte eine Kassette mit meditativer Musik von Deuter ein – *Land of Enchantment*, Land des Zaubers, war der Titel. Ich hörte damals ganz selten Musik und diese Art schon gar nicht. Marlis, eine Freundin aus der Heilpraktikerschule, hatte mir die Kassette zum Abschluss geschenkt. Ich legte mich aufs Bett, lauschte den zarten Klängen und schaute in den Apfelbaum.

Die Musik löste die Anspannung und Aufregung der letzten Tage. Ich war wieder im Hier und Jetzt angekommen. Für eine Weile vergaß ich einfach alles um mich herum. Ich war nur noch Apfelbaum und Musik.

Der Antrittsbesuch der Narkoseärztin holte mich wieder in die ungewohnte Umgebung zurück. Ihre Fragen waren bald geklärt, und sie wünschte mir alles Gute.

Ich ließ mich sofort wieder von der Musik in den Apfelbaum forttragen, über dem sich der Abendhimmel herrlich rosarot zu färben begann. Zu essen gab es nichts, und ich hatte genügend Zeit, mich in aller Ruhe mit meinem Herrgott zu unterhalten. Ich bat Gott, nachdem er mich nun einmal mit dieser Operation überrascht hatte, auch weiterhin alles in seinem Sinn zu lenken. »Dein Wille geschehe« – und wenn die ganze Brust abgenommen werden müsste, wäre dies auch in Ordnung. Gott hatte mir meinen Körper geschenkt, und wenn er ihn nun Stück für Stück zurückhaben wollte, könnte ich es akzeptieren. Trotzdem beschäftigte mich immer wieder die Tatsache, dass ich trotz meiner gesunden Lebensführung und meines tiefen Glaubens an Gott in eine Situation geraten war, aus der anscheinend kein anderer Ausweg als eine schulmedizinische Operation führte.

Die Schulmedizin konnte ich eigentlich bislang nur im Zusammenhang mit Notfällen, Unfällen oder lebensbedrohenden Infektionen gutheißen. In diesen Fällen waren das Wissen und die Errungenschaften der modernen westlichen Medizin sicher ein Segen, aber galt dies auch für Krebs?

All die traurigen Geschichten von Bekannten kamen mir in den Sinn, bei denen zum Teil in mehreren Operationen das von Krebs befallene Gewebe entfernt worden war und die dennoch nicht gerettet werden konnten. Ich kannte niemanden, der seinen Krebs überwunden hatte, und mir schien dasselbe Schicksal zu drohen.

Aber es musste noch einen anderen Weg geben!

Warum hatte ich überhaupt Krebs bekommen? Was wollte mich diese Krankheit zusätzlich lehren, obwohl ich doch die Lösung für meine Migräne und meine Polyarthritis noch nicht gefunden hatte. Warum war ich so krank? Was hatte das für ein Sinn? Warum? Ich fand keine Antwort.

Mit Denken kam ich nicht weiter. Trotzdem wollte und musste ich die Wahrheit finden. Also betete ich von neuem um Schutz und Führung, vor allem auch für das ganze Operationsteam. Ich betete inständig, dass Gott die Hand des Chirurgen führe und ihm beistehe. Mit diesem Gedanken schlief ich ein.

Als ich nach der Operation die ersten vierundzwanzig schlimmen Stunden hinter mir hatte und ich wieder einigermaßen klar im Kopf war, setzte sich der Arzt zu mir ans Bett und sagte ruhig: »Ja, Frau Wecker, es war Krebs. Ich habe lediglich den Tumor entfernt, aber sollte er wiederkommen, gibt es nur noch die Möglichkeit einer Totaloperation.«

Was geht in einem Arzt vor, zu dessen Alltag es gehört, einem Menschen solche Nachrichten überbringen zu müssen?

Nun hatte ich meine Diagnose. Aber gleichzeitig sagte ich mir: »Ach, ich hab' doch gar keinen Krebs.« Ich konnte es einfach noch nicht begreifen. Ich wusste nicht, was ich jetzt tun sollte – außer, dass ich anschließend zu einer Nachkur in die Lukas-Klinik gehen würde.

Zum Glück hatte ich meinen Walkman und die wunderschöne Musik-CD dabei. Der herrliche Klang bezauberte meine Ohren. Ich war dankbar, dass ich hier ruhig liegen konnte. Ich betrachtete die Wolken am Himmel, und ich schaute in den Apfelbaum. Ich dachte weder an Krankheit noch an Gesundheit; ich war weder glücklich noch traurig; ich war einfach nur *da*.

Die drei Tage Klinikaufenthalt waren im Nu vorbei, und mein Gleitflug zwischen den Welten endete abrupt: Ich wurde entlassen. Carl war in München und arbeitete, aber Sarah und Lynn, unsere beiden Töchter, die nun im Alter von sieben- und achtundzwanzig Jahren waren, holten mich ab, um mich zur Nachkur in die Lukas-Klinik nach Arlesheim zu bringen. Beide waren liebevoll besorgt um mich.

Von dem ersten Schock über meine Krebsdiagnose hatten sich Sarah und Lynn schon etwas erholt, wenigstens vermittelten sie nach außen diesen Eindruck. Aber ich wagte nicht tiefer zu fragen, denn ich wusste, wie sehr sie vom Verlust ihrer leiblichen Mutter geprägt waren. So nahm ich vorerst die Zuversicht, Kraft, Fürsorge und Lebendigkeit dieser beiden jungen Frauen dankbar in mich auf.

Trotz aller Fürsorge war ich müde und erschöpft, als wir die Lukas-Klinik nach zwei Stunden Fahrt erreichten, und wollte nur noch ins Bett. Nach den Aufnahmeformalitäten wurde mir ein Zimmer zugeteilt, und eine Schwester holte mich ab. Die Töchter gingen ins Hotel und würden mich gleich am nächsten Morgen besuchen.

Die Klinik war mir von meinem ersten Besuch schon etwas vertraut. Ich freute mich auf ihre künstlerisch gestalten, harmonischen Räumen. Doch da ich mich so kurzfristig angemeldet hatte und die Klinik voll belegt war, kam ich in ein Zimmer, das mit einem Trennvorhang versehen war, damit man noch ein zweites Bett unterbringen konnte. An meiner rechten Bettseite befanden sich Wandschränke, an meiner linken hing jener Vorhang, der das Nachbarbett verbarg und von wasserleichengrüner Farbe war. Vor mir sah ich einen Vorhang in derselben schrecklichen Farbe, hinter dem sich zwei Waschbecken verbargen. Panik stieg in mir auf, und am liebsten wäre ich weggerannt, denn ich fühlte eine eigenartige Sterbeatmosphäre.

Meine Zimmernachbarin war eine hübsche, energische junge Frau, die mich mit den Worten begrüßte: »Gott sei Dank eine, die nicht gleich sterben wird!« Dann redete und schimpfte sie ununterbrochen über alles und jeden. Sie erklärte mir lang und breit ihre Brustkrebsgeschichte und ließ mich wissen, dass sie befürchte, jetzt auch noch Gebärmutterkrebs zu bekommen. Sie befand sich offenbar schon seit drei Wochen in der Klinik. Ich sei ihre zweite Zimmergenossin, und meine Vorgängerin sei gestorben. Sie habe alles satt, trotzdem freue sie sich, mich zum Abendessen mitzunehmen und dort den anderen vorzustellen.

Später beim Essen saßen wir zu acht am Tisch. Wir waren alle Krebspatienten, und die Gespräche drehten sich nur um das Thema Krebs. Dabei hatte ich in dem Klinikprospekt gelesen, dass man bei Tisch besser nicht über Krankheit redete.

Ich war total verzweifelt. Hier sollte ich gesund werden?

Nach dem Essen kehrte ich sofort in das Zimmer zurück; ich wollte nichts mehr hören und sehen. Aber hinter diesem »Sterbevorhang« erging es mir ebenso schlecht. Ich zitterte am ganzen Körper und verbrachte eine schlimme Nacht. Es war mir, als ob der Sensenmann an meinem Bett stünde und wartete. Ich fühlte mich todkrank. War ich das auch wirklich? Musste man an Krebs wirklich so schnell sterben? Waren diese fünf Buchstaben K R E B S so schwer belastend, dass alles nun auch in mir zusammenbrach? Würde ich automatisch ebenso negativ, anklagend und von allen guten Geistern verlassen wie meine Bettnachbarin?

Nein, nein, nein – hier wollte ich nicht bleiben! Würde ich diese Nacht überhaupt überleben? War ich etwa schon im Begriff zu sterben? Mein Körper fühlte sich eiskalt an …

Als ich wieder zu mir kam, brachte man meiner hübschen Nachbarin gerade das Frühstückstablett ans Bett, und sie schimpfte: »Schon wieder keine Milch! Der Kaffee ist zu kalt. Das Ei hätte länger gekocht werden müssen.«

Was für ein Pech, dass ausgerechnet ich mit so jemandem das Zimmer teilen sollte. Nur weg von hier, war mein einziger

Gedanke. Essen konnte ich überhaupt nichts. Aber ich lebte noch, und meine Nachbarin musste gleich zur Therapie – endlich Ruhe!

Ich hatte Glück. Dr. Thomas kam früh zur Visite, und ich hörte mich sagen: »Hier kann ich nicht bleiben. Wenn ich kein anderes Zimmer haben kann, gehe ich in eine Pension und komme nur für die Mistelspritzen und die Therapiestunden hierher.« Ich schilderte ihm entnervt das Erlebte, und er versprach mir, sein Bestes zu tun, als er ging.

Ich legte mich zurück. Dicke Tränen liefen über meine Wangen, und als ich nach einem Taschentuch suchte, nahm ich meinen Nachttisch erstmals richtig wahr. Überrascht entdeckte ich dort in einem hübschen Rahmen das Bild von Sai Baba, des großen indischen Gurus und Meisters. Ich hatte es zuvor überhaupt nicht bemerkt. In meiner Aufregung und Angst war ich blind gewesen. Meine Töchter mussten es mir hingestellt haben, als sie mich in die Klinik gebracht hatten. Außerdem lag dort ein Buch. Sofort griff meine Hand danach, und auf der Seite, die sich öffnete, las ich Sai Babas Worte: »Mein Kind, die Zeit für einen neuen Anfang ist gekommen. (…) Fürchte dich vor nichts. Gott ist da und wird dir helfen, wenn du es ihm nur erlaubst. Gott ist Liebe, und Liebe ist die Medizin, die alle deine jetzigen Krankheiten heilen kann.«[4]

Ich vermochte es nicht zu fassen. War dies wirklich die Botschaft für mich? Ausgerechnet in diesem Moment! Wieder liefen mir Tränen über das Gesicht.

Vor neun Jahre hatte ich zum ersten Mal von Sai Baba gehört. Ich erfuhr, dass er ein indischer Heiliger ist und als göttliche Inkarnation verehrt wird. Seine Bücher wirkten auf mich unendlich inspirierend und klärend; er schien direkt zu meinem Her-

[4] Ralli, Lucas: *Sai Botschaften für Dich und mich* (Dietzenbach, 1992), S. 92.

zen zu sprechen. Sarah wusste, wie sehr ich seine Worte schätzte und sein Gesicht, das so viel Liebe ausstrahlt. Deshalb hatte sie mir das Bild und das Buch auf den Nachtschrank gelegt. Ich war ihr zutiefst dankbar, dass sie daran gedacht hatte, mich mit spiritueller Nahrung zu versorgen. Sai Babas Gesicht lächelte mich nun an, als wollte er mir sagen, dass ich mir keine Sorgen zu machen brauchte. Ich las die anfangs aufgeschlagene Passage wieder und wieder, und damit konnte ich die nächsten drei Tage in meinem »Sterbezimmer« gut überleben.

Dann war es mir möglich, in ein Einzelzimmer zu wechseln. Hier fühlte ich keine Sterbeatmosphäre. Der Raum war hell und hatte zartblaue Wände. Lynn brachte mir lustige bunte Socken für meine kalten Füße und zwei schöne farbige Tücher für meine traurigen Augen, die ich abwechselnd über die weiße Bettdecke legte. Dann brachten meine beiden Töchter mir noch einen schönen Blumenstock. Sie waren froh, dass ich mich beruhigt hatte, und fuhren wieder nach Hause zurück.

Ich hielt mich fortan in der Klinik von allen Gesprächen fern, betete oder las in Sai Babas Buch oder ging allein spazieren. Ich hatte dem Arzt gesagt, dass ich mich weigern würde, in dem großen Speisesaal zu essen. Der Eindruck vom ersten Abend war so niederschmetternd gewesen, dass ich darum bat, fortan allein im Zimmer essen zu dürfen.

Ich konnte es selbst nicht fassen, wie bestimmend ich plötzlich auftrat und meine Bedürfnisse äußerte. Vielleicht hatte ich deshalb anfangs ausgerechnet auf diese Patientin treffen müssen.

Ich war es gewohnt, mich immer anzupassen, nur nicht aufzufallen und keine Umstände zu machen. Ich hatte es von Kindesbeinen an gelernt, höflich, hilfsbereit und gefällig zu sein. Ausgerechnet in dem Moment, als ich so schwach war, fing ich an zu kämpfen. Und wie es sich lohnte!

Jeden Tag genoss ich es, die köstlichen Mahlzeiten, die mit viel Liebe und den besten Zutaten zubereitet wurden, in aller Ruhe in meinem Zimmer zu essen. Endlich hatte ich das Gefühl, verwöhnt zu werden. Ich musste nicht einkaufen, kochen, abspülen – ich fand es himmlisch. Die freundlichen Schwestern waren sehr fürsorglich und pflegten mich mit Einreibungen, Wickeln und Tees.

Eine der Schwestern war ganz neu. Sie hatte wunderschöne riesengroße Augen und berührte mich sehr zart und behutsam, wenn sie den Verband wechselte. Wir mochten uns gegenseitig. Ich taufte sie Angela, weil sie für mich wie ein Engel war. Wenn sie keinen Dienst bei mir hatte, schob sie kleine Briefchen unter den Frühstücksteller und wünschte mir einen guten Tag. Wie wohl tat das alles. Immer wieder las ich Sai Babas Worte: »Gott ist Liebe, und Liebe ist die Medizin.«

Einmal schloss ich mich doch einer Mitpatientin an und ging mit ihr am Fluss spazieren. Es gab dort viele Mücken, und sie meinte, ich müsse mich bedecken, da Mückenstiche für den operierten Arm sehr gefährlich seien. Ich sagte, dass ich am Arm keine Drüsenentnahme gehabt habe, da ich auch nicht brustamputiert sei. »Aber Sie sind doch bestrahlt worden«, erwiderte sie. Ich verneinte und sagte, dass ich so etwas auch nicht vorhabe. Daraufhin baute sie sich vor mir auf und fragte in spöttischem Ton: »Haben Sie denn überhaupt Krebs?«

Müde und traurig erzählte ich abends Schwester »Angela« von dem Erlebnis, als sie mich nach Dienstschluss kurz besuchte, und sie nahm mich in die Arme und tröstete mich. Am anderen Morgen legte »Angela« ein wunderbares passendes Gedicht auf mein Bett. Auf diese Weise hatte ich doch Ansprache, obwohl ich mich sonst von meinen Mitpatienten fernhielt. Ich vermied alles, was meine Stimmung herunterzog, und freute mich auf alles, was mich aufbaute.

Die Therapiestunden, die fester Bestandteil der anthroposophischen medizinischen Behandlung sind, halfen mir sehr, meine innere Verfassung auszudrücken. Ich liebte es, in der Eurythmie-Stunde die weichen, fließenden Bewegungen mit den Armen und dem ganzen Körper zu machen.[5] Die Übungen dienen dazu, im Menschen eingeschlossene Energie wieder zum Fließen zu bringen. Auf diese Weise kann auch das eingeschlossene Leid bewegt und behandelt werden.

Auch die Maltherapie befreite mich. Ich konnte viel von meinem Groll gegen Schule und Eltern ausdrücken, die mich nicht darin unterstützt hatten, mein Maltalent beruflich umzusetzen. Im Alltag hatte ich nie gemalt, obwohl ich es so gern mochte. Nun konnte ich in diesem geschützten Raum endlich wieder kreativ werden. Es machte mich zutiefst glücklich, und ein Bild des Engels Michael war ein Resultat dieses Durchbruchs.

An den Wochenenden wurde ich immer von einem Familienmitglied besucht, und wir machten dann einen kleinen Ausflug. Meine Narbe war inzwischen gut verheilt, der Bluterguss abgeklungen. Die rechte Brust war jetzt einfach um ein Drittel kleiner als die linke, aber es störte mich nicht. Ich war dankbar für das, was noch vorhanden war. Schmerzen verspürte ich nicht mehr, aber ich war immer noch sehr müde. Obwohl ich jeden Tag versuchte, ein Stück weiter zu gehen als am Vortag, kam ich über dreißig Minuten Spaziergang nicht hinaus. Ich genoss die schöne Umgebung mit ihren Wäldern, Bächen und Hügeln. Das Städtchen war auch hübsch, und es tat mir gut, hier auszuruhen. Wie ein Schwamm sog ich alle Fürsorge, Schönheit und die Therapieangebote auf.

[5] Griechisch: *eu* (schön, gut) und *rythmos* (gleichmäßige Bewegung); Ausdrucksweise in der Anthroposophie, die auf dem Gedanken beruht, das in jedem einzelnen Teil des Organismus das Ganze enthalten ist und das Ganze sich aus jedem einzelnen Teil gestalten kann.

Als die Krankenkasse es erlaubte, meinen Aufenthalt um vierzehn Tage zu verlängern, war mein Arzt einverstanden. So hatte dieser Krankenhausaufenthalt viel Gutes für mich, und vor allem stand ich ohne schlechtes Gewissen für meine ureigenen Bedürfnisse gerade. Die Liebe als Medizin bekam ich in reichem Maß von der schönen Natur, der guten Nahrung und dem einfühlsamen Pflegepersonal, vor allem von »Angela«.

Äußerer und innerer Arzt

Nach meiner Operation war der größte Kampf noch lange nicht ausgefochten. Ich hatte Krebs, und die Prognose war nicht beruhigend. Im ärztlichen Protokoll stand: »Invasiv duktales Mammakarzinom rechts, Z. n. Teilexzision vom 10.05.91 ohne Räumung der Axilla, nicht sicher im Gesunden entfernt.«

Da ich mich mit dem Chirurgen darauf geeinigt hatte, die Brust nicht vollständig zu entfernen, sondern nur den Tumor aus dem Geweben zu schälen, konnten die Ärzte nicht sicher ausschließen, dass sich nicht schon Ableger des Tumors gebildet hatten. Der Krebs könnte über die Ableger in den ganzen Körper weitergetragen werden.

Vor der Operation hatte ich gar keine Zeit gehabt, genauer zu erfragen, welche Vor- und Nachteile eine Teilexzision, das Herausschneiden von Gewebe, gegenüber einer vollständigen Amputation haben würde. So wurde mir erst im Nachhinein klar, dass es fast unumgänglich war, auf die Teilexzision eine Bestrahlung folgen zu lassen. Nach einer Schonzeit von zwei Wochen sprach mein Arzt auch immer öfter von Bestrahlen und eventueller Nachoperation. Doch ich wollte nichts davon hören.

Ich wollte einfach nicht mehr gehorchen. Mein ganzes Leben lang hatte ich stets gehorcht, weil ich glaubte, alle anderen wären gescheiter als ich und wüssten besser, was gut für mich wäre.

Vor allem für einfache Menschen ohne Macht oder Bildung, wie es in meiner Familie der Fall war, war der Arzt tatsächlich ein Gott in Weiß. Meine Eltern besaßen auch nicht das entsprechende Fachwissen, um mit einem Arzt diskutieren zu können.

Die erste Erfahrung mit dem »Herrn Doktor« machte ich als ein oft an Mandelentzündung erkranktes Kind. Zu uns kam ein anthroposophischer Arzt, der sehr fürsorglich war. Obwohl wir am Rand der Stadt wohnten, machte er Hausbesuche und kam zu mir ans Krankenbett. Wenn das Fieber hoch war, verschrieb er Tropfen, Salben und Wickel. Außerdem hatte er tröstende und gute Worte für mich. Auch meine Mutter wurde von ihm liebevoll betreut, denn er wusste, wie hart sie arbeitete und wie schwer ihr Herz oft von den Sorgen um das tägliche Brot war.

Trotz der guten Betreuung wurden meine Mandeln nicht mehr richtig gesund. Nach den damaligen medizinischen Erkenntnissen gab es keine andere Wahl, als sie herauszunehmen. Dies geschah, als ich fünf Jahre alt war. Somit war der Grundstein für ein schwaches Immunsystem gelegt. Dazu kamen meine wiederkehrenden Bauchschmerzen, die ebenfalls nicht »therapierbar« waren. All dies zeigte schon früh recht deutlich, wie unsicher und schwach mein Start ins Leben gewesen sein muss.

Ich wurde 1944 geboren. Mein Vater war lungenkrank und arbeitslos. Meine Mutter putzte tagsüber und nähte nachts, wenn wir schliefen, um die Familie zu ernähren. Sie hatte einen sehr starken Glauben, dass Gott uns beistehen würde. Trotz der drückenden Alltagslast sang sie deshalb bei der Arbeit immer wieder auch fröhliche Lieder.

Meine Mutter nahm mich manchmal zu ihren Putzstellen mit, und eine Frau, für die sie arbeitete, war uns sehr zugetan.

Sie schenkte uns ihre abgelegten Kleider, Töpfe und Tassen und nahm meine Mutter in die Kirche mit, die ihr selbst so viel Kraft schenkte. Es war eine eigenständige amerikanische Kirche: Christian Science – Christliche Wissenschaft. Diese Gemeinde wurde dann für lange Zeit unsere geistige Heimat. Jeden Sonntag fuhren meine Mutter und ich zu den Gottesdiensten. Gemeinsam sangen wird nun diese neuen Lieder, wenn ich ihr beim Putzen half. Es waren bewegende Liedtexte über die Güte, Liebe und Fürsorge Gottes, die uns zuteil würden, wenn wir fest auf Gott vertrauten.

Die Lehre dieser Kirche gründete auf dem zweiten Schöpfungsbericht: »Und Gott schuf den Menschen ihm zum Bilde, zum Bilde Gottes schuf er ihn.« Nach der Lehre der Christian Science werden Krankheit und Not allein durch unsere Gedanken hervorgebracht. Folglich hätten unsere Gedanken, wenn sie gut und positiv auf das Göttliche ausgerichtet würden, auch die Kraft, Leid und Not zu heilen. Der innere Arzt würde automatisch in Aktion treten, wenn unsere Gedanken bereinigt wären.

Wir lasen täglich zwanzig Minuten die vorgegebenen Stellen in der Bibel und in dem Lehrbuch von Mary Baker Eddy, der Gründerin der Kirche. Die Seligpreisungen in der Bibel begleiteten uns durch den Tag. »Selig sind die Armen, denn ihnen gehört das Himmelreich« – ich konnte mit acht Jahren zwar nicht ganz verstehen, was dies bedeutete, aber es tröstete mich sehr. Ich fand, dass Armut gar nicht so schlimm sein könne, denn Gott würde ja auf unserer Seite stehen. So vermochte ich die ungerechte Behandlung durch Lehrer und Mitschüler besser zu ertragen. Außerdem lernte ich: »Selig sind die Friedfertigen und die Sanftmütigen.«

Gott war während der für mich bedrückenden Schulzeit mein einziger Freund und Gesprächspartner. Oft wurde ich geschlagen oder denunziert. Nach einer schweren Angina sagte meine Banknachbarin: »Ach, wärst du doch verreckt.« Auf meinem langen vierzigminütigen Fußmarsch zur Schule hatte ich Zeit, mit meinem Herrgott zu sprechen. Immer dringender wurden meine Fragen an ihn, warum die Menschen so böse zu mir waren und wie ich meine Gedanken korrigieren soll.

Während der Pubertät litt ich unter mehreren vereiterten Zähnen, die teilweise sehr wehtaten. Trotzdem hielt ich immer an dem Gelernten fest, dass ich nur meine Gedanken zu korrigieren habe, meine innere Einstellung ändern müsse, um wieder in Harmonie, heil und ganz zu sein. Es war in der Christian-Science-Gemeinde zwar nicht verboten, einen Arzt aufzusuchen, aber kaum einer tat es. Wichtiger war der Kirchgang am Sonntag. So las ich eifrig in der Bibel, statt zum Zahnarzt zu gehen. Als meine Zähne immer mehr verfielen, kam ich doch zum Schulzahnarzt, der die Löcher, die sich in all meinen Zähnen befanden, mit Amalgam füllte. Ich verstand einfach nicht, warum man so schlechte Zähne haben konnte, wenn man Gott liebte und viel betete.

Als ich mit vierzehn Jahren die Schule verließ, weil ich von meinen Lehrern keine Unterstützung bekam, brachte mich meine Mutter zu einer französischen Familie nach Genf, die eine kleine Pension führte. Ich sollte wenigstens die französische Sprache erlernen. Die liebevolle Frau war ebenfalls Mitglied der Christian Science. Obwohl ich unter unerträglichen Kopf- und Zahnschmerzen litt und in der Pension viel arbeiten musste, beteten wir beide fleißig. Über ein Jahr lang hielt ich durch. Als ich nach Hause kam, schickte mich meine Mutter zum Zahnarzt. Beide Frontzähne wurden aufgebohrt, und dicker, stinkender Eiter floss heraus. Der Nerv wurde jeweils gezogen. Die Zähne waren somit tot und wurden dunkel. Ich betete weiter.

Ich bekam nun immer öfter »Gliederschmerzen«. Ich traute dem Weg der Heilung, wie es die Christian Science lehrte, nicht mehr so recht. Ich war unruhig geworden. Ich konnte einfach nicht mehr glauben, dass Gott nur gut und liebevoll sein sollte.

Ich arbeitete nun als Au-pair-Mädchen in Genf, London und Mailand, um Französisch, Englisch und Italienisch zu lernen. Doch ich hatte in diesen drei Jahren, die auf meine Schulzeit folgten, so viel Leid und Kummer gesehen und erlebt, dass ich kaum mehr sprach. Es waren schwere Jahre, und ich hatte großes Heimweh. Ich sah plötzlich hinter die Kulissen der wohlhabenden Leute, und das erschreckte und deprimierte mich sehr. Zum Glück war ich durch die vielen Streitereien mit meinem Bruder so kampferprobt, dass ich mich wenigsten erfolgreich meiner Haut wehren konnte, wenn meine Arbeitgeber mir zu nahe treten wollten. Es war erschütternd für mich zu erleben, wie schutzlos man sein kann. Es blieb mir häufig nichts anderes übrig, als mein Bündel zu packen und mir eine neue Stelle zu suchen.

Als ich wieder nach Zürich kam, wurde ich von der städtischen Berufsberatung in eine zweijährige Verkäuferinnenlehre vermittelt. Etwas anderes schien mir nicht offen zu stehen.

Als ich mit zwanzig schwanger wurde, fühlte ich mich von meinem Freund Walter dazu gezwungen, das Kind abzutreiben. Er drohte mir mit üblen Konsequenzen, wenn ich es behalten würde, und schleppte mich von Arzt zu Arzt. Vor vierzig Jahren war eine Abtreibung keine einfache Sache, und ich musste psychiatrische Gutachten erstellen lassen. Die Begegnungen mit den zuständigen Ärzten und Psychiatern waren für mich schrecklich. Ich sah aber auch keine Möglichkeiten, das Kind zur Welt zu bringen und allein großzuziehen. Ich war vollkommen verzweifelt; all mein Flehen und Bitten nutzte nichts.

Im fünften Monat wurde das Kind abgetrieben; ich arbeitete am nächsten Tag wieder. Als Walter, der Vater meines nun abgetriebenen Kindes, bald darauf Selbstmord beging, stürzte mich noch mehr in die Arbeit. Nach diesem Schock nahmen meine Gliederschmerzen ein solches Ausmaß an, dass ich fast bewegungsunfähig wurde.

Ich kam ins Krankenhaus, wurde ruhiggestellt und mit Penicillin behandelt. Keiner der Ärzte fragte mich je nach meiner Geschichte oder suchte nach einer Ursache. Ich war auch viel zu schüchtern, um etwas zu erzählen. Nicht einer der bis dahin von mir aufgesuchten Ärzte hatte sich jemals auch nur ein paar Minuten Zeit genommen, mich wirklich zu fragen, mich anzuhören und meine seelische Situation mit einzubeziehen. Meine Schmerzen wurde ich nicht los. Ich lernte, mit ihnen zu leben. Die Mediziner konnten mir nicht helfen; ich war tief enttäuscht von diesem Berufsstand.

Meine Gebete wurden jedoch auch nicht erhört. Offenbar stimmte hier etwas nicht. Aber was? Warum konnte ich mich nicht selbst heilen? Warum funktionierte mein innerer Heiler nicht?

Ich beschloss, weiterhin an Gott zu glauben – es war mir auch gar nichts anderes möglich. Ich bat darum, dass er mir den Weg zeige, zu lernen und meinen inneren Heiler zu finden.

Zu meinen Dauerschmerzen kam noch eine schwere körperliche Überforderung, denn ich arbeitete fast Tag und Nacht. Aus dem »Nichts« sollte doch »Etwas« werden. Ich wollte heraus aus dem »Nichts«, aus der sozialen Dunkelheit und Ungerechtigkeit, in der man leben muss, wenn man scheinbar nichts ist und nichts hat. Ich arbeitete mich schließlich von der kleinen Verkäuferin zur Einkäuferin hoch. Ich schuftete tagsüber wie ein Pferd, und abends ging ich zur Volkshochschule, um »Bildung« nachzuholen.

Die Schmerzen wurden immer heftiger, und so wandte ich mich an einen sehr bekannten Psychiater, der in einer Zeitschrift gute Ratschläge gab. Er hörte sich meine Geschichte an, setzte sich ganz nah – zu nah – zu mir auf die Couch, nahm mich zärtlich in die Arme und versprach mir zu helfen. Mir wurde immer deutlicher, dass von außen keine Hilfe kam; ich musste weiter nach innen hören und suchen.

Mittlerweile war ich auf der Karriereleiter weit nach oben geklettert. Ich hatte nochmals drei Jahre in die Ausbildung zur Innenarchitektin investiert und endlich meinen Traumjob in der Einrichtungsbranche gefunden. Auch äußerlich war ich anscheinend eine attraktive junge Frau geworden. Von Männern wollte ich jedoch – genauso wie von Ärzten – nichts mehr wissen. Ich war zutiefst misstrauisch und verletzt. Meine innere Persönlichkeit hatte sich nicht weiter entwickelt. Ich war immer noch das unsichere »Nichts«.

Obwohl ich im Beruf stark, kompetent und kämpferisch sein konnte, war ich im Privatleben unsicher, stumm und einsam. In mir brannten stets die gleichen Fragen: Warum? Wieso? Wo ist Gott? Wohin gehe ich? Wer bin ich? Warum können mir die Mediziner nicht helfen?

Auf meiner Suche nach Auswegen lernte ich in Zürich die Yogaschule Yesudian-Haich kennen. Ich hoffte, durch die Übungen des Hatha-Yoga meinen Schmerzen und meinem inneren Heiler auf die Spur zu kommen.

Eines Tages fiel mir in der Yogaschule das Buch von Elisabeth Haich, *Die Einweihung*, in die Hand – ein mystischer, spiritueller Roman über Initiationserfahrungen im alten Ägypten. Ich konnte nicht mehr aufhören zu lesen. Gab es wirklich eine Wiedergeburt? War mein jetziges schmerzvolles Leben das Resultat von Geschehnissen vergangener Zeiten? Ein wenig erleichterte dieser Blickwinkel es mir, meine Situation zu ertragen, denn vor dem Hintergrund der Reinkarnationslehre gab es vielleicht doch eine Gerechtigkeit. Dann hätte alles im Leben einen Sinn. Aber warum wurde so etwas in der christlichen Kirche nicht gelehrt, und warum wussten die Ärzte nichts davon? Vielleicht gab es ja noch ganz andere Therapieformen, um Krankheiten zu heilen.

Fünfundzwanzig Jahre später, mit Krebs in der Klinik liegend, fragte ich mich, ob ich nun vielleicht doch dem Arzt glauben musste. Wusste er besser, was für mich gut war? Jetzt war ich total auf ihn angewiesen. Konnte er helfen? In dieser anthroposophischen Klinik wurden bereits die größeren Zusammenhänge gesehen und ganzheitliche Therapien eingesetzt, die mir so gut taten. Musste ich trotzdem zusätzlich so schwere Geschütze wie Bestrahlung und Chemo akzeptieren?

Ich mochte diesen Dr. Thomas, der mich betreute, und wollte mich nicht mit ihm überwerfen. Er war so spontan und ehrlich und setzte sich mindestens dreimal wöchentlich eine halbe Stunde zu mir ins Zimmer, um mich über das, was mir Sorgen bereitete, und vor allem über die Vergangenheit zum Sprechen zu bringen. Er stellte mir immer wieder Fragen über mein Leben, und langsam fügten sich die einzelnen Erinnerungen zu einem umfassenderen Bild. Ich fing an, verschiedene Lebensstationen aufzuschreiben und musste dabei sehr viel weinen. Meine siebenundvierzig Lebensjahre waren voll gepackt mit Angst, Kummer und Sorge. Das alles schwarz auf weiß vor mir zu sehen war wirklich zum Heulen. Einzig mein unverrückbarer Glaube an Gott schien mich über all diese Jahre getragen zu haben. So hatte ich auch jetzt wieder Hoffnung, dass mir Gott den richtigen Weg zeigen würde. Hatte ich nicht im Unglück das große Glück, direkt in diese Klinik geführt worden zu sein?

Die so genannte Biographiearbeit, die Auseinandersetzung mit der eigenen Lebensgeschichte, war in diesem Krankenhaus ein Teil der Therapie, und es war wirklich neu und außergewöhnlich für mich, dass ein Arzt Fragen stellte und wirklich zuhörte. Diesbezüglich hatte ich in meiner ganzen bisherigen »Patientenkarriere« meist keine guten Erfahrungen gemacht.

Ich blickte natürlich auch auf mein Eheleben zurück. Mit siebenundzwanzig Jahren hatte ich meinen Mann Carl in einem Zürcher Restaurant »zufällig« kennen gelernt. Carl war eine strahlende Persönlichkeit, voller Humor und echter Herzenswärme. Außerdem war er ein stolzer Patriarch und gewohnt, seinen Willen durchzusetzen – und ich war es gewohnt, mich anderen zu fügen. Kurz nach unserer Begegnung machte er mir einen Heiratsantrag. Ich erklärte ihm, dass ich nicht gesund sei und mir keine großen Aufgaben an seiner Seite vorstellen könne. Carl meinte nur, dass er die besten Ärzte kennen würde und sie mir sicher helfen könnten. Trotz meiner Bedenken und Ängstlichkeit sagte ich ja, und wir heirateten drei Monate später. Ich konnte mir diese starke Anziehungskraft zwischen Carl und mir, zwei Menschen, die doch so verschieden waren, eigentlich nicht erklären. Ich wusste damals noch nicht viel über karmische Zusammenhänge.

Nach der Heirat und dem Umzug nach München kam ich zu Carls Hausarzt. Als ich ihm meinen Zustand geschildert hatte, verschrieb er mir eine Hunderterpackung starker Schmerzmittel. Das Rezept wanderte allerdings gleich in den Abfall, da ich nie Schmerzmittel einnahm – ich vertrug sie einfach nicht –, und damit setzte ich keine weiteren Hoffnungen in diesen Arzt.

Dann vereinbarte Carl für mich einen Termin bei einem Professor an der Universitätsklinik. Dieser Spezialist sagte mir, dass ich nur ein Kind bräuchte, dann käme alles in Ordnung. Vorsorglich nahm er eine Knochenpunktion vor. Aber noch während des Eingriffs herrschte er mich an: »Sie haben mir nicht gesagt, dass Sie so viele Schmerzmittel nehmen. Ihr Knochenmark ist ja ganz kaputt, da kann man nichts mehr machen.« Das war das Ende dieser Konsultation.

Danach schlug Carl vor, dass ich mir meine schlechten Zähne richten lassen solle, das werde vielleicht helfen. Ich hörte, dass es in Nürnberg einen Zahnarzt gab, der sich auf Herdsuche spezialisiert hatte. Zusammen mit Carl fuhr ich in seine Praxis. Der Zahnarzt führte die Messungen durch und meinte: »Hoffnungslos! Sie können sich ihren Sargdeckel bestellen, da geht gar nichts mehr!« Schüchtern erwiderte ich: »Aber so können Sie mich doch nicht entlassen, wissen Sie denn niemanden, der mir helfen könnte?« Er nannte mir eine Ärztin in München. Ich versuchte es bei dieser neuen Adresse. Die Therapie bestand in massiver Gabe von Vitamin B, dann von Procain, einem Betäubungsmittel. Ich verzichtete auf eine weitere Behandlung.

Ich hatte den Eindruck, dass die meisten Ärzte, denen ich begegnet war, nach einem starren Therapieschema vorgingen. Wenn dieses Schema nicht den gewünschten Erfolg brachte, wollten sie das Scheitern nicht zugeben und nicht offen über die Schwierigkeiten reden. Wenn sie nicht helfen konnten, waren sie der Meinung, dass mir als Patientin eben nicht zu helfen sei und dass ich einfach Tabletten schlucken solle.

In der Krebsklinik traf ich nun auf diesen Dr. Thomas, der mich auch als Mensch wahrnehmen wollte, der mir zuhörte und mir Fragen stellte, die über die körperlichen Symptome hinausgingen. Er sagte mir zwar fast täglich, dass ich noch Bestrahlung bekommen müsse, aber ich weigerte mich, darauf einzugehen. Ich wollte endlich meine Ruhe haben. Ich wollte diese spezielle Zeit auskosten, diesen Klinikaufenthalt, bei dem ich umsorgt, gefördert und gehört wurde. Ich schob alle sorgenvollen Gedanken von mir weg. Ich freute mich jeden Tag auf das Malen, Massieren, Spazierengehen, auf das Essen und das eurythmische Tanzen.

Nach einem speziellen Verfahren aus der anthroposophischen Heilkunde wurde in der Klinik für den Patienten die entsprechende Apfelbaummistel bestimmt. Dr. Thomas kam täglich und spritzte mir eine winzige Menge des Mistelpräparats Iscador unter die Haut am Bauch. Ich reagierte immer sehr heftig, bekam rote Flecken und einen fürchterlichen Juckreiz. Als wunderbare Begleiterscheinung dieser Krebstherapie verschwanden meine jahrelangen Gelenk- und Knochenschmerzen. Sie schienen sich durch die Mistelspritzen nach und nach einfach aufzulösen. Mir kam es wie ein Wunder vor. Wenn die Mistelspritzen bei meinen Gelenk- und Knochenschmerzen, unter denen ich zwanzig Jahre lang gelitten hatte, halfen, warum nicht auch bei meinem Krebs?

Oder würde ich in ein paar Monaten sterben?

Die Patienten um mich herum machten mir wenig Hoffnung. Die meisten von ihnen hatten schon fast alles hinter sich: Operationen, Chemotherapien, Bestrahlungen. Sie hatten Rückfälle erlitten; Metastasen waren entdeckt worden. Dazu kam der Ärger mit Versicherungen und Ämtern. Sie hatten viele Arztwechsel hinter sich. Die Haare waren ihnen ausgefallen; sie sahen blass und ausgezehrt aus. Nun hofften sie hier auf Rettung – hofften, durch die ganzheitliche Behandlung auf eine Überlebenschance. Einige schienen es auch zu schaffen, trotz amputiertem Bein oder vielen Chemotherapien.

Es war einfach unvermeidlich, diese Krankengeschichten vor

den jeweiligen Therapiestunden im Wartezimmer mit anzuhören. Die meisten hatten viel zu spät von der Klinik und den ganzheitlichen Heilbehandlungen, die hier angewendet wurden, erfahren. Ein achtzig Jahre alter, sehr kultivierter Mann aus Schweden erzählte mir bei der gemeinsamen Maltherapie, dass er schon acht Jahre lang immer wieder herkomme und trotz seiner Metastasen noch so viel Schönes erleben dürfe; er habe nun seinen Frieden gefunden. Er malte an jenem Tag eine wunderschöne farbenfrohe Spirale. Mir schenkte er eines seiner Bilder. Drei Tage später war er sanft entschlafen.

Auch das war eine ganz neue, gute Erfahrung: Hier wurden Sterbende vom Pflegepersonal und von den Ärzten liebevoll verabschiedet und in die andere Welt hinüberbegleitet. Wenn keine Angehörigen da waren, standen sie am Bett, linderten die Schmerzen, pflegten den Körper, sprachen oder schwiegen, sangen und beteten. In einer schönen kleinen Halle ruhte der Verstorbenen dann drei Tage lang. Dort konnten alle, die wollten, beten und sich nochmals verabschieden.

Diese Erlebnisse beeindruckten mich sehr, und ich war dankbar, dass Dr. Thomas nun fast täglich am Spätnachmittag vorbeikam, sich hinsetzte und versuchte, mich in ein Gespräch zu ziehen. Es fiel ihm schwer, meine Ablehnung gegenüber weiteren Nachbehandlungen zu akzeptieren. Ich spürte eigentlich nichts in mir, das mich dazu hätte bewegen können, mich weiter behandeln zu lassen. Aber ich war leicht verunsichert, ob ich nicht doch…

Es kam mir das Schicksal zu Hilfe: Ich hatte vor der Operation Gott inständig um Beistand gebeten. Auch legte ich alle Entscheidungen, die der Arzt zu treffen hätte, in Gottes Hand. Ich erklärte mich bereit, was immer dabei geschehen würde, zu akzeptieren. Wie konnte ich jetzt plötzlich zweifeln? Bei Ramana Maharshi, dem indischen Weisen, hatte ich gelesen:

»Wenn du wirklich an Gott glaubst, dann glaube an ihn im Guten wie im Schlechten.«

Dr. Thomas machte es sich nicht leicht und suchte mich am zweitletzten Tag meines Aufenthalts zusammen mit dem Chefarzt auf. Beide Mediziner redeten mir nun intensiv ins Gewissen, sodass ich zum Schluss doch einwilligte, noch einmal nach Bern zu fahren, um mit dem Chirurgen zu sprechen. Dr. Thomas ging sofort zum Telefon, wählte die Nummer der Klinik und musste erfahren, dass der Chirurg soeben für vier Wochen in Urlaub gefahren sei. Die beiden Ärzte waren ratlos: Gerade als sie mich endlich so weit hatten, kamen sie nicht weiter. Aber ich verstand die Botschaft sofort: Ich sollte endlich meinem inneren Arzt voll und ganz vertrauen und mit dem äußeren Arzt nur in Übereinstimmung mit dem inneren Arzt kooperieren. Obwohl ich nun mit der Ungewissheit leben musste, ob der Krebs nicht weiterwachsen würde, war ich doch über meine Entscheidung, mich nicht nachbehandeln zu lassen, froh und zufrieden.

Nach dem Gespräch mit den beiden Ärzten zog ein großes Gewitter auf. Es blitzte und donnerte heftig. Als das Gewitter vorüber war und die Sonne nochmals herauskam, wollte ich noch ein wenig an der frischen, spürbar gereinigten Luft, spazieren gehen. Als ich ins Freie trat, leuchtete direkt vor der Tür ein perfekt ausgebildeter Regenbogen. Ich war im Herzen tief dankbar und gerührt von diesem Zeichen des Himmels.

Anscheinend sollte ich gerade am Krebs endlich lernen, meiner inneren Stimme zu vertrauen. Unsicherheit und Schüchternheit waren meine ständigen Begleiter im Leben gewesen. Selbst-Vertrauen hatte ich wenig, wohl aber Gott-Vertrauen. Doch wie sollte dieses Gottvertrauen überhaupt funktionieren, wenn ich meinem Selbst nicht vertraute?

Gerade in den Gesprächen mit Dr. Thomas musste ich endlich lernen, zu meinem Selbst zu stehen. Dabei musste ich aufhören, mich als armes, kleines, dummes Mädchen zu betrachten. Ich hatte zu lernen, aufrichtig zu mir und meinem Empfindungen und Gefühlen zu stehen.

Mir wurde klar, dass mein Krebs die Anforderung an mich stellte, mich nun intensiv mir selbst zuzuwenden und mich auf meine innere Wahrheit und Weisheit zu besinnen. Die Zeit war reif, mich ganz und gar meinem inneren Heiler zuzuwenden. Dazu brauchte ich Ruhe und Abgeschiedenheit – es ging schließlich um Leben und Tod. Ich war mir sicher, dass ich eine Chemo- und Strahlentherapie nicht überleben würde. Ich hatte keine Kraftreserven mehr. Mein Körper war ausgebrannt. Ich musste mich hundertprozentig dem anderen Weg zuwenden, dem Weg nach innen.

Ich war dieser Klinik und den Menschen, die dort arbeiteten, sehr dankbar für die Art und Weise, wie sie ihre Überzeugungen vertraten und mir trotzdem meine Freiheit ließen und meinen Entschluss akzeptierten. Der Abschied war nicht einfach. Doch am selben Tag verließ auch Dr. Thomas die Klinik. Seine Zusatzausbildung an dieser anthroposophischen Klinik war zu Ende, und er ging zurück nach Deutschland. Endlich hatte ich in ihm einen Arzt gefunden, dem ich vertrauen konnte und dem ich mich auch geöffnet hatte. Und nun sollte ich ihn schon wieder verlieren. Das war schwer für mich, aber wir einigten uns darauf, dass ich alle drei Monate zur Nachkontrolle zu meinem Chirurgen nach Bern fahren würde.

Als ich mich von Dr. Thomas verabschiedete, übergab er mir einen Entlassungsschein, in dem ausdrücklich vermerkt war, dass ich seine Vorschläge zur Nachbehandlung abgelehnt hatte. Dann zeigte er mir eine soeben erhaltene Postkarte von einer früheren Patientin. Diese Frau hatte sich nicht einmal operieren lassen, sondern nur die Mistelkur durchgeführt.

Nun schickte sie ihm herzliche Grüße aus dem amerikanischen Death Valley, dem »Tal des Todes«, wo sie gerade unterwegs war. Ein Wink mit dem Zaunpfahl?

Im Vakuum

Ende Juni 1991, als es schon sehr warm war, kam Sarah, um mich aus der Klinik abzuholen. Sie packte meine Sachen ins Auto, und wir fuhren auf die Autobahn Richtung Chur. Der Kontrast war kaum auszuhalten. Nach der Ruhe in der Klinik empfing mich die Welt wechselweise mit rasendem Tempo und endlosem Stau sowie mit schwülheißer Abgasluft. Wir machten in einer Raststätte Halt, um etwas zu trinken. Ich hatte vergessen, wie hektisch, laut und rücksichtslos der normale Alltag war, und die plötzliche Konfrontation damit erschlug mich fast. Ich war nur noch ein zusammengesunkenes Häufchen neben Sarah, als wir endlich kurz nach Chur die Autobahn verließen, um in die kleine Passstraße abzuzweigen. Endlich konnten wir die Fenster ein wenig öffnen. Wie erfrischend war jetzt plötzlich die Luft. Die vielen Tannen, die hier wachsen, strömen bei heißem Wetter einen köstlichen Duft von Harz und Tannennadeln aus. Oft hatte ich in München in einer kleinen Duftlampe ätherisches Kiefernöl verdunsten lassen, um mein Heimweh nach der Bergwelt zu besänftigen. Jetzt erschnupperte ich den Duft draußen in der Natur – welch wunderbarer Gegensatz zu den Abgasen auf der Autobahn!

Die Bergspitzen leuchteten, und der ewige Schnee auf den Gipfeln reflektierte die Sonne so intensiv, dass ich kaum hinschauen konnte. Mir liefen heiße Tränen über die Wangen, einerseits vor Freude, nach zwei Jahrzehnten Großstadtleben endlich in die geliebten Berge zu ziehen, und andererseits vor Müdigkeit und Erschöpfung.

Sarah bemerkte wohl meinen Zustand, aber sie schwieg. Ich war ihr dankbar, dass sie mein Weinen einfach geschehen lassen konnte. Sie war jetzt Ende zwanzig und hatte sich zu einer verständnisvollen, standhaften jungen Frau entwickelt. Nach vielem Ringen und Schlingern hatte sie ihren Beruf gefunden und absolvierte die Ausbildung zur Kunsttherapeutin. Teil davon war, ihre eigene Geschichte psychotherapeutisch aufzuarbeiten. Genau dies würde mir selbst jetzt in der Ruhe und Abgeschiedenheit der Bergwelt bevorstehen. Die Aufarbeitung meiner eigenen Defizite aus Kindheit und Jugend würde mir sicher sehr helfen, die Muster zu erkennen, in die ich verstrickt war. Vielleicht konnte ich dadurch erfahren, wann und warum mein Organismus die Selbstverteidigung aufgegeben und einem unkontrollierten Zellteilungsgeschehen das Feld, sprich den Körper, überlassen hatte. Gleichzeitig war mir aber auch klar, dass dies nur ein erster Schritt sein konnte, denn diese Art von Aufarbeitung bewegt sich immer nur im Rahmen der Dualität. Ich sehnte mich aber brennend nach einem Verstehen und Erleben, das darüber hinausging. Ich suchte nach der spirituellen Dimension. Es erschien mir zu einfach, einem so komplexen Geschehen wie Krebs nur durch die Durchleuchtung und Analyse der Kindheit auf die Spur kommen zu wollen.

Die Schönheit der Natur, die ich auf unserer Fahrt um mich herum sah, half mir, grüblerische Gedanken wegzuschieben und einfach das Panorama zu genießen. Bald lagen nur noch wenige steile Serpentinen vor uns. Je höher wir kamen, umso leichter wurde mir ums Herz. Dann hatten wir die Tausendmetergrenze erreicht. Endlich war ich in meiner geliebten Bergwelt. Da tauchte auch schon das kleine Bergdorf auf. An einfachen Bauernhäusern und ein paar Ställen vorbei führte die schmale Straße direkt über einer steil abfallenden Felswand auf unser Häuschen zu. Wir waren am Ziel.

Doch voller Schrecken blickte ich auf mein neues Domizil. Um Himmels willen: Ganz nah am Haus fiel die Felswand etwa dreihundert Meter tief ab. Unten sah man einen silbernen Streifen, der sich durch das enge Tal schlängelte. Diese Silberschnur war der Rhein. Hier also sollte ich jetzt bleiben, direkt am Abgrund. Konnte ich an einem solchen Ort ruhig leben, oder stand ich selbst schon am Abgrund?

Ich hatte diesen Steilhang nicht als unangenehm empfunden, als wir uns vor ein paar Monaten zum Kauf des Hauses entschlossen hatten und ich noch nichts von meiner Krebserkrankung ahnte. Jetzt stand ich mit zitternden Knien da. Etwas schien sich in mir in dieser kurzen Zeit sehr verändert zu haben. Ich nahm alles viel bewusster war – nicht nur die Schönheit der Landschaft, sondern auch die Angst vor diesem Abgrund.

Da fiel mir das Gedicht von meinem Zen-Meister Fumon Roshi ein:

Jetzt ist die Zeit JETZT
wo wir uns alle befinden
Segensvolle und Nichtgesegnete
– am Rande des Abgrunds.

Sarah hatte meine veränderte Stimmung sicher bemerkt und überließ mich mit einem wachsamen Auge meinem inneren Erbeben. Sie hatte Türen und Fenster schon geöffnet, und als ich nach einer Weile ins Haus trat, fielen die düsteren Gedanken langsam von mir ab.

Das Haus war ganz aus Holz erbaut. In der untergehenden Sonne leuchtete es honiggelb auf und umhüllte mich warm und friedlich. Ein herrlicher Heuduft strömte von draußen herein, und mir wurde wieder wohler ums Herz.Ich war so müde, dass ich mich kaum noch auf den Beinen halten konnte. Es war ein langer, eindrucksvoller Tag gewesen. »Jetzt ab ins Bett«, meinte Sarah, und schon bald lag ich unter der Decke.

Welch wunderbarer »Zufall«, dass die Vorbesitzer des Hauses uns den ganzen Hausstand einfach überlassen hatten, da sie keine weitere Verwendung dafür hatten. So konnte ich nach dem Krankenhausaufenthalt gleich einziehen. Ein Bett stand für mich bereit; von der Teetasse bis zur Nachtischlampe war alles vorhanden. Sarah und ich wurden uns dieser Vorsehung bewusst, und dankbar fiel ich in einen tiefen Schlaf.

Am anderen Morgen wurde ich von Carl und Lynn geweckt. Carl wollte mich über das Wochenende besuchen, und Lynn sollte Sarah ablösen, die dann mit Carl wieder nach München zurückfahren würde. Meine Familie wollte mich auf keinen Fall in dieser Abgeschiedenheit allein lassen. Ich freute mich sehr über Lynns Besuch. Sie hat eine sehr sanfte, etwas verträumte Art, und unsere Seelen sind sich sehr nahe.

Carl war traurig, dass ich nicht zu ihm nach München zurückkehrte. Er wollte jetzt so schnell wie möglich dort das Haus nach den neuesten baubiologischen Erkenntnissen sanieren lassen, und nur so lange gewährte er mir »Bergzeit«. Seine Freunde, die es auf ihre Art gut meinten, rieten mir ebenfalls davon ab, allein in den Bergen zu hausen. Ich müsse doch jetzt zurück ins Leben, zurück in die Stadt und unter Menschen kommen, da ich sonst noch trübsinnig oder depressiv würde. Lynn und Sarah konnten jedoch nachfühlen, wie wichtig es für mich war, in der Abgeschiedenheit zu mir selbst zu finden, und unterstützten mich. Mir selbst war die Diskussion in gewisser Weise gleich-gültig. Ich fühlte immer wieder tief in mir diese völlige Erschöpfung und wollte einfach nur meine Ruhe.

Gern ließ ich die Fürsorge meiner Familie geschehen. Die drei besorgten das Notwendigste, kauften Lebensmittel ein und legten sogar Brennholz bereit, falls es kalt würde. Doch dann wollte ich einfach allein sein. Wir beschlossen, dass sie mich bald wieder besuchen würden, und jeder fuhr zurück in seine Welt.

Nun war ich allein in einer noch fremden Umgebung. Innerlich und äußerlich befand ich mich am Abgrund – und beschloss, mich fallen zu lassen. Ich wollte nicht mehr kämpfen, tun, machen, planen, entscheiden. Ich konnte einfach nicht mehr. In mir war alles unendlich müde, erschöpft, ratlos und leer. Ich wollte nur versuchen, auf meinen Herrgott zu hören, und herausfinden, was denn dieser Krebs ist und was ich daraus lernen sollte.

Ich wusste bereits, dass ich vor allem lernen sollte, auf mich selbst zu hören. Aber was ist dieses Selbst? fragte ich mich immer wieder. Wer bin ich, die das lernen oder nicht lernen kann? Was ist es in mir, das will oder nicht will? In mir kreisten immer wieder dieselben Fragen.

Aber ich hatte nicht die Kraft, mich hinzusetzen, still zu werden und zu meditieren. Mein Körper war zu müde; meine Gedanken drehten sich ununterbrochen im Kreis. Außerdem musste ich jetzt meinen kleinen Alltag bewältigen. Ich musste einkaufen, kochen, saubermachen. Darüber hinaus musste ich irgendetwas finden, das verhinderte, dass der Krebs sich ausbreitete und Metastasen bildete, falls der Tumor nicht ganz entfernt worden war. Doch wie, wo, was?

Ich saß in einem Vakuum und ließ mich erst einmal fallen. Endlich war ich an einem Ort, wo ich mich immer hingesehnt hatte: in den Bergen. Hier gab es weder Hektik noch Stress, noch Lärm, noch Anforderungen, die über meine Kräfte gingen. Diesen Zustand wollte ich erst einmal mit meinem ganzen Wesen er-leben.

In München hatte ich mich immer überfordert gefühlt. Da waren anfangs die kleinen Kinder, die durch die Heirat plötzlich in mein Leben traten. Da war der große Geschäftshaushalt mit Situationen und Begegnungen, die mir aufgrund meiner einfachen Herkunft fremd und ungeläufig waren. Besonders die gesellschaftlichen Verpflichtungen setzten mir bis zum Schluss zu. Umso mehr genoss ich jetzt das All-eine-Sein und fühlte mich oft, wenn ich allein war, wirklich eins mit dem All.

Häufig erlebte ich aber auch sehr schwere Tage, weil ich keine Idee hatte, was ich mit meinem Krebs machen sollte. Doch meine Töchter hatte ein liebevolles Auge auf mich und meldeten ihre Besuche immer dann an, wenn ich gerade wieder einmal Hilfe brauchte. Auch Carl bemühte sich rührend, mir in meiner Abgeschiedenheit so gut, wie er konnte, zu helfen. Länger als fünf Tage hielt er es jedoch selten in der Bergeinsamkeit aus, dann zog es ihn zurück in die Stadt. Zuvor hatte er im Haus immer alles wieder in Ordnung gebracht, und ich konnte allein weiterwursteln.

Ich ließ mich völlig in die Natur hineinfallen, beobachtete die Bäume, den Himmel, die Tiere und ließ mich von ihrer Hingabe inspirieren. Ohne zu murren verloren die Bäume im Herbst ihr schönstes Kleid, standen nackt und schutzlos den Winter über in Sturm und Kälte, und im Frühjahr erwachten sie zu neuem Leben. Sie ließen es einfach in stiller Hingabe geschehen. In mein Leben war der Winter eingezogen; ich verlor meine Blätter. Ich fühlte mich noch immer total erschöpft, konnte kaum fünfzehn Minuten gehen. Jeder kleine Handgriff war anstrengend.

Ich hatte den sehnlichen Wunsch, mich genauso wie die Natur hingeben und wandeln zu können. Wie wunderbar heilte die Natur sich selbst. Wenn sich durch die heftigen Regenfälle Geröllawinen über die Wiesen ergossen, blühten schon ein paar Monate später Blumen zwischen den Steinen, und viele kleine Polsterpflanzen begannen, sie zu überwuchern. Bald war wieder ein blühender grüner Teppich vorhanden.

Konnte es beim Menschen auch so sein, wenn er nur innehalten, stillhalten und sich den Naturgesetzen fügen würde, statt immer zu meinen, mit seinem bisschen Hirn könnte er alles manipulieren und in Kategorien einteilen: gesund – krank, gut – böse, Tag – Nacht. Hier in der Einsamkeit der Berge wurde mir die Kraft der Natur deutlich vor Augen geführt. Wenn es zu stark regnete, schwemmte das Wasser die Eisenbahnschienen einfach fort. Die eingemauerten Flussläufe wurden zu Wildbächen, die alles überschwemmten und Beton wie Bäume mit sich rissen. Der viele Schnee zerstörte Leitungen und blockierte den Verkehr. Nichts funktioniert mehr, wenn die Natur sich austobt: kein Mikrowellenherd, kein Fernseher, keine Verkehrsverbindung, kein Computer, manchmal nicht einmal mehr das Telefon. Ich beobachtete diese Naturgewalten, und mir wurde bewusst, dass der Mensch immer den Kürzeren ziehen wird, wenn er sich gegen die Natur und ihre Gesetze oder über sie stellen will.

War nicht auch mein Krebs ein Aufschrei meines mir von der Natur gegeben Körpers? Ein Protest gegen unsachgemäße Behandlung, gegen Missachtung der Grenzen und ein Ausdruck dafür, dass wir kollektiv nicht mehr im Einklang mit der Natur und ihrem Schöpfer leben? Irgendwie spiegelte das Geschehen draußen plötzlich mein Innenleben. Auch in mir war die Ordnung aus dem Gleichgewicht geraten. *Mein* Wille sollte geschehen. Ich hatte meine Ziele und Bedürfnisse immer wieder unterdrückt, wollte »gefällig« sein, wie ich es zu Hause gesagt bekommen hatte. Anständig sein, nichts annehmen als Dankeschön, so hatte meine Mutter mich immer belehrt.

Ich konnte sehr gut für die anderen kämpfen, aber zu mir und meinen Bedürfnissen zu stehen, das hatte ich nie gelernt. Es gab auch keinen Platz oder Raum, wo ich meine Wünsche hätte verwirklichen können. Immer waren andere Anforderungen wichtiger und ließen mir keinen Freiraum.

So sehr ich mich auch bemühte, ich schaffte es nie, alles unter einen Hut zu bringen, und das Ergebnis war Stress und Wut. Ich gab mein Klavierspielen nach ein paar Jahren wieder auf; das Skifahren hängte ich ebenfalls an den Nagel, genauso mein soziales Engagement in der Altersfürsorge. Die Anforderungen der Familie schienen mich einfach aufzufressen. Da wir in München mitten in der Stadt leben mussten, vermisste ich die freie Natur über alles. An den Wochenenden waren wir ebenfalls ans Haus gebunden, da Carl meist auch samstags im Geschäft war, und sonntags brauchte er dann seine Ruhe. In den Urlaub fuhren wir gerade einmal zwei, höchstens drei Wochen lang, dann wurde Carl unruhig und wollte zurück an die Arbeit. Carls Arbeit diktierte völlig unser Leben.

Mir war längst klar geworden, dass nicht ich allein Herrin meines Schicksals war. Ich spürte immer wieder, dass hinter allem eine Gesetzmäßigkeit stand, und ich begann, in meiner Bergeinsamkeit Bücher über Karma und Wiedergeburt zu lesen. Dafür hatte ich jetzt Zeit; es hatte sich offenbar etwas in meinem Schicksalsrad bewegt. Da ich in der Bibel fast nichts über Wiedergeburt fand, wollte ich endlich die *Bhagavadgita* lesen, die als indisch-hinduistische Bibel bezeichnet werden könnte und eines der ältesten Bücher der Welt ist. Dort las ich: »Du bist nicht der Handelnde.«

Das war es wieder. Etwas in mir wusste genau, dass diese Aussage stimmte. Aber mein Verstand revoltierte und blockte ab. Nun hatte ich endlich Zeit, konnte mich beobachten und diesen Satz wirken lassen. Ich konnte ihn nicht erfassen, aber ich spürte, dass ich ihn er-leben konnte. Der Alltag gab mir Gelegenheit dazu, denn ich musste in dem Berghaus für mich selbst sorgen und endlich eine Entscheidung treffen, wie ich nun mit meinem Krebs umgehen wollte.

Rückblickend kann ich genau erkennen, wie ich Schritt für Schritt geführt wurde. Jedesmal wenn ich der inneren Stimme gehorchte, auch wenn es noch so absurd zu sein schien, bekam ich anschließend in irgendeiner Form einen Beweis, dass es so richtig war. Immer wenn ich daran zweifelte, ob ich das Richtige tat, schenkte mir der Himmel einen Regenbogen von unbeschreiblicher Schönheit.

Einmal schaffte ich es bei einem Spaziergang kaum noch nach Hause zurück, weil ich erschöpft war. Ich hatte mittlerweile mit meiner Heildiät zehn Kilo abgenommen, und da es sehr kalt war und geschneit hatte, kam ich nur mühsam vorwärts. Ich musste mich immer wieder hinsetzen und fror entsetzlich. Nach einem Schneegestöber rissen die Wolken jedoch auf. Ein plötzlicher Wetterumschwung trat ein, wie er in den Bergen oft geschehen kann. Ein warmer Föhnsturm verwandelte die Schneeflocken plötzlich in Regentropfen. Ich hatte noch gute dreißig Minuten zu laufen. Mir war zum Heulen zumute. Jetzt würde ich auch noch nass werden und hatte kein Gramm Fett am Leib und wenig im Bauch, was mir Kraft gegeben hätte weiterzustapfen. Ich bekam einen Koller, dachte, dass alles falsch sei, was ich hier oben so allein machte, und die Tränen liefen mir übers Gesicht.

Da kam plötzlich die Sonne heraus, und direkt vor mir, fast zum Anfassen, entstand ein Regenbogen. Ich war völlig fasziniert, denn immer schon wollte ich wissen, ob man in einen Regenbogen, wo er beginnt, hineinlaufen und sich sozusagen darunterstellen könnte. Ich vergaß alles, was ich gerade gedacht hatte, und lief und lief zum Regenbogenanfang. Er schien immer gerade vor mir zu sein, als eilte er vor mir her. Ich lief immer schneller, wollte mich endlich in den Regenbogen hineinstellen, ganz in die von mir so geliebten Farben eintauchen. Aber der Regenbogen war immer noch ein wenig schneller als ich. Da kam ich auf das Wegstück, das an der steil abfallenden Felswand entlang führte. Der Regenbogen spannte sich über das Tal auf die andere Seite. Als ich um die nächste Wegbiegung kam, wo ich bereits unser Häuschen erblicken konnte, berührte der Beginn des Regenbogens das Hausdach und fiel von dort in großem Bogen ins Tal herab. Ich zerplatzte fast vor Freude, rannte los, mich und alles andere vergessend. Je näher ich zum Haus kam, umso blasser wurden die Farben, und als ich am Haus stand, hatte er sich der Regenbogen aufgelöst.

Vom Sinn der Krankheit

Die Fragen nach dem Warum, Wieso und Woher waren mein ständiger Begleiter. Es gab wenig, das mich in meiner damaligen Situation dazu hätte bringen können, das Leben einfach zu genießen. Ich musste über zu vieles nachdenken. Aber ich konnte mich jetzt auch einmal fallen lassen, konnte loslassen, einfach da sein.

Ich hatte eine Menge Post ins Krankenhaus bekommen und war ganz erstaunt und dankbar, dass ich so viele Freunde besaß, die mir jetzt Mut und Unterstützung gaben. Ich hatte genügend Zeit, all ihre guten Ratschläge nochmals zu überdenken. Eine Karte beschäftigte mich sehr. Sie kam von Ama Samy, einem indischen Jesuitenpater, der Zen-Meister geworden war und bei dem ich ein paar Mal meditiert hatte. Er wusste durch meine Freundin Helena von meiner Krebserkrankung. Er schrieb, dass in der Krankheit die Kraft liege, und zum Krebs meinte er, dass er eine harte und gleichzeitig sanfte Gnade sei. Seine Worte bewirkten, dass ich intensiv zu suchen begann. Ich wollte endlich wissen, ob die großen Weisen auf meine Fragen Antwort wussten. Ramana Maharshi, Nisargadatta Maharaj und Meister Eckehart hatte ich in den letzten zehn Jahren gelesen und studiert. Aber sie sprachen über eine ganz andere Ebene. Alles drehte sich um die Frage: Wer bin ich? Mich hingegen beschäftigte aktuell die Frage: Warum bin ich so krank?

Würde Jesus Christus, der an Kranken Wunder gewirkt

hatte, mich heilen, wenn er noch lebte? War mein Glaube womöglich zu gering?

Mir wurde immer klarer, dass ich große Wissenslücken bezüglich spiritueller Zusammenhänge hatte, ja mir schien, dass ich diesbezüglich völlig unwissend sei. Ein wenig Licht war in mein Dunkel durch Elisabeth Haichs Buch *Die Einweihung* gefallen. Doch änderte dies nichts daran, dass ich mir weiterhin sehnlichst einen Lehrer wünschte, den ich alles fragen könnte. Die guten Lehrer oder Meister, die ich kennen gelernt hatte, gaben keine direkten Antworten, sondern sie halfen dem Schüler, dass dieser die Antwort selbst in seinem Herzen erfahren konnte. Hatte ich möglicherweise meinen wirklichen Meister noch nicht gefunden?

Nun wohnte ich hoch oben in den Bergen, für mich allein, konnte niemanden fragen – aber die unsichtbare Führung hatte vorgesorgt. Ich hatte mir viele Bücher von Sai Baba mitgenommen. Er war für mich mehr als ein Mensch. Ich war 1986 und 1989 jeweils für eine kurze Zeit bei ihm in Indien gewesen, und das, was ich damals gesehen und erlebt hatte, war für mich zutiefst beeindruckend gewesen.

Sai Baba gilt in Indien als Avatar, als göttliche Inkarnation. Er hat in der Wüste einen Ashram, ein spirituelles Zentrum, aufgebaut, wo ihn viele Tausende von Menschen besuchen. Zweimal täglich warten die Besucher schweigend in langen Reihen unter einem riesigen Tempelvordach, bis Sai Baba aus dem Tempel kommt und durch die Reihen geht. Wenn man Glück hat, kann man ihm einen Brief geben oder ihn direkt etwas fragen.

Mich beeindruckte, wie dieser Mann seit fünfzig Jahren täglich so viele Menschen segnet, sie tröstet, heilt, etwas lehrt und ermutigt. Seine Hauptaussage fand ich überall im Ashram zu lesen: »Es gibt nur eine Religion, die Religion der Liebe. Es gibt nur eine Kaste, die Kaste der Menschheit. Es gibt nur eine Sprache, die Sprache des Herzens. Es gibt nur einen Gott – er ist allgegenwärtig.«

Ich kaufte viele seiner Bücher, um zu wissen, was er uns lehren wollte. In meinem Berghäuschen hatte ich Zeit, sie zu studieren. Ich las und las und las – Sai Babas Schriften, seine Biographie und vor allem die *Bhagavadgita*. Mein Herz atmete zum ersten Mal in meinem Leben tief durch, und immer wieder kam mir ein lautes Aha über die Lippen. Tropfenweise wurde mein Wissensdurst gestillt. Dann erschien ein neues Buch: *Sai Baba spricht zum Westen*. Ich traute meinen Augen nicht, als ich das Buch von einer Freundin zugeschickt bekam, es aufschlug und las: »Nichts schwächt dich so wie Unwissenheit. (...) Bete um Wissen, wiederhole den Namen Gottes und meditiere. Das Wissen, von dem ich spreche, ist die Antwort auf die Frage, wer du bist, woher du kommst, wohin du gehst. Hast du die Antworten auf diese Fragen gefunden und wirklich in deine Seele eingebunden, bist du frei. Unwissenheit kann dich nicht mehr erreichen – nie wieder.«[6]

»Bete, um zu wissen« – das tat ich doch schon, ich flehte Gott täglich darum an. »Wiederhole den Namen Gottes« – damit hatte ich Mühe, denn ich wusste noch zu wenig über Mantras. Die Meditation versuchte ich jedoch täglich von neuem, und ich schöpfte Hoffnung.

Sai Baba betont in seinen Büchern immer wieder, dass Gesundheit ein hohes Gut sei und dass man unbedingt auf seine Gesundheit achten solle. Man werde ernten, was man säe, und man solle sich beständig fragen, ob man ein geregeltes Leben führe, auf die Ernährung achte und die Namen Gottes wieder-

[6] Stepski-Doliwa, Stephan von: *Sai Baba spricht zum Westen* (Grafrath 1994), Text zum 28.8.

hole. Dies seien entscheidende Faktoren, um die Gesundheit zu erhalten und zu festigen, da sie Ruhe und Harmonie schaffen würden. Shanti (Friede) sei die vollkommene Verbindung von Yin und Yang und auch die Kraft, die alle Krankheiten fernhalten würde. Nicht Bakterien und Viren würden uns krank machen und die Medizin gesund. Sondern wenn das Denken mit innerer Ruhe verbunden sei, würde es Wohlergehen bewirken; wenn es aber mit Unruhe verbunden sei, Krankheit.

Friede – das war wohl der Schlüssel. Ohne Friede war alles nichts wert, und Friede hatte ich mir nie gegönnt.

Ich war mein ganzes Leben lang gerannt. Wie sehr hatte ich mich in meinen jungen Jahren angestrengt, um auf der Karriereleiter höher zu steigen. Eine einfache Verkäuferin wollte ich nicht bleiben. Um als Frau in dieser Leistungsgesellschaft zu bestehen, musste ich mir das Letzte abverlangen. Die Überarbeitung, die schlechte Luft im Warenhaus, das hastige, ungesunde Essen, abendliche Kurse in der Volkshochschule, zu wenig Schlaf, die dauernde Angst, ob ich es richtig machen und es schaffen würde, all dies kostete Kraft. Arbeit war meine einzige Identifikation; ohne Leistung war ich scheinbar nichts. Die vielen Einkaufsreisen ins Ausland für die Firma, der weite Arbeitsweg – ich kämpfte und hatte mich von einer Stufe zur nächsten gehetzt.

Sai Baba schreibt, dass Krankheiten Entwicklungsschritte einleiten und uns die Gelegenheit geben würden, Fehlverhalten zu korrigieren. Man solle daher die Krankheit als Möglichkeit nutzen, in Ruhe über sich selbst nachzudenken. Man solle sich ernsthaft überlegen, was man zu lernen habe und was einem die Krankheit näher bringen wolle. Man solle vor allem seine Gedanken reinigen und sich nicht hetzen. Wer sich abhetze, lehrt Sai Baba, sei ungeduldig und könne keine Ruhe aushalten. Wer so lebe, verschwende viel Zeit und Energie und habe keine Chance, sich zu entwickeln. Deshalb müsse man als erstes zur Ruhe kommen. Eine Krankheit sei dazu ein entscheidender Schritt.

Tatsächlich hatte ich jetzt endlich die Ruhe, nach der ich mich schon so lange gesehnt hatte. Aber ich wurde nun auch mit all dem konfrontiert, wofür ich mir nie Zeit genommen hatte. Ich war so atemlos und angespannt durch mein Leben gejagt, dass ich jetzt, als ich entspannen konnte, erst merkte, wie ausgebrannt ich war. Ursache war sicher nicht nur das hohe Arbeitspensum, das ich geleistet hatte, sondern vor allem waren es meine negativen Gefühle und meine Ängste, die mich dabei stets begleitet hatten, zum Beispiel: ob ich es auch recht mache, ob ich es überhaupt kann, ob ich gut genug bin, ob die anderen mich nicht ablehnen, ob ich auch schnell genug bin oder ich gefällig war ... Immer wieder die gleiche Angst, ob ich *es* schaffe! Darin bestand wohl meine Urangst.

Unter diesem Motto stand auch meine Ehe. Mir schien alles ein paar Schuhnummern zu groß zu sein, und ich wusste nie, ob ich es schaffen würde. Zwar machte es mir keine Angst, dass ich mit meiner Heirat die Verantwortung für drei Kinder mit übernommen hatte, denn von Anfang an bestand gegenseitig eine starke Zuneigung, und ich fühlte mich von den Kindern willkommen und angenommen. Aber da war diese ganz andere Gesellschaftsschicht, in der ich mich plötzlich bewegen sollte.

Carl leitete eine große Firma. Er war für viele Angestellte verantwortlich und hatte etliche der so genannten gesellschaftlichen Verpflichtungen zu erfüllen. Mit meiner Heirat musste ich mich plötzlich umorientieren: Nicht ich war Angestellte und Arbeiterin, *wir* hatten Angestellte und Arbeiter. Es war für mich nicht einfach, mit dieser neuen Position zurechtzukommen. Ich wusste nicht, wie man sich in den Kreisen der Bosse bewegt und benimmt. Es war für mich schrecklich, auf Cocktailpartys oder Empfängen herumzustehen. Ich fühlte mich oft völlig fehl am Platz. Auch Einladungen zum Essen waren für mich ein Horror, zumal ich schon damals Vegetarierin war und sich manche Gastgeber dadurch vor den Kopf gestoßen fühlten. Mir schien, dass ich ein wandelndes schlechtes Gewissen für sie war. Auch konnte ich das späte Essen am Abend gar nicht vertragen und litt am nächsten Tag noch heftiger unter Knochenschmerzen oder Migräne. Darüber hinaus konnte ich mich meist nicht an den Unterhaltungen beteiligen. Es waren immer dieselben Themen: Urlaub, Golf, Geldanlagen, Feinschmeckertipps und Weine. Ich saß stundenlang schweigend dabei, war tief enttäuscht, deprimiert und wütend, weil ich mich nicht artikulieren konnte.

Ich hätte gern über Gott, die Dritte Welt, Greenpeace oder gesunde Kost, geredet, aber ich traute mich nicht. Es schien hoffnungslos zu sein; die Zeit war damals einfach noch nicht reif für solche Themen, und mir selbst mangelte es ebenso an Reife. Nach solchen Einladungen war ich meist so wütend, dass ich am liebsten das ganze Geschirr an die Wand geschmissen hätte. Auch die Geschäftsreisen um die halbe Welt, auf denen ich Carl begleitete, waren für mich eine Strapaze. Was für andere Abwechslung und Vergnügen bedeutete, war für mich harte Knochenarbeit. Mein Gesundheitszustand wurde dadurch immer schlechter.

Auch zu Hause im Familienleben traten Probleme auf. Carl wurde immer schweigsamer und schwergewichtiger, denn ihn plagten vermehrt berufliche Sorgen. Aus den Kindern wurden Jugendliche, und es zeigte sich an Verhaltensauffälligkeiten, dass sie den Tod ihrer leiblichen Mutter noch nicht verarbeitet hatten. Leider gab es für mich kaum Möglichkeiten, mit Carl über diese Schwierigkeiten zu sprechen. Er war vollkommen von seinem Berufsalltag in Anspruch genommen und wünschte sich zu Hause eine heile Welt. Manchmal wurde ich wütend und überlegte mir ernsthaft, Carl zu verlassen und mein eigenes Leben zu führen. Aber dann taten mir die Kinder Leid, die ja bereits ihre leibliche Mutter verloren hatten. Ich brachte es nicht über das Herz, einfach zu gehen.

Als ich eines Tages das Buch *Die Ordnungsgesetze des Lebens* des Ernährungsforschers Bircher-Benner las, kam mir unsere Misere wieder einmal in aller Schärfe zum Bewusstsein. Wir lebten anscheinend völlig verkehrt, gegen unsere Natur, aber ich sah keinen Weg, wie ich es in meinem Alltag hätte ändern können. Ich wusste weder ein noch aus, und wo war mein Herrgott?

Dann las ich 1978 in der Zeitung, dass in München ein Inder über die Volkshochschule eine Yogalehrer-Ausbildung anbot. Yoga hatte von jeher eine unglaubliche Anziehungskraft auf mich ausgeübt. Sofort meldete ich mich an. Dann fuhr ich in die Stadt, um mir für den Unterricht Schreibmaterial zu besorgen.

Am nächsten Tag rief mich eine alte Bekannte meines Mannes, die mir auch schon den Wünschelrutengänger vermittelt hatte, an. Sie war anders als unsere anderen Freunde und gleichfalls »auf der Suche«, aber wir hatten trotzdem wenig Kontakt. Aufgeregt erzählte sie mir, dass sie einen Hellseher kennen gelernt habe, der Leute beraten würde. Sie habe ihn zu sich eingeladen. Sie wusste von meiner Migräne und hatte für mich einen Termin am 11.11. um 11 Uhr reserviert. Ich zögerte mit meiner Zusage, denn ich wusste, dass mein Mann den Hellseher genauso wie den Rutengänger als Unsinn ablehnen würde. Aber ich war ja an einem 11.11. um 11 Uhr geboren worden, und vielleicht würde ich danach doch etwas »heller« sehen können. Also sagte ich zu.

Es wurde ein erschütterndes Erlebnis. In dem Moment, als ich in das Zimmer mit dem Hellseher trat, veränderte sich meine Sichtweise. Wie auf einer Kinoleinwand schien vor mir ein Film abzulaufen, in dem ich die Hauptrolle spielte. Ich war plötzlich Zuschauerin eines früheren Lebens von mir. Klar und deutlich sah ich, dass es sich um ein gutes, schönes Leben als Königin in einer früheren Hochkultur gehandelt hatte und dass mein jetziger Körper und Verstand diese Erinnerungen kaum ertragen konnte. Ich war tief erschüttert und konnte nur noch weinen. In jenem Leben gab es diese überängstliche, unsichere, sich minderwertig fühlende Relia nicht, nein, damals war sie eine souveräne Frau, die ganz in sich selbst ruhte. Der Hellseher meinte, ich habe wohl jenes Leben als Königin gezeigt bekommen, um endlich diese schwache Relia in mir zu verabschieden.

Nach dem Treffen hatte ich kein gutes Gefühl. Es war etwas in mir aufgewühlt worden, von dem ich keine Ahnung gehabt hatte. Weil es so ungewöhnlich war und ich mit niemandem darüber reden konnte, beunruhigte es mich.

Ein paar Jahre lang lief dann diese innere »Filmkamera« ganz unvermutet in den unterschiedlichsten Situationen erneut an. Ich erkannte dann plötzlich Gegenstände, Antiquitäten, Landschaften und Menschen aus anderen Leben wieder und sah, wie wir damals miteinander verbunden gewesen waren.

Mit der Zeit wurden die Mitteilungen, wo ich gefehlt und schlechtes Karma angesammelt hatte, immer klarer und deutlicher. Oft sah ich mich auch sterben; jedes Mal war es ein wunderbares Gefühl, den Körper endlich verlassen zu können. Auch erlebte ich während einer Atemtherapiestunde ganz genau den Durchgang durch das Bardo[7], so wie er im Tibetischen Totenbuch beschrieben wird.

Ich wurde immer sensitiver und reagierte wie eine Antenne. Doch ein Teil von mir misstraute all diesen Wahrnehmungen.

Meine Sensitivität überforderte mich; ich hatte kein gutes Gefühl dabei. Damals wusste ich noch nicht, was große Heilige in Ost und West zur Wiedergeburt sagen. Wohl kannte ich die Bibelstelle (Matthäus 11, 11–14), wo Jesus erklärt, dass Johannes der Täufer der wiedergeborene Elija sei, aber darüber sprach man nicht. Da ich über zu wenig Informationen zum Thema Wiedergeburt verfügte, wurden mir meine Erfahrungen sogar unheimlich. Also begann ich zu beten: »Trachtet zuerst nach dem Himmelreich, alles andere wird euch geschenkt werden.«

Nein, ich wollte mich nicht weiter auf solche parapsychologischen Phänomene einlassen und bat Gott inständig darum, diese Bilder zu stoppen. Ich war schließlich auch mit Leben konfrontiert worden, in denen ich genau diese sensitiven Fähigkeiten missbraucht hatte, und in so etwas wollte ich nicht wieder hineingeraten.

Der Sinn meiner Schmerzen und meiner körperlichen Leiden blieb mir weiterhin unklar, denn ich schaffte es nicht, mein Leben zu ändern – obwohl ich einen Blick in andere Leben hatte werfen können und mir aufgrund der dadurch erworbenen Erkenntnisse die Probleme in meinem jetzigen Leben hätten klar werden sollen. Zwar fand ich in verschiedenen Büchern den Hinweis, dass sich allein durch solche Erfahrungen etwas ändern würde, aber bei mir blieb alles beim Alten. Umso stärker wurde nun mein Wunsch, einen wirklichen Meister zu finden, der mich sicher führen würde.

Der Hellseher empfahl mir eine Ärztin, von der er glaubte,

[7] Tibetisch: »Zwischenzustand«, Bezeichnung für die Phase zwischen dem Tod und der nachfolgenden Wiedergeburt. Das Tibetische Totenbuch (*Bardo Thödol*) unterscheidet sechs Arten von Zwischenzuständen und gibt entsprechende Anleitungen, um zu Erkenntnis und letztlich Befreiung zu gelangen.

dass sie mir weiterhelfen könnte. Voller Hoffnung ging ich zu ihr. Sie war sehr mitfühlend und bemühte sich sehr um mich. Ich nahm die von ihr verordneten homöopathischen Mittel. Leider ohne Erfolg. Daraufhin meinte sie, dass ich eine Technik lernen müsse, mich selbst zu behandeln, am besten in den USA bei Mary Burmeister. Doch eine so weite Reise kam in Anbetracht meines Gesundheitszustandes für mich nicht in Frage, schon gar nicht, wenn ich sie auch noch gegen Carls Willen machen müsste.

Es geschah jedoch, dass Mary Burmeister im Jahr darauf in München einen Kurs über ihre Heilmethode veranstaltete. Ich besuchte ihren Kurs eine Woche lang und war hellauf begeistert. Sie lehrte die asiatische Selbsthilfemethode Jin Shin Jyutsu[9]. Bei dieser Methode werden bestimmte Fingerhaltungen eingesetzt. Ich behandelte mich fortan ganze Nächte hindurch und hielt alle meine Finger. Wenn ich nicht schlafen konnte, »strömte« ich die Leber-Milz-Nieren-Punkte, das heißt, ich brachte die Energie durch bestimmte Fingerpositionen oder durch Handauflegen und Atemübungen zum Fließen. Endlich hatte ich etwas gefunden, das mir fühl- und sichtbar Erleichterung brachte und dazu noch völlig unkompliziert anzuwenden war.

Da meine Tochter Lynn sich ebenfalls dafür interessierte, reisten wir ein Jahr später zu Mary in die USA. Wir erlebten eine herrlich unbeschwerte Zeit miteinander. Wir waren ein

[9] Der Name bedeutet »Die Kunst des Schöpfers durch den mitfühlenden Menschen«. Die von dem Japaner Jiro Murai entwickelte und in seinem Auftrag von Mary Burmeister, einer Amerikanerin japanischer Abstammung, weltweit verbreitete Methode basiert darauf, dass jeder Mensch die Fähigkeit besitzt, seine Lebensenergie ins Gleichgewicht zu bringen und die Selbstheilungskraft zu aktivieren. Siehe auch das Buch *Heilende Berührung* von Marys Schwiegertochter Alice Burmeister und Tom Monte (München 1998).

fröhlicher Kurs von sechzehn Teilnehmern und behandelten uns täglich gegenseitig. Obwohl sich bei mir teilweise heftige Reaktionen zeigten, fühlte ich mich jeden Tag besser.

In diesem Kurs wollten alle immer nachträglich auch von Meena, der Teilnehmerin aus Indien, behandelt werden. Aber für mich hatte Meena nie Zeit. Am zweitletzten Tag bat ich sie, mich endlich auch einmal zu behandeln. Sie erwiderte jedoch im ernsten Ton: »Bist du sicher, dass du das willst?« Ich begriff nicht, was sie meinte, bestand aber darauf, als Nächste an die Reihe zu kommen.

Wir hatten uns alle in einem hübschen, von Zitronenbäumchen und Palmen umgebenen Motel eingemietet. Als ich Meena abends in ihrem Zimmer aufsuchte, hatte sie Reis gekocht – indischen Reis mit Zwiebeln, Senf- und Koriandersamen. Sie reichte mir eine Schale. Wir setzten uns auf das Sofa und schauten zu, wie eine glühend rote Sonne am Horizont in der Wüste Arizonas versank, und plötzlich fühlte ich eine unbeschreibliche Traurigkeit in mir. Ich spürte, dass ich zu dieser Person eine tiefe Verbindung hatte. Der Duft des Reisgerichts, die rote Sonne und das indische Mädchen – alles in mir erinnerte sich, und vor meinem inneren Auge sah ich ein verflossenes Leben in Indien mit viel Glück und noch mehr Traurigkeit. Irgendwie hatte ich in diesem Moment wieder einen der Wege zurück »nach Hause« gefunden, konnte den Wiedererkennungsschmerz kaum aushalten und schluchzte vor mich hin. Meena lächelte still, und ich spürte erst jetzt, dass sie »wusste«. Sie sagte mir ganz ruhig, dass ich ihre Seelenmutter sei und sie mein Kind. Sie wusste den Anfang meiner Geschichte und anscheinend auch, wie es weiterging, denn alles, was sie mir an jenem Abend erzählte, traf später genau so ein.

Ich hatte das Gefühl, aus einem langen, dunklen Traum endlich aufzuwachen, aber ich konnte das Licht noch nicht ertragen. Meena nahm sieben weiße Blätter und zeichnete die Konturen meines Körpers darauf. Dann malte sie die Umrisse fast vollständig schwarz aus. Sie erklärte mir, dass der Mensch aus sieben Hüllen, Schichten oder Körpern bestehe. Alle sieben seien weiß, wenn wir unsere Reise als individuelle Seele anträten. Durch unsere Gedanken, Worte und Taten würden sie nach und nach dunkler, und wenn die Seele zurück nach Hause wollte, müssten wir sie alle wieder sauber mitbringen. Der Sinn von Krankheit bestehe immer in der Reinigung von Körper und Geist. Das sei die Arbeit, die nun vor mir liege.

Ich war wie betäubt. Etwas in mir wusste, dass das wahr war, und ein anderer Teil in mir wollte sofort davonrennen. Mir blieb jedoch keine Zeit für weitere Fragen; es war schon weit nach Mitternacht. Am nächsten Morgen mussten wir zurückfliegen.

Am Abflugtag tobte ein starkes Gewitter, und wir mussten lange auf den Start warten. Wenn zu viel Wasser in die Triebwerke eindringen würde, könnte die Maschine abstürzen. Den ersten Teil der Rückreise legten wir im Sturm zurück. Ich nahm es als ein Omen für das, was mir bevorstand.

Ich hatte immer ein kleines Büchlein bei mir, in das ich die für mich wichtigsten Zitate und Weisheiten aufschrieb, um sie immer bei mir zu haben, wenn ich Trost und Klarheit brauchte. Während es draußen stürmte und die Blitze um das Flugzeug zuckten, las ich die Worte von Ramana Maharshi: »Wenn Sie fest an Gottes Führung glauben, dann halten Sie daran fest und kümmern Sie sich nicht darum, was um Sie her vorgeht.«[10]

Nur langsam beruhigte sich das Wetter, und wir konnten ein wenig schlafen. Kurz vor der sanften Landung in München las ich nochmals in meinem Büchlein, diesmal einen Satz von Nis-

[10] Ramana Maharshi: *Wer bin ich?* (Interlaken 1984), S. 141.

argadatta Maharaj: »Haben Sie vor allem Geduld mit sich selbst, denn Sie sind Ihr einziges Hindernis. Der Weg über Sie selbst hinaus führt durch Sie!«[11]

Mein Leben wurde tatsächlich immer stürmischer, und Schlag auf Schlag wurden die Anforderungen größer. Meine Ängste wuchsen in gleichem Maß mit, denn wieder glaubte ich, es nicht schaffen zu können. Ich verkrampfte mich immer mehr, und meine Migräneattacken wurden heftiger.

Ganz locker hatte ich 1982 nach dem Kurs von Mary Burmeister beim Abschied zu Meena gesagt: »Besuche mich mal, falls du nach Deutschland kommst.« Zwei Monate später stand sie vor unserer Tür, und Carl war außer sich. »Wie kommst du dazu, eine Inderin einzuladen! Wer ist sie, und was will sie?«

Meena hatte kein Visum; sie war krank und musste in der Klinik behandelt werden. Es war die absolute Zerreißprobe für meine Ehe. Carl wollte, dass Meena sofort weiterreiste. Aber ich konnte diese zierliche fünfundzwanzigjährige Inderin doch nicht einfach wegschicken! Unsere tiefe Verbindung war geradezu unheimlich. Sie nannte mich von der ersten Minuten an Mami und erzählte mir immer wieder unglaubliche Geschichten aus längst vergangenen Epochen. Sie verhielt sich mir gegenüber wie ein kleines Mädchen, und oftmals fragte ich mich, ob ich – oder sie – nicht geisteskrank wäre. Zum Glück waren Lynn und Sarah schon aus dem Elternhaus ausgeflogen. Meine Töchter riefen mich beim Vornamen, und nun kam diese junge Inderin und nannte mich Mami. Ich verstand meine Welt nicht mehr und zu der ihren hatte ich noch keine klare Verbindung.

Der Kampf mit Carl wegen Meenas Besuch und mit den Ämtern, um für sie ein neues Visum für die USA, für Deutsch-

[11] Nisargadatta Maharaj: *Ich bin* (Berlin 1980), S. 143.

land oder für die Schweiz zu bekommen, war schier zermürbend. Zwar hatte Meena meinen Mann gegen sich, aber Gott stand eindeutig auf ihrer Seite. Mehrmals hintereinander drückte der Beamte einen Verlängerungsstempel auf die Aufenthaltsgenehmigung, und jedesmal gewannen wir drei weitere Wochen.

In der uns zugedachten Zeit lasen Meena und ich das ganze *Mahabharatha*, das große indisches Epos, und sie erzählte mir die *Bhagavadgita*, die Geschichte von Krishna und Arjuna, so lebhaft, als wäre sie selbst dabei gewesen.[12] Sie lehrte mich Yoga und vieles andere mehr, und bevor Carl sie womöglich auf die Straße setzte, mietete ich einen Raum, der mein zukünftiges Yogastudio werden sollte, wo sie wohnen konnte. Zuvor hatte ich Meena immer versteckt, wenn Carl nach Hause kam. Nun war ich froh, dass sie im Yogastudio gut untergebracht war. Sie erwies sich als eine wunderbare Heilerin und Seherin, und im Nu kamen viele Menschen zu ihr.

Aber mir konnte oder durfte sie nicht helfen. Meine Zeit war noch nicht reif; mein Karma und das, was ich daran zu lernen hatte, waren noch nicht erfüllt. Meine Ehe war allerdings bereits an einem äußerst kritischen Punkt angekommen. Was konnte ich Carl schon erklären – ich verstand ja selbst nicht, was hier geschah. Carl zeigte sich nur abweisend und wütend, und die Verständigungsmöglichkeiten schwanden. Ich war bereit, meine Koffer zu packen. Meena sagte im Übrigen kein einziges böses Wort über die ablehnende Haltung meines Mannes. Sie forderte mich vielmehr dazu auf, ihm liebevoll und mit Verständnis zu begegnen.

Dann geschah das Wunder, und Meena bekam ein Visum

[12] Die *Bhagavadgita* (Sanskrit: »Gesang des Erhabenen«) ist Teil des indischen Nationalepos *Mahabharata* (Sanskrit: »Das große Epos der Nachkommen des Bharata«).

für die Schweiz. Ich brachte sie zu meiner Tante, die unheilbar krank war. Zur größten Verblüffung der Ärzte heilte Meena sie in wenigen Monaten. Dann bekam sie wieder ein US-Visum und ging zurück nach Amerika.

Gottes Wege sind unerforschlich. Nach neun Monaten Dauerstress mit Carl und Meena war ich eigentlich reif für das Sanatorium. Meena mit ihrer völlig anderen Weltanschauung lebte fast nur in der geistigen Dimension. Nun war ich wieder allein und musste meine Füße auf die Erde bringen. Dazu verhalf mir Sarah, unsere jüngste Tochter, die eigentlich in Zürich an der Kunstgewerbeschule hätte studieren sollen. Sie war jedoch an einer Psychose erkrankt, wollte nicht mehr leben und kam zurück nach München. Wir mussten sie Tag und Nacht betreuen und beaufsichtigen. Sie war nur noch Haut und Knochen; sie aß und schlief nicht mehr.

Das Familienkarma schien sich zu melden. Sarahs Mutter war freiwillig aus dem Leben geschieden, als ihr niemand mehr helfen konnte. Ihre Depressionen wurden damals noch mit Elektroschocks behandelt, die sie schließlich nicht mehr ertragen konnte. Jetzt war Sarah an einem ähnlichen Punkt der Verzweiflung angekommen, und sie wurde mit ihrem Muttertrauma konfrontiert. Tagelang rief sie immer wieder: »Mutter, warum hast du mich verlassen?«

Ich weigerte mich, Sarah in eine psychiatrische Klinik einweisen zu lassen, denn ich befürchtete, dass das Schicksal ihrer Mutter sie einholen würde. Ich bat meine Mutter um Hilfe, und sie kam zu uns nach München und betete fast den ganzen Tag für Sarah. Meine Mutter war immer noch eine sehr religiöse, tiefgläubige Frau, und ihre Gebete waren jetzt unser Halt.

Alles, was ich bisher für mein Heil- und Gesundwerden gelernt hatte, konnte ich nun bei Sarah anwenden: Jin Shin

Jyutsu, Farbbestrahlung, Homöopathie, Musik- und Aromatherapie. Ich kochte ihr bekömmliches, leichtes Essen, versorgte sie mit vollwertigen Lebensmitteln. Außerdem besuchte ich mit ihr die schwarze Madonna in Altötting. Sarah war tief berührt und bewegt, nachdem sie die schwarze Gottesmutter gesehen hatte.

So verging ein halbes Jahr voller Hoffen und Bangen, doch dann entschied Sarah sich für das Leben, und sie nahm eine leichte Arbeit an. Wir hofften, dass Sarah durchhalten würde. Ich machte mir große Sorgen, aber Sarah schaffte es und zog sich Schritt für Schritt selbst aus der dunklen Tiefe.

Nach dieser aufreibenden Zeit tat mir von Kopf bis Fuß alles weh. Die nächste Aufregung stand jedoch schon ins Haus. Meenas Bruder Surya aus Indien hatte seine Schwester, als sie in der Schweiz war, besucht und dabei Sarah kennen gelernt. Die beiden hatten sich liebgewonnen. Ich wusste nicht, wie ich es Carl beibringen sollte. Er hegte aus unerfindlichem Grund eine Abneigung gegen alles, was mit Indien zu tun hatte.

Ich glaubte, diese neue Spannung nicht auch noch ertragen zu können. Ich hatte zwar wieder und wieder in der *Bhagavadgita* gelesen, wie Krishna zu Arjuna sagt, dass man nicht der Handelnde sei, sondern der Zeuge. Meine Anspannung würde demnach aufgrund meiner Illusion entstehen, die Handelnde zu sein, und aufgrund meines Ego und meiner Vorstellung von dem, was »mein« ist. Ich versuchte diese Weisheit zu verstehen, aber ich war noch weit davon entfernt, dass ich mein Ich- oder Egogefühl einfach nur durch intensive Lektüre hätte verwandeln können.

Ich glaubte noch immer, dass ich für die Konsequenzen verantwortlich sei, die durch mein »Sosein« in dieser Familie entstanden. Ich hatte Carl vor unserer Heirat klar gesagt, dass ich sehr religiös aufgewachsen sei und mich auch weiterhin mit

Glaubensthemen beschäftigen werde. Damals war es ihm recht. Doch nun suchte ich nicht nur im christlichen Bereich nach Antworten, sondern wandte mich immer stärker den anderen Weltreligionen zu. Dies wurde in unserem Alltag zum Stein des Anstoßes.

Carl konnte nicht verstehen, was ich denn eigentlich immer suchte. Einerseits war er fest eingebunden in seinen Betrieb, aber andererseits erdrückte ihn dort das Paket an beruflichen Sorgen und ungelösten Problemen immer mehr. Sein Zuhause sollte deshalb der ruhige Hort sein, wo er auftanken konnte. Daheim konnte und wollte er nicht auch noch Probleme haben. Und dann »drangen« in Gestalt von Meena und ihrem Bruder Fremde in seine Familie ein – das war zu viel für ihn.

Die Kinder und ich lebten fast in einer anderen Welt, von der Carl gar nichts mitbekam. Mein jährlicher Meditationskurs und die Meditationspraxis, die daraus erwuchs und die mir immer wieder Kraft und Frieden schenkte, waren ein Teil davon. Ich versuchte in den Schriften von Meister Eckehart und von Ramana Maharshi Trost und Erkenntnis zu finden. Leider hatte ich wenige Freundinnen, mit denen ich die Einsichten und Erfahrungen teilen konnte, die mich tief bewegten. Ich war nicht in München aufgewachsen und dort nicht berufstätig gewesen, ich hatte die Kinder nicht geboren und in den Kindergarten oder zur Schule gebracht, wodurch sonst die meisten Beziehungen zu anderen Frauen entstehen.

Große Freude machte mir meine Yogaschule, die ich nach Meenas Abreise eröffnet hatte, denn Yoga war mein ureigenstes Lebenselixier. Viele interessante Menschen fanden den Weg in mein Studio, und wir unterstützten und lehrten uns gegenseitig. Die meisten wurden später auch fleißige Schüler und Schülerinnen des Jin Shin Jyutsu, und einige gingen auch ein Stück mit auf dem Zen-Weg.

Aber für viele war Zen-Meditation zu intensiv. Für mich war sie jedoch die Brücke, die mich über die inneren und äußeren Abgründe trug. Ich saß nicht um der Erleuchtung willen in der Meditation, sondern weil mir das Stillsitzen einfach so gut tat. Es gab mir die Kraft, diesen Seiltanz namens Alltag weiter durchzuhalten.

Die innere Stimme

Im Sommer 1991 war ich nach meiner Operation vom vielen Nachdenken über den Sinn der Krankheit müde und wollte mir lieber überlegen, was jetzt konkret zu tun war. Der Gedanke, dass der Krebs in mir vielleicht neue Bahnen suchte, störte meine Gelassenheit, und ich wollte die Hände nicht einfach in den Schoß legen. Auf die Stimmen der Ärzte, die zur Nachbehandlung rieten, hatte ich nicht gehört. Meine Familie war so taktvoll und dränge mich zu nichts. Aber in mir entstand Unruhe. Etwas musste ich tun.

Ich erinnerte mich an ein Büchlein, das ich seit vielen Jahren besaß: die Anleitung zu einer Saftfastenkur, bei der man vierzig Tage lang Rote-Bete-Saft zu sich nimmt. Wenn ich mit Hilfe der Kur den Krebs einfach aushungern würde, wie es in der Broschüre beschrieben war, könnte ich vielleicht eine Metastasierung verhindern. Ich spürte nichts in mir, was zu diesem Plan nein sagte, und ich fing an, meine Vorbereitungen zu treffen. Eine Saftpresse, kiloweise Rote Bete und andere Dinge musste ich bestellen und mir zuschicken lassen.

Auch begann ich, mich seelisch auf die Kur vorzubereiten, denn das Fasten war noch nie meine Stärke gewesen. Meist hatte ich einen Bärenhunger, und da ich jahrzehntelang unter Durchfall litt, aß ich immer große Mengen und war unausstehlich, wenn ich nichts bekam. Ich saß viel still und versuchte, mich auf das Fasten einzustellen.

Aber es kam natürlich wieder einmal ganz anders: Am Tag,

als der Postbote mir zehn Kilo Rote Beete und Sellerie sowie die Saftzentrifuge brachte, übergab er mir auch noch ein Päckchen. Eine Freundin aus München schickte mir das Buch von Michio Kushi: *Die Kushi Diät*. Neugierig schlug ich es gleich auf, und mein Auge fiel auf eine Tabelle von Krebsarten und ihrer Zuordnung zu Yin und Yang. Zu meiner Überraschung las ich, dass Brustkrebs das Zeichen von einem Yin-Überschuss ist und sehr einfach zu heilen sei, wenn man auf Nahrung mit Yang-Charakter umstelle. Und vor mir lagen zehn Kilo Rote Beete, die ich zu Saft pressen und roh trinken sollte, alles extrem Yin!

Ich musste mich setzen. Ich war tatsächlich kurz davor gewesen, das in meinem Fall total Verkehrte zu tun. Aber die unsichtbare Führung hatte wieder alles genau koordiniert. Wie dankbar war ich, in letzter Minute dieses aufschlussreiche Buch erhalten zu haben. Aber gleichzeitig war ich sehr beunruhigt. Alles, was ich bis jetzt über Krebs erfahren hatte, war von Gegensätzen geprägt: Der eine sagte dies, der andere das. Ich musste einen Weg finden, meine innere Stimme klar zu hören.

Ich suchte wieder, was die großen Weisheitslehrer dazu sagten, und lernte, dass erst eine tiefe Stille in uns einkehren muss, damit wir offen werden und hören können. Der Verstand muss schweigen.

Wäre mein Kopf nur frei von allen störenden Gedanken! Er war alles andere als offen und ruhig. Natürlich strebte ich nach der reinen Stille, doch wie konnte ich mein Denken kontrollieren und sie tatsächlich erreichen?

Gewiss hatte ich beim Meditieren schon öfter selige Zustände der absoluten Stille erfahren – aber sie währten meist nur ein paar Minuten lang, und ich erreichte sie auch nur während eines Sesshins[13], bei dem wir sechs Tage hintereinander mit Zen-Meister Fumon Roshi saßen.

Ich hatte von dem buddhistischen Mönch und Weisheitslehrer Thich Nhat Hanh *Das Sutra des bewussten Atmens* gelesen und mich in der Kunst des bewusste Atmens geübt, bei der ich dem Atem »einfach« zuschauen sollte. Mir gelang es nicht, diese Übungen durchzuhalten. Immer wieder vergaß ich meine Konzentration auf den Atem – und sofort waren die Gedanken da. Sollte ich mit aller Kraft weiterüben? Oder war es mein Weg, das Herzensgebet zu wiederholen?

Die Übung des Herzensgebets könnte man als christliches Mantra bezeichnen, denn es werden unablässig die Worte »Jesus Christus, erbarme dich meiner« wiederholt. Die Geschichte dieser spirituellen Übung und eine genaue Anleitung ist in dem Buch *Aufrichtige Erzählungen eines russischen Pilgers* zu finden. Ich hatte es vor Jahren von meiner Freundin Karin geschenkt bekommen und es auch interessiert gelesen, aber meine Not war nicht groß genug gewesen, um das Herzensgebet tatsächlich zu praktizieren. Nun holte ich das Büchlein wieder hervor. Wenn ich das Gebet jeweils mit dem Ein- und Ausatmen verband, kehrte wirklich Ruhe ein.

Obwohl mir das Herzensgebet gut tat, vergaß ich, es regelmäßig zu sprechen. Ich war vollauf damit beschäftigt, meine Ernährung auf makrobiotische Kost umzustellen.

Auch das konsequente Anwenden von Jin Shin Jyutsu hielt ich nicht durch. Dabei wusste ich, dass Jiro Murai, der Übermittler der Methode, sich damit von einer schweren Krankheit heilen konnte, indem er acht Tage lang kontinuierlich wechselweise mit der einen Hand die Finger der anderen Hand gehalten hatte.

[13] Japanisch: »Sammeln (*setsu*) des Herz-Geistes (*shin*)«, regelmäßig durchgeführte strenge Übungstage der Zen-Meditation.

Was stimmte nicht mit mir? Warum konnte ich mich weder auf den Atem konzentrieren, noch das Herzensgebet oder Jin Shin Jyutsu ausdauernd üben?

Ich wurde immer unruhiger, alles Wollen nutzte nichts. Was immer ich auch versuchte – mit meinen Gedanken war ich schnell ganz woanders, meist beim Thema Essen. Alle meine Lieblingsspeisen wie Sahne, Käse, Kartoffeln waren in der makrobiotischen Diät jedoch verboten. Oft lief ich wie ein Tiger im Haus hin und her, weil ich nicht wusste, wie ich meine Gelüste nach einem Stück Käse kontrollieren sollte.

Meine Ungeduld wuchs. Doch dann träumte ich eines Nachts von Sai Baba. Seit ich Sai Baba in Indien begegnet war, hatte ich öfter geträumt, dass er mir etwas erklärte oder mich zu etwas aufforderte. Immer wachte ich danach voll innerer Freude und Erleichterung auf und schrieb den Traum sofort nieder. Dieser Traum war jedoch anders:

Ich sehe mich wieder in Sai Babas Ashram in Indien. Ich will zum Darshan[14] und gehe in den Tempelhof, wo man ihn sehen kann. Es sind unendlich viele Menschen da. Baba hat nicht sein übliches langes, orangefarbenes indisches Gewand an, sondern er ist in Hemd und Hose gekleidet. Er sitzt abwartend und ruhig lächelnd auf einem Stuhl. Ich sitze mit meinen Freunden ganz vorn, als plötzlich eine kleine bläulich schimmernde Inderin auf mich zukommt. Sie hat eine so intensiv dunkelblaue Hautfarbe, dass sie sogar durch ihren weißen Sari schimmert und der Sari blassblau erscheint. Das ist etwas ganz Ungewöhnliches, denn wenn Baba im Tempelhof ist, verharren alle anderen schweigend. Mir ist unbehaglich zumute, weil die Frau direkt vor mir anhält und »Relia!« ruft. Jeder schaut mich an, und ich würde am liebsten im Boden versinken. Total verwirrt blicke ich zu

[14] Sanskrit: *darshana* = sehen, erschauen; einen Heiligen oder Weisen sehen und durch seinen Anblick gesegnet oder geläutert werden.

Baba, dann zu der Frau und wieder zu Baba, der mich liebevoll und zustimmend anlächelt. In diesem Moment wirft mir die Frau eine Halskette zu, die ich aber in meiner Verwirrung nicht auffangen kann. Sie fällt in den Sand und löst sich auf. Unmittelbar darauf wirft sie mir wieder etwas zu – diesmal einen Armreif aus Kupfer, den ich auffangen kann. Dann verschwindet sie.

Als ich aufwachte, war ich etwas beunruhigt. Was wollte mir dieser Traum sagen, warum hatte Baba sein orangefarbenes Gewand nicht angehabt, und wer war diese Frau?

Ich hatte zu Sai Baba viel Vertrauen. In seinen Büchern leuchtete die Wahrheit in den schönsten Farben, und meine Seele jauchzte, wenn ich darin las. Aber ich war auch immer ein wenig traurig, dass ich nie persönlich mit ihm sprechen konnte und er als Person immer unerreichbar weit weg war. Es kursierten unter seinen Anhängern zudem viele Gerüchte über ihn. Ich fand das sehr verwirrend und hätte ihn lieber gern selbst gefragt. So etwas war mir jedoch nicht möglich; ich hätte dazu wohl auch gar nicht den Mut gehabt.

Ich schrieb den Traum in mein Tagebuch, stand auf und öffnete die Fenster. Es war ein wunderbarer Sommermorgen. Ich hörte die Kühe, die laut nach Wasser muhten. Seit ich in den Bergen wohnte, hatte es kein einziges Mal geregnet. Später flog man mit Helikoptern Wasserbehälter auf die Alp, damit die Tiere nicht verdursteten.

Und mein Durst, wer würde meinen Durst löschen? Den Durst nach Erkenntnis, Wahrheit und Liebe. Wer würde mir Wasser bringen, das Wasser des Lebens? Wie konnte ich meinen Weg finden, wenn ich nicht sicher war, ob das, was ich fühlte, mir entsprach und auf welche von den Stimmen ich hören sollte?

Telefonklingeln unterbrach meine Gedanken; meine Tochter Sarah war am Apparat. Sie sagte: »Du musst unbedingt nach München kommen, Amma ist wieder da – du weißt schon, die heilige Inderin, die Surya und mich nach der Hochzeit gesegnet hat.«

Nach München zu reisen konnte ich mir in diesem Augenblick eigentlich nicht vorstellen. Aber ich versprach, es mir zu überlegen. Ich erinnerte mich, wie glücklich Sarah und Surya gewesen waren, als sie von dieser Heiligen den Segen für ihre Trauung bekommen hatten.

Nach sechs Jahren Wartezeit waren Sarah und Surya im Jahr 1990 endlich Eheleute geworden. Unsere westlichen Hochzeitssitten hatte Surya damals allerdings ein wenig enttäuschend gefunden, und er war traurig gewesen, keinen indischen Priester zu kennen, der in Deutschland die traditionelle indische Hochzeitszeremonie durchführen konnte. Dann hatte Sarah gehört, dass zum Zeitpunkt ihrer Hochzeit eine heilige Frau aus Indien in München sei, und so waren sie beide am Tag nach der Trauung zu ihr gegangen. Mir gegenüber hatten sie dies jedoch nur beiläufig erwähnt.

Nach meinem Telefonat mit Sarah erinnerte ich mich an das Strahlen in ihren Augen, als sie mir damals von dem Besuch bei Mata Amritanandamayi, liebevoll Amma oder Mutter genannt, erzählte.[15] Ich beschloss, mich doch auf die Reise nach München zu machen.

Fraglos zog mich etwas dorthin, auch wenn mir vor der sechsstündigen Reise graute. Es waren zwar nur drei Monate vergangen, dass ich München verlassen hatte, aber es erschien

[15] Mata Amritanandamayi wurde 1953 in Südindien geboren. Sie wird weltweit als Heilige, Weisheitslehrerin und Verkörperung des göttlichen Bewusstseins (Avatar) verehrt. In Indien schuf sie neben einem großen spirituellen Zentrum (Ashram) zahlreiche bedeutende medizinische und karitative Einrichtungen. Einmal im Jahr besucht sie verschiedene europäische Länder. Siehe auch die Biographie *Amma – das Leben umarmen* von Judith Cornell (Berlin 2002).

mir unerträglich, wieder mit der Großstadthektik konfrontiert zu werden.

In München saß ich dann plötzlich zusammen mit etwa zweihundertfünfzig Menschen in einem Saal, um Amma zu begegnen. Amma hatte einen weißen Sari an und war so klein, dass ich sie kaum sehen konnte. Die Menschen warteten in langen Schlangen, um von ihr in den Arm genommen und gesegnet zu werden.

Ich traute meinen Augen nicht. Da saß eine zierliche Person und umarmte jeden, der zu ihr kam, und diese Zeremonie, Ammas Form des Darshans, dauerte stundenlang! Ich dagegen befand mich gerade einmal fünfzehn Minuten im selben Raum und bekam schon fast keine Luft mehr. Der Schweiß lief von der Stirn, und ich fing an zu zittern. War ich so schwach – oder hatte mein Zustand gar nichts mit der Menschenmasse, sondern nur etwas mit dieser Frau zu tun?

Ich saß ganz hinten und hatte meinen Rückzug schon geplant, denn die vielen Leuten und das lange Warten peinigten mich, außerdem fühlte ich mich ganz verschwitzt. Da stand Surya plötzlich neben mir und nahm meine Hand. Er zog mich an allen Wartenden vorbei nach vorn zu Ammas Füßen. Mich so vorzudrängen war mir peinlich, aber ich hatte keine Zeit, etwas zu sagen, denn schon saß ich direkt vor Amma. Sogleich nahm sie mich in ihre Arme. Ich fürchtete, dass ich dieser Frau mit meinen Haarnadeln das Gesicht zerkratzen könnte und dass sie dazu noch meine Schweißperlen abbekommen würde.

Surya, der Ammas Sprache beherrscht, sagte etwas zu ihr, worauf sie mir in die Augen schaute und mir eine Salbe auf die Stirn strich. Schon war der Nächste dran.

Ich wusste gar nicht, wie mir geschah, und war heilfroh, dass ich den Saal wieder verlassen konnte. Ich zitterte am ganzen Körper und meinte, hohes Fieber zu haben. Surya brachte mich sofort nach Hause. Zuvor hatte er mir ein Buch von Amma gekauft.

Am nächsten Tag saß ich im Zug, der mich wieder zurück in die Berge brachte. Es war mir unmöglich gewesen, auch nur einen Tag länger in dieser Stadtluft und in diesem Lärm zu bleiben. Während der Fahrt fing ich an, in Ammas Buch *Erwacht, Kinder!* zu lesen. Es war in leicht verständlichen, liebevollen Worten geschrieben und umfasste Fragen geistig Suchender und Ammas Antworten. Mein Herz machte einen Luftsprung: Hier fand ich klar formulierte Antworten – Antworten auf meine vielen Fragen.

Auf den ersten Seiten beantwortete Amma die Frage, ob es mehr als einen Avatar gleichzeitig geben könne. Darüber hatte ich auch schon nachgedacht. Als Avatar wird in Indien eine Verkörperung Gottes bezeichnet, so wie für uns im Westen Jesus Christus als Sohn Gottes verehrt und angebetet wird. Amma sagte, dass es zweifellos mehr als eine Inkarnation Gottes gleichzeitig geben könne.

Ich dachte an meine Begegnung mit Amma am Tag zuvor. War sie vielleicht auch ein Avatar wie Sai Baba? Eine leise Ahnung stieg in mir auf, dass sie vielleicht die Frau war, die mich im Traum gerufen hatte. Aber ich hatte doch Baba, den ich sehr verehrte. Allerdings hatte er im Traum genickt, als diese Frau meinen Namen rief.

Ich wurde sehr müde, als ich an all das Erlebte und Geträumte dachte, und so schlief ich fast während der gesamten Reise. Ich war glücklich, als ich wieder in meiner Bergwelt ankam.

Meine Sehnsucht wurde jetzt noch größer, nach Indien zu fahren und Sai Baba zu besuchen, um innere Klarheit zu bekommen. Vielleicht hatte ich diesmal Gelegenheit zu einem persönlichen Interview und gehörte zu den etwa fünfzig Menschen, die jeden Tag die Ehre hatten, zu ihm gerufen zu werden.

Ich wollte versuchen, mit Carl über meinen Plan einer Indienreise zu sprechen. Seit wir einen indischen Schwiegersohn hatten, war er gegenüber allem Indischen nicht mehr ganz so ablehnend eingestellt. Carl mochte Surya von Herzen gern, obwohl es lange gedauert hatte, bis er seinen Segen zur Ehe gab. Jetzt bekam ich vonseiten Suryas unerwartet Hilfe, denn er wollte im Herbst geschäftlich nach Indien reisen und wünschte sich die Begleitung und den Rat meines Mannes. Carl hatte gezögert zuzusagen, weil er mich ungern so lange allein ließ, und war überrascht, als er hörte, dass ich mitkommen wolle.

Ich wusste jedoch, dass Carl Sai Baba nicht mochte, und meine vorangegangenen beiden Besuche bei Baba hatten uns jeweils in eine Ehekrise gestürzt. Carl befürchtete, dass ich unter den Einfluss einer Sekte geraten würde. Für mich stellte sich diese Problematik gar nicht, da ich davon ausging, dass sich Wahrheit in jeder Religion und zu jeder Zeit manifestiert. Immer schon hatte ich Mühe mit dem Anspruch des Christentums, dass es der allein selig machende Weg sein solle und ich auf diesem Weg nur vorankommen könne, wenn ich die offiziell erhobene Kirchensteuer ablieferte (was wir immer taten). Andernfalls würde ich aus dieser Gemeinschaft ausgeschlossen. Aber genau dies warf man doch den Sekten vor, dass sie die Menschen finanziell und moralisch unter Druck setzten.

Meine gegenwärtige Situation ließ mich all meine Ängste, Carl durch meinen Besuch bei Baba vor den Kopf zu stoßen, überwinden. Für mich war es vielleicht mein letzter Besuch, und deshalb ging ich so weit, Carl zu bitten, mich im Ashram abzuholen. Ich wünschte mir, dass er sich selbst ein Bild machte, wer Sai Baba war. Schließlich willigte Carl ein.

Ich hegte keinen Zweifel daran, dass ich das Richtige tat, obwohl mir bei den Gedanken an die Reisestrapazen der Atem stockte. Die Migräneanfälle während der vorangegangenen Indienreise waren sehr heftig gewesen, und ich hatte fortwährend an Durchfall gelitten. Ich war mir jedoch sicher, dass ich in Indien durch Sai Baba Kraft bekommen würde, und so trafen wir die Reisevorbereitungen.

Gern wäre ich vor der Reise noch einmal zu der Ärztin gegangen, die ich über viele Umwege, meiner inneren Stimme gehorchend, ausfindig gemacht hatte. Ihre Spezialität waren Injektionen mit aus dem eigenen Blut gewonnenen Serum, die ich im Abstand von zwei bis drei Monaten erhielt. Es ging mir zwar unmittelbar nach der Behandlung immer sehr schlecht, aber nach ein paar Tagen entwickelte mein Körper durch diese »Impfung« mit dem eigenen Blutserum eine viel stärkere Abwehrkraft. Ich fühlte mich dann kräftiger und wohler. Ich ging außerdem regelmäßig alle zwei Monate zur Nachuntersuchung zu meinem Chirurgen nach Bern.

Einen begleitenden Hausarzt hatte ich am neuen Wohnort in den Bergen noch nicht gefunden. Ich wollte nicht zu einem »normalen« Arzt gehen, da ich dann gleich wieder mit der Forderung, mich einer Strahlen- und Chemotherapie zu unterziehen, bombardiert würde, und dazu fühlte ich mich kein bisschen bereit. Also blieb mir nur, alternativ behandelnde Ärzten zu finden, und dies war sehr schwierig.

Die erwähnte Ärztin, zu der ich dann »geführt« worden war, erwies sich als eine sehr kompetente Person. Sie wollte mir neben den Injektionen mit Eigenblutserum allerdings noch ein ganzes Paket anderer Injektionen vorschreiben, aber ich weigerte mich. Ich wollte nur das Eigenblutserum. Von dem Mistelpräparat, das ich seit meinem Aufenthalt in der Lukas-Klinik immer noch spritzte, hielt sie wiederum nichts.

Einer der Termine für die Behandlung mit Eigenblutserum fiel in die Zeit unserer geplanten Indienreise, und ich sagte ihn ab. Die Ärztin meinte, ich müsse unter allen Umständen kommen und endlich auch mit anderen Injektionen beginnen. Ich erwiderte, dass ich nach Indien fahre und deshalb wirklich nicht kommen könne. »Was, nach Indien wollen Sie? Ja, sind Sie denn wahnsinnig geworden? Dann sterben Sie sowieso, und Sie müssen gar nicht mehr kommen. Ich behandle Sie nicht mehr!«, dann legte sie auf. Ich aber dachte mir: Lieber sterbe ich gleich in Indien als nach einer Chemotherapie. Natürlich erwähnte ich gegenüber niemandem etwas davon. Ich hatte inzwischen gelernt, so wenig wie möglich von meinen alternativen Wegen verlauten zu lassen.

Die Reise nach Indien, die wir im Oktober 1991 unternahmen, war sehr anstrengend, aber was ich bei Sai Baba erlebte, wog all die Strapazen auf. Baba erklärt immer wieder, dass er uns alte Last, sprich Karma, abnimmt, wenn wir im Ashram krank würden.

Ich wohnte mit meiner Freundin Esther in einem kleinen Zimmer, wo wir unseren Morgentee selbst zubereiteten, bevor wir um halb vier zum Morgengebet gingen. Als ich eines Tages mit unserem Tauchsieder einen Liter Wasser endlich zum Kochen gebracht hatte, zog ich zu ruckartig das Kabel aus der Steckdose. Der Topf, der erhöht auf einem Mauervorsprung stand, kippte um, und kochendes Wasser ergoss sich über meinen rechten Arm.

Die Brandwunde auf meinem Arm wurde nach dem Unfall jeden Tag hässlicher, sodass ich mir schon wieder große Sorgen um die Reaktion von Carl machte, wenn er mich abholen würde. Esther hielt jedoch während des Wartens im Tempelhof immer sorgsam ihre Hände nach der Methode des Jin Shin

Jyutsu stundenlang über meinen verbrannten Arm. Nachdem die Blasen geplatzt waren, löste sich die Haut in Fetzen und allen Farben auf. Nach zehn Tagen, als Carl, Sarah und Surya ankamen, hatte sich bereits eine zarte rosige Haut gebildet, und Carl merkte von all dem nichts mehr.

Carl genoss die zwei Tage im Ashram und gab zu, dass es dort recht angenehm wäre, fast einem spirituellen Club Méditerranée vergleichbar. Surya nahm ihn sogar mit zum Darshan, und wegen seines Alters und seiner Leibesfülle durfte er sich auf einen Stuhl in die erste Reihe setzen. Beide Male ging Baba bei ihm vorbei, schaute ihm in die Augen, und Carl meinte nachher gutgelaunt: »Baba dachte sicher: Was machst *du* denn hier!«

Die Rückkehr nach München verlief sehr harmonisch. Carl war entspannt und guter Dinge. Auch ich fühlte mich gut, obwohl ich wieder kein Interview mit Baba bekommen hatte. Da ich ihn persönlich nichts hatte fragen können, musste ich weiterhin darauf vertrauen, dass das Leben mir die Antworten schon bringen würde.

Auf Carl wartete zu Hause viel Arbeit, und ich fuhr gleich wieder zurück in die Berge. Ich musste also doch noch nicht sterben, wenigstens fühlte ich mich nicht so, und meine Ärztin würde sicher staunen, wenn ich sie wieder aufsuchte.

Ich war mittlerweile an mein Alleinsein gewöhnt und sogar fast menschenscheu geworden. Manchmal sprach ich tagelang kein Wort, außer wenn Carl oder die Kinder anriefen. Langsam hatte sich auch eine Tagesroutine entwickelt. Ich wunderte mich zwar, wieso eine einzelne Person doch so viel Umtrieb machte. Aber gleichzeitig erkannte ich auch den Segen der Arbeit und stellte fest, wie schwer es ist, wenn man plötzlich nicht mehr in einem geregelten Tageslauf steckt.

Immer besser verstand ich, wie ich zu kochen hatte. Meine Nahrung war äußerst einfach. Sie bestand aus nach unterschiedlichen Rezepten gekochtem Reis und Gemüse sowie wenigen Beilagen. Jetzt konnte ich wirklich erleben, wovon Ramana Maharshi sprach, als er sagte, dass wir durch leichtes, reines Essen am meisten dazu beitragen können, Gott näher zu kommen. Mein Kopf wurde ruhiger; meine Gedanken kreisten nicht mehr unaufhörlich. Es gab immer wieder wunderbare Momente voll tiefster Stille und großem innerem Glück.

Wenn meine Gedanken still waren, geschah alles spontan und mühelos. Dies war eine wunderbare Erfahrung. Es gab dann auch keine mehr Fragen in mir, und ich musste nicht nach Antworten suchen. Es geschah einfach alles von selbst.

Jetzt hatte ich wirklich die Zeit und die Möglichkeit, mich weiter intensiv mit meiner Ernährung zu beschäftigen und mein Fitnessprogramm zusammenzustellen.

Wandlung der Essgewohnheiten

Die Umstellung auf makrobiotische Kost bewirkte bei mir ein kleines Wunder. Ich wurde ruhiger und ausgeglichener. Ich lernte, meine Mahlzeiten immer noch einfacher und natürlicher zu gestalten. Zwar hatte ich mich nur widerstrebend an all die fremdländischen Zutaten wie Miso, Soja, Algen und so weiter gewöhnt, aber da es mir fühlbar besser ging, wollte ich mich dieser Ernährungsweise nun konsequent zuwenden.

Ich vertiefte ich mich in Michio Kushis Standardwerk *Die Kushi Diät*. Der Autor ist Japaner und vertritt die Lehre der fünf Elemente und des Zusammenspiels von Yin und Yang. Ich entdeckte bei meiner Lektüre viele neue Dinge. Mit größtem Interesse las ich, welche Nahrungsmittel wo und wie wirken und wie sie zubereitet werden müssen, wenn sie dem krebskranken Körper Heilung bringen sollen. Kushi stellt an den Anfang seines Buches Zitate von Hippokrates und Dante sowie aus Indiens heiligen Veden. Sie alle weisen darauf hin, dass Krankheiten auf eine falsche Ernährungsweise zurückzuführen sind.

Ich wollte die ungewohnten Koch- und Ernährungsweisen gründlich erlernen, und als ich »zufällig« in der Zeitung von einem makrobiotischen Krebskochkurs las, meldete ich mich an. Geraldine Walker, die Lehrerin, machte ihre Sache hervorragend, und mit frischem Mut fuhr ich wieder in meine Bergklause, um meine Experimente fortzusetzen.

Das Buch *Gesundes Leben – auf natürliche Weise* von Anthony

J. Sattilaro unterstützte mich ebenfalls sehr. Die praktischen Hinweise dieses erfolgreichen Arztes, der selbst schwer an Krebs erkrankt war und sich durch makrobiotische Ernährung völlig geheilt hatte, faszinierten mich.

Bei Kushi erfuhr ich, in welchem Zeitraum sich der Körper regeneriert, wenn man sich nach seiner Kost ernährt, das heißt Lebensmittel wie Vollkorngetreide, Hülsenfrüchte, Gemüse, Sesam- und Sonnenblumensamen sowie Algen auf den Tisch bringt:

- Nach 10 Tagen Diät stellt sich das Blutplasma um. Das Blut, das von zu viel tierischem Eiweiß zusammengeklumpt ist, wird wieder flüssig. Damit kommt es bereits zu einer Verbesserung der Atmung und der Verdauung.
- Nach etwa 14 Tagen Diät machen sich positive Veränderungen beim Kreislauf und bei der Ausscheidung bemerkbar. Ein Gefühlsumschwung bahnt sich an. Niedergeschlagenheit und Zorn auf die Krankheit werden seltener.
- Nach etwa 30 Diättagen bessert sich der Zustand der Nerven. Das Denken wird wieder klarer und konzentrierter.
- Nach etwa 60 bis 80 Diättagen regenerieren sich die weißen Blutkörperchen.
- Nach etwa 120 Tagen zeigen die roten Blutkörperchen eine völlig neue Beschaffenheit. Gleichzeitig beginnen Haut, Knochen, Organe und Gewebe zu heilen.
- Nach drei Jahreszeiten oder rund 270 Tagen erfolgt eine Veränderung der Nervenzellen, die den Patienten weitherziger, beweglicher und offener werden lässt.

Diese Aussichten machten mir Hoffnung. Obwohl mich fast alle für verrückt erklärten, wenn sie hörten, wie ich jetzt aß und lebte, kümmerte es mich nicht. Ich hatte genug gelesen, um zu wissen, dass es für uns westliche Luxusesser keine Chance gab, gesund zu bleiben oder wieder gesund zu werden, wenn wir unsere Ernährungsgewohnheiten nicht änderten. Kushis Argumente und Zahlen entsprachen den Tatsachen, und daran hielt ich mich fest. Ich war überzeugt, dass die Diät funktionieren würde, wenn ich sie durchhielt. Zum Glück lebte ich meist allein in den Bergen, denn meine Familie wollte sich nicht für diese Art des Essens begeistern. Wenn Carl zu Besuch kam, kochte er mir trotzdem manchmal morgens die Miso-Gemüsesuppe, und sie schmeckte ihm ebenfalls sehr.

Gemüsesuppe zum Frühstück bekommt einem Kranken sehr gut; aber der Gesunde hat für eine solche Mahlzeit am Morgen meist nichts übrig und ist etwas anderes gewöhnt. Die Algen, die den Körper mit Mineralien versorgen und den Stoffwechsel aktivieren, schmeckten in meiner Familie nur mir. Mein Körper brauchte diese Kost einfach; deshalb aß ich sie auch mit Appetit.

Mein Stoffwechsel wurde trotz großer Reis- und Gemüseportionen durch die Algenkost so stark angeregt, dass ich in acht Wochen zehn Kilo abnahm. Dieser Gewichtsverlust führte natürlich wieder zu großer Besorgnis bei meiner Familie und mir nahe stehenden Freunden. Jeder gab mir gut gemeinte Ratschläge, dass ich doch wenigsten Fisch oder Ei essen solle, um Kraft zu bekommen – und ein wenig luftgetrocknetes Bündnerfleisch würde mir bestimmt nicht schaden. Ich war meiner Sache jedoch sicher, denn ich hatte viel Zeit, die einschlägige Fachliteratur zu studieren.

Laut Kushi und allen anderen maßgeblichen Naturheilern ist Krebs die Folge eines Übermaßes, vor allem an Eiweiß. Je mehr ein Mensch den Verzehr von Eiweiß einschränke, desto weniger sei er Krankheiten ausgesetzt. Unsere Ernährung sei erst dann in Ordnung, wenn unsere »Abgase« geruchlos seien. Nun, so weit war ich noch nicht.

Mit Fasten würde die Umstellung sicher schneller gelingen. Fastenkuren vollbringen selbst im Endstadium von Krebs oft noch Wunder. Allen voran die Rote-Bete-Saftkur, die bei manchen Krebsarten angezeigt ist. Rote Beete entzieht dem Darm alle Schlackenstoffe. Damit gelangen keine Fäulnisgifte mehr in den Blutkreislauf, und der Körper kann sich regenerieren und gesunden.

Ich verzichtete auf das Fasten. Es wäre mir beim besten Willen nicht möglich gewesen, da ich einfach nicht der Typ dazu war. So dauerte der Reinigungsprozess bei mir etwas länger; mein Darm konnte sich nur langsam von seinen Schlacken befreien. Es war eine wirklich harte Zeit der Nahrungsumstellung, weil mich meine Gelüste nach Süßem und Molkereiprodukten fast wahnsinnig machten. Mein Darm war eben noch nicht sauber genug, um all die guten Nährstoffe aufzunehmen, und die Mangelerscheinungen äußerten sich in Gelüsten.

Ich las Bücher über Darmsanierungskuren, zum Beispiel von Robert Gray, und war begeistert. Aber als ich mit Hilfe des Pendels fragte, ob ich sie ausprobieren solle, erhielt ich ein Nein. Diese Form der Reinigung war also nicht mein Weg.

Ich wollte immer das Einfachste, und ich hoffte, etwas zu finden, das allen Menschen leicht zugänglich wäre. Ich hatte schon oft bei den indischen Weisen gelesen, dass von den Sinnesorganen die Zunge am schwersten zu besiegen sei. Das heißt, wenn unsere Ess- und Schwatzgelüste besiegt sind, ist alles besiegt und Frieden erreicht. Nur ganz langsam, Schritt für Schritt sollte ich lernen, meinen Appetit zu zügeln und in neue Bahnen zu lenken. Die Überholspur stand mir offenbar nicht zur Verfügung; es gab keine Schnellkurse.

Die Tests ergaben bei mir nur langsam bessere Blutwerte. Und das war gut so, denn sonst hätte ich nur wieder Raubbau am Körper getrieben und mit Überessen reagiert. Ich war außerdem immer noch müde und wünschte nichts sehnlicher als Ruhe, Ruhe und nochmals Ruhe. So viele Jahre hatte ich mich überanstrengt; Sorgen, Ängste und Überforderung hatten mich ausgebrannt. Es war mir klar, dass mein Geist und Körper viel Zeit brauchten, um sich zu regenerieren.

Ich konzentrierte mich erst einmal wieder auf das Naheliegendste und versuchte – wie es so viele Gesundheits- und Ernährungsfachleute lehren –, meine Nahrung dreißig- bis fünfzigmal gut zu kauen, damit die halbe Verdauungsarbeit schon im Mund geleistet ist. Als Folge davon machte meine Verdauung keine Probleme mehr. Genau so wichtig waren die Gebete, die ich regelmäßig vor dem Essen sprach. Sai Baba sagt, dass jede Art von Nahrung durch das Gayatri-Mantra[16] gereinigt wird, wenn wir es dreimal sprechen. Auch bestimmte Verse aus der *Bhagavadgita*[17] wiederholte ich vor jedem Essen. Die Ruhe und der Frieden die sich dadurch in mir einstellten, waren sehr wohltuend und heilend. Ich erkannte, dass es nur einen Hunger gab: den Hunger nach Frieden und dem Einssein mit Gott.

Ich hätte diese friedlichen, seligen Zustände gern noch weiter vertieft. Aber immer öfter war ich wieder in München oder begleitete Carl auf Reisen. Er wollte nicht ständig allein sein, und in den Bergen konnte er nur ein paar Tage ruhig bleiben, dann brach sein Tatendrang durch. Ich hingegen war noch nicht gefestigt genug, um bei meiner Wahrheit zu bleiben, und ließ mich auf immer mehr Kompromisse ein.

Da ich auf Reisen und in Restaurants meine makrobiotischen Mahlzeiten vermisste, sah keinen anderen Weg, als mein Essen von zu Hause mitzunehmen. Meine Töchter schenkten

[16] Das aus dem Rigveda stammende, heiligste Mantra der Veden; siehe auch den Wortlaut des Mantras auf Seite 145.

[17] Vierter Gesang, Vers 24 und Fünfzehnter Gesang, Vers 14 der *Bhagavadgita*.

mir zu diesem Zweck einen kleinen schicken Leichtmetallkoffer. Unsere Bekannten wunderten sich, dass ich scheinbar so eitel geworden war und nur mit einem Luxus-Kosmetikkoffer verreiste. Wenn sie dann im Restaurant ihre üppigen Menüs und ich Spaghetti »ohne alles« bestellte, staunten sie noch mehr. Ich öffnete dann meinen Zauberkoffer und würzte die Spaghetti mit Sojasauce und anderen makrobiotischen Zutaten. Für die Hungerattacken hatte ich immer ein paar Reisbällchen dabei, Kompott als Nachspeise, geröstete Mandeln als Zwischenmahlzeit sowie Getreidekaffee.

Über ein Jahr lang hielt ich meine makrobiotische Kur durch. Aber da dieses Essen nicht so leicht in mein Alltagsleben einzufügen war, bat ich Gott, mir einen anderen Weg zu zeigen.

Eine Freundin empfahl mir, nach einem Ayurveda-Spezialisten zu suchen, der mir bei der Lösung meines Ernährungsdilemmas weiterhelfen könnte. Ayurveda heißt wörtlich übersetzt »Wissenschaft vom Leben« und ist ein Jahrtausende altes, bis heute bewährtes ganzheitliches System für Gesundheit und Langlebigkeit, das aus Indien stammt. Ich hatte mich zwar schon zwanzig Jahre zuvor mit Ayurveda beschäftigt und ayurvedische Kuren gemacht, aber die Zeit war damals für mich noch nicht reif, um die Weisheit dieser Lehre zu verstehen. Nun schloss sich der Kreis.

Tatsächlich fand ich einen hoch sensitiven Arzt, der sich in westlicher Schulmedizin und ayurvedischer Diagnostik und Ernährungslehre perfekt auskannte. Er nahm mich als Patientin aus einem ganzheitlichen Blickwinkel wahr, hörte zu, führte Pulsdiagnose durch und bestimmte meine momentane Konstitution. Nach der Sprechstunde hielt ich ein Blatt in den Händen, auf dem genau notiert war, was ich möglichst tun und möglichst lassen sollte, ergänzt durch Ernährungsempfehlungen. Außerdem hatte er mir einige homöopathische Mittel verschrieben.

Durch den Arzt lernte ich die Bücher von Ernst Schrott über Ayurveda[18] kennen, und eine neue Perspektive, nach der ich so lange gesucht hatte, eröffnete sich mir. Ich entdeckte nun eine Ernährungsweise, die dem jeweiligen Konstitutionstyp des Menschen angepasst war.

Was hatte ich nicht alles versucht: von Bircher-Benner- über Waerland-, Schnitzer-, Bruker-, Mayr- bis zu Zitronenfasten-Kuren und anderes mehr. Ich hatte mich schon immer gefragt, warum es Carl beim Fasten immer blendend ging, während ich unter Schwindel litt, Schmerzen bekam, reizbar und sauer wurde. Warum konnte er essen, was er wollte, ohne je krank zu werden?

Die Ayurveda-Lehre gab mir die Antwort auf diese Fragen: Alles ist eine Frage von *Agni*, das heißt des Feuers, genauer: des Verdauungsfeuers. Die meisten Gesundheitslehrer sagen: »Du bist, was du isst.« Aus ayurvedischer Sicht muss es jedoch heißen: »Du bist, was du verdauen kannst.«

Der Schlüssel zum Verständnis des Ayurveda ist die Lehre von den drei *Doshas*, den Regelprinzipien des Organismus: *Vata*, *Pitta* und *Kapha*. Sie werden grob gesprochen den fünf Elementen Luft und Raum (*Vata*), Feuer (*Pitta*), Wasser und Erde (*Kapha*) zugeordnet. Diese fünf Elemente sind die Bausteine des Lebens und steuern alle körperlichen und geistigen Vorgänge. Sie erklären die Wechselbeziehungen des Menschen mit seiner Ernährung und der gesamten Umwelt.

Die Lehre der fünf Elemente Luft, Feuer, Wasser, Erde und Raum war mir von der Makrobiotik her schon vertraut. Aber

[18] Siehe zur Einführung: Schrott, Ernst: *Ayurveda für jeden Tag* (München 1998).

die ayurvedische Ernährungslehre unterscheidet noch genauer. Je nach Konstitutionstyp und vorherrschenden Elementen wird eine andere Nahrung empfohlen. Endlich wurde mir klar, warum mir das Fasten so schwer fiel und nicht bekam. Meine Konstitution wurde durch die Elemente Luft und Feuer bestimmt. Aus diesem Grund wurde ich durch Rohkost und Saftkuren noch leichter, verlor den Boden unter den Füßen und büßte meine Zentrierung ein. Meinem Mann hingegen tat das Fasten gut, da er viel vom Element Erde hatte. Er fühlte sich dann leicht und luftig. Ich war froh, diese Zusammenhänge endlich begreifen zu können.

Meine Küche wurde immer einfacher und klarer, und ich versuchte, nur noch Produkte aus der Umgebung zu verwenden: Gemüse, Früchte und Getreide, leicht gekocht, außerdem nur sehr wenige Milchprodukte. Obwohl Carl und ich von so unterschiedlicher Konstitution waren, schätzte er nun dieses Essen sehr. Wenn er von Geschäftsreisen zurückkam, in den besten Gourmet-Restaurants gespeist hatte, freute er sich auf die einfache Küche zu Hause. Oft sagt er: »Weißt du, nach deinem Essen fühle ich mich immer unbeschreiblich wohl.«

Welch lange Reise hatte ich gemacht, um zum Einfachsten zurückzukommen! Mein schwaches Verdauungsfeuer verbesserte sich langsam, aber stetig, sodass ich vorsichtig mit etwas Rohkost beginnen wollte. Wunderbarerweise führte eine Schweizer Supermarktkette genau zu jener Zeit biologische Sprossen ein. Ab sofort kamen einmal täglich Sprossen auf den Tisch. Dank ihres Gehalts an Enzymen, Vitaminen und pflanzlichem Eiweiß schenken sie so viel Lebenskraft, dass Gelüste auf Naschereien fast verschwinden.

Wirklich abgerundet wurde meine Nahrungsumstellung aber erst, als ich die von Johanna Budwig entwickelte Öl-Eiweiß-Kost kennen gelernt hatte. Periodisch wiederkehrend verfiel ich zuvor immer wieder einer überwältigenden Eiweißgier. Ich verschlang dann eine Dose Makrelen oder Sardinen oder aß Eier. Man sollte die Schwierigkeiten nicht unterschätzen, mit denen wir mit tierischem Eiweiß groß geworden westlichen Menschen zu kämpfen haben, wenn wir auf vegetarische Kost umstellen. Zu wenig Eiweiß führt zu Schwächezuständen und Unterernährung. Wir können nicht einfach jegliches tierisches Eiweiß weglassen, wenn wir nicht genügend pflanzliches Eiweiß zu uns nehmen und zum Beispiel Hülsenfrüchte essen. Aminosäuren sind Bauelemente der Zellen, die wir dringend zum Aufbau von gesunden neuen Zellen brauchen.

Auch konnte ich erst nach der Lektüre von Dr. Budwigs Büchern verstehen, warum ich immer solche Lust auf Butter und Öl hatte. Demnach können die krankhaften Erscheinungen des Fettstoffwechsels – zum Beispiel Herzinfarkt, Leberverfettung, Tumorbildung – nicht durch nachträglichen Entzug von jeglichem Fett behoben werden. Heilsam sei vielmehr die Zufuhr von wasserlöslichen Fetten, zum Beispiel in Form von Leinsaat. Diese ziehen Sauerstoff an und schaffen Sauerstoffreserven, die für Genesende und Gesunde von gleich großer Wichtigkeit sind.[19]

Johanna Budwig ist mehrfach für den Nobelpreis nominiert worden und heilt seit über vierzig Jahren schwerstkranke Patienten. Leider wird ihre Heilmethode von der Schulmedizin totgeschwiegen. Welche Diät auch immer gewählt wird, die Ernährungsempfehlungen von Dr. Budwig helfen, wieder gesund zu werden und die Lebenskraft wie auch die Lebensfreude zu steigern. Denn nach meiner Erfahrung leiden fast alle »geheilten« Krebskranken unter Müdigkeit, und diese kann mit der speziellen Öl-Eiweiß-Kost behoben werden.

[19] Budwig, Johanna: *Öl-Eiweiß-Kost* (Kernen 2000), S. 166.

Nach all diesen Erkenntnissen war der Weg zum so genannten sattvischen[20] Essen, einer ausgeglichenen Nahrung, die Körper und Geist stärkt, nicht mehr weit. Alle großen spirituellen Meister lehren uns den Wert einer reinen, einfachen Kost. In der Regel besteht sie aus Früchten, Gemüse, Sprossen, Samen, Nüssen, Vollkorngetreide, Hülsenfrüchten, nur wenigen Milchprodukten, hochwertigem Öl und geklärter Butter (Ghee) – nach Möglichkeit aus biologischem Anbau.

[20] Von dem Sanskritwort *sattva*, das unter anderem Sein, Vitalität, Tugend, Wahrheit, Stärke bedeutet und sich auch auf die Nahrung beziehen kann. Die Auswahl und Zubereitung von Speisen nach dem *sattva*-Prinzip fördert Ausgeglichenheit, Gleichmut und Kraft.

Fit und froh

Durch die Wandlung meiner Essgewohnheiten und die radikale Heildiät wurde ich zuerst noch schwächer. Ich machte sicher auch Fehler. Ich bewegte mich zu wenig, und vor lauter Angst, zu viel Fett könnte mir schaden, verwendete ich fast gar keines mehr. Weil ich anfangs alle Milchprodukte weglassen musste, aß ich zu wenig Eiweiß. Eine Kost aus Soja und Hülsenfrüchten, die wertvolle pflanzliche Einweißlieferanten sind, war mir noch fremd.

Durch das lange Kauen aß ich weniger, denn der Sättigungspunkt war jetzt immer deutlich erkennbar und trat früher als gewohnt ein. So musste sich mein Körper wiederum umstellen. Nach den Riesenportionen, die ich vorher verschlungen hatte, da ich seit meiner Kindheit an Durchfällen litt, aß ich jetzt zu wenig. Ich wurde immer wackeliger und schwächer. Ich schaffte es kaum, mehr als fünfzehn Minuten zu gehen, ohne mich völlig ausgepumpt zu fühlen.

Ich musste unbedingt herausfinden, wie ich wieder zu Kräften kommen konnte. Auch meine Stimmung purzelte immer öfter in den Keller.

Der Herbst kam. Die Tage wurden kürzer, und das Sonnenlicht nahm ab. Bisher hatte ich mich immer vor intensiven Sonnenstrahlen versteckt, doch nach dem Sommer in den Bergen war ich etwas mehr an das helle Licht gewöhnt. Trotzdem fiel es mir bei allem guten Willen schwer, mich wirklich der

Sonne zu öffnen. Ich ahnte, dass mir etwas im Körper fehlte, sodass ich die Sonnenstrahlen nicht einfach freudig in mich hineinlassen konnte. Erst später las ich bei Johanna Budwig über diese Zusammenhänge. Die Chemikerin und Physikerin hatte herausgefunden, dass wir lediglich über die hoch ungesättigten Fettsäuren, die im Naturzustand reich an Elektronen sind, im Zusammenspiel mit der Sonne sehr viel Energie empfangen können. Diese Fettsäuren sind nur in Samen enthalten, aufgebaut aus der Energie der Sonne, und können nach Meinung von Dr. Budwig nicht industriell hergestellt werden.[21] Die höchste negativ aufgeladene Elektronenansammlung ist im Leinsamen enthalten. Das Leinöl in Verbindung mit hochwertigem Eiweiß – zum Beispiel Quark –, das positiv aufgeladen ist, ergibt ein Wechselspiel zwischen positiven und negativen Elektronen, die den Lebensprozess aufrechterhalten. Damit wird die Sauerstoffnot im lebenden Gewebe überwunden, und Sauerstoffnot ist nach dem Zellphysiologen und Biochemiker Otto Warburg die Ursache von Krebs. Natürlich führt Sauerstoffmangel auch zu Müdigkeit und Unlustgefühlen.

Ich hätte mir viel Atemnot und Schlappheit ersparen können, wenn ich diese Zusammenhänge, die Dr. Budwig in ihren Büchern detailliert erklärt, schon früher gekannt hätte. Mit ein paar Löffeln Quark und ein paar Tropfen Leinöl sowie mit viel Frischkost erzielte ich später verblüffende Erfolge.

Doch zuerst erprobte ich die makrobiotische Kost. Sesamkörner sowie Sonnenblumen- und Kürbiskerne waren meine einzigen Fettlieferanten. Außerdem »schlürfte« und »kaute« ich regelmäßig Sonnenblumenöl, das ebenfalls viele hoch ungesättigte Fettsäuren enthält. Über das »Ölziehen«, das eine

[21] Budwig, Johanna: *Krebs. Das Problem und die Lösung* (Kernen 1999), S. 47.

Anwendung aus der Volksmedizin ist, hatte ich so viel Gutes gelesen, dass ich es einfach machte, ohne zu verstehen, warum und wieso.[22]

Mir war klar, dass das Sonnenlicht einen großen Einfluss auf den Körper hat. Aber ich wusste auch, dass meine Milz noch schwach war. Im Jin Shin Jyutsu geht man davon aus, dass die Milz für die Umwandlung der Sonnenenergie in Körperenergie zuständig ist. Außerdem ist sie ein wichtiges Organ des Immunsystems. Bei einer Krebserkrankung ist vor allem die Milz extrem beansprucht. Sie muss Schwerstarbeit leisten, um die Körperabwehr aufrechtzuerhalten. Die Folge ist Erschöpfung.

Ich behandelte also meine Milzpunkte täglich nach der Jin-Shin-Jyutsu-Methode. Dadurch wurde es mir überhaupt erst möglich, mich dem Sonnenlicht zu öffnen. An sich waren mir die etwas verhangenen und bedeckten Tage lieber. Aber als meine Stimmung und Vitalität ebenfalls verhangen und bedeckt waren und die Tage kürzer wurden, litt ich unter dem Mangel an Licht.

In dieser Situation erinnerte mich meine innere Stimme an die Yogaübung mit Namen Surya Namaskar, das übersetzt Sonnengruß heißt. Sie besteht aus zwölf Einzelübungen, die in fließender Bewegung miteinander verbunden zu einem Sonnentanz werden.[23]

Ich war begeistert, dass ich den Sonnengruß überall machen konnte und nichts weiter dazu brauchte als ein Handtuch, um das Gesicht darauf zu legen. Voller Überschwang fing ich mit den Übungen an – und erlitt schon bald schwere Rückschläge. Natürlich wollte ich wieder zu viel und zu schnell auf einmal.

[22] Siehe zum Beispiel das Buch *Die Ölzieh-Kur* von Katharina Wolfram (München 1997).

[23] Aundh, Rajah von: *Das Sonnengebet* (Füssen 1997).

Mein Körper meldete sich mit Gelenkschmerzen und Migräne.

Da lag ich einmal mehr erschöpft im Bett, aber wenn ich mich von den Attacken erholt hatte, versuchte ich es zaghaft aufs Neue. Auch die anderen Yogaübungen, die ich langsam wieder beginnen wollte, bekamen mir nicht. Ich kannte meine Grenzen noch immer nicht und überforderte mich. Obwohl ich noch sehr dehnbar und gelenkig war, fehlte mir die innere Stabilität.

Ich suchte nach neuen Lösungen und Wegen, denn mein Körper befand sich noch nicht in Harmonie; er hatte seinen Rhythmus noch nicht gefunden. Ich brauchte ruhigere und langsamere Bewegungen ohne Kraftanstrengung, bis sich die fünf Elemente in meinem Körper wieder stabilisiert hatten. Ich musste für mich Übungen finden, die mich mit der Erde verbinden und mir wieder Festigkeit und Gleichmaß schenken würden.

Zu diesem Zeitpunkt lernte ich im Nachbardorf eine junge Frau kennen, die auch Brustkrebs hatte. Sie war nach der Operation instinktiv nach Singapur gefahren und hatte dort Qi Gong[24] gelernt. Sie war genauso unausgeglichen gewesen wie ich, und diese Übungen aus der traditionellen chinesischen Medizin hatten bei ihr einen harmonisierenden Effekt gehabt. Da sie ausgebildete Bewegungstherapeutin war, bot sie in dem kleinen Bergdorf nun Qi-Gong-Unterricht an. Bei ihr lernte ich den Fliegenden Kranich, eine Übung, die speziell bei Brustkrebs angewendet wird.[25] Ich fühlte mich bei diesen einfachen,

[24] *Qi* (auch *Chi* oder *Ki*) ist das chinesische Wort für Lebenskraft; *gong* bedeutet üben, trainieren. Die verschiedenen Schulen des Qi Gong basieren alle auf dem Ausgleich von Yin und Yang mit Hilfe von Atem, Bewegung und Meditation und berühren Körper wie Geist.

[25] Schillings, Astrid/Hinterthür, Petra: *Qi Gong – Der Fliegende Kranich* (Aitrang, 6. Aufl. 1999).

meditativen Übungen zwar anfangs ebenfalls noch kraftlos, aber ich merkte, wie gut sie mir taten und wie sie mich stabilisierten.

Um mich von den Schlackenstoffen, die durch die Übungen in meinem Körper gelöst wurden und die die Müdigkeit hervorriefen, zu befreien, »schlürfte« ich immer wieder mit Sonnenblumenöl. Danach trank ich ein Glas Heilerde, um die Giftstoffe im Darm zu binden.

Mein Körper erlaubte mir nur ganz kleine Fortschritte. Aber ich war voller Hoffnung, denn ich hatte die Bücher des berühmten indischen Arztes Deepak Chopra studiert, und gelernt, dass sich die Haut einmal im Monat komplett erneuert, die Magenschleimhaut alle fünf Tage, die Leber alle sechs Wochen und das Skelett alle drei Monate. Im Verlauf eines Jahres würden 98 Prozent der Atome meines Körpers durch neue ersetzt.

Durch Chopra wurde ich angeregt, über die tieferen Zusammenhänge von Heilungsprozessen nachzudenken: »Einstein lehrt uns, dass der physische Körper wie alle anderen materiellen Objekte eine Illusion ist. Der Versuch, auf ihn einzuwirken, ist das Gleiche, als ob man nach einem Schatten greift und das Wesentliche verfehlt. Die unsichtbare Welt ist die wirkliche, und wenn wir bereit sind, die unsichtbaren Bereiche unseres Körpers zu erforschen, können wir die gewaltige kreative Kraftquelle in unserem Inneren anzapfen.«[26]

Alle großen Lehrer sagen, dass es nur die Furcht ist, die uns von der universellen Kraftquelle trennt. Aus Angst wollen wir immer alles kontrollieren und sind mit unseren Gedanken in Vergangenheit oder Zukunft, oder wir ziehen ständig Vergleiche. All das hindert uns daran, im Hier und Jetzt zu leben, im Fluss zu sein.

[26] Chopra, Deepak: *Die Körperzeit* (München 1996), S. 21.

Aber ich war noch nicht bereit, einfach innezuhalten, still zu werden und mit meiner Aufmerksamkeit nur im gegenwärtigen Moment zu leben. Ich wollte noch immer Antworten auf das Warum und Wieso finden; ich wollte nicht einfach loslassen und nachgeben. So musste ich mich weiterhin mit kleinen Schritten zufrieden geben.

Zum Glück hatte ich die Möglichkeit, mit Jin-Shin-Jyutsu-Übungen meine Lebensenergie einigermaßen in Balance zu halten. Jin Shin Jyutsu ist die Kunst, sich selbst zu erkennen, um sich selbst zu heilen. Erste Aufzeichnungen, die von ihr berichten, sind mehrere tausend Jahre alt und entstanden aus innerer Weisheit. Die Kunst des Jin Shin Jyutsu wurde im fernen Osten von Generation zu Generation mündlich überliefert und gerieten schließlich in Vergessenheit. Zu Beginn des 20. Jahrhunderts wurden sie von Meister Jiro Murai in Japan wieder neu belebt. Murai kam aus einer berühmten Arztfamilie, aber er wollte nicht in die Fußstapfen seiner Vorfahren treten, sondern den Sinn des Lebens ergründen. Beim Suchen nach alten Weisheitsbüchern fielen ihm vergessene Aufzeichnungen des Jin Shin Jyutsu in die Hände. Dann erkrankte er plötzlich schwer, und als ihm niemand mehr helfen konnte, ließ er sich auf einer Bahre in eine Berghütte bringen, wo er sieben Tage allein bleiben wollte. In diesen sieben Tagen meditierte er und hielt sich die Finger, wie er es in den alten Aufzeichnungen gelesen hatte – und wurde völlig geheilt. Er widmete daraufhin sein Leben dem Aufbereiten und Verständlichmachen von Jin Shin Jyutsu und gab die Lehre seiner Schülerin Mary Burmeister als Geschenk mit nach Amerika.

Eigentlich hatte ich mir vorgenommen, genauso wie Jiro Murai einfach sieben Tage lang Jin Shin Jyutsu zu praktizieren und gesund zu werden. Ich versuchte in mehreren Anläufen, diesen Plan in die Tat umzusetzen. Doch ich brachte es nicht fertig, auch nur zwölf Stunden hintereinander meine Finger zu halten, obwohl ich in meinem Häuschen ungestört und mit allem versorgt war.

Ich musste mir eingestehen, dass ich noch immer »machen« wollte. Ich war noch nicht einfach und bescheiden genug, die Dinge nur geschehen zu lassen und ohne jedes Eingreifen einfach zu *sein*.

Allerdings hatte Jiro Murai im Unterschied zu mir sein Leben von Anfang an der Wahrheitssuche und der Meditation gewidmet. Ich dagegen war gerade erst vor ein paar Monaten aus meinem Alltagskampf katapultiert worden. Das Schlachtfeld, auf dem ich diesen Kampf ausgetragen hatte – den ich durch mein Tun und Machen glaubte, gewinnen zu können –, musste ich erst Schritt für Schritt wieder in Ordnung bringen.

Wie sollte es mir auch gelingen, mich mitten in diesem Chaos, das mein bisheriges Leben in meinem Körper und Geist hinterlassen hatte, ruhig hinzusetzen? Trotz Meditation und Yoga steckte noch so viel Wut in meinen Beinen, so viel Angst vor dem Versagen in meinen Knochen. Es war noch so viel Trauer in meinem Herzen und so viel Anspannung und Angst in meinen Gedanken. Ich musste einsehen, dass es keine Abkürzung gab; ich musste Schritt für Schritt durch alles hindurchgehen.

Ich schrieb die bereits zitierte Weisheit von Nisargadatta Maharaj auf mehrere Selbstklebezettel und platzierte sie überall im Haus: »Haben Sie vor allem Geduld mit sich selbst, denn Sie sind Ihr einziges Hindernis. Der Weg über Sie selbst hinaus führt durch Sie!«

Vor allem meine Meditationspraxis half mir. Auf diese Weise konnte ich mich jetzt, so wie ich eben war, besser ertragen, anschauen, aushalten.

Auch Mary Burmeisters Anweisungen, die sie in ihren Jin-

Shin-Jyutsu-Kursen ständig wiederholte, hatte ich auf Zetteln notiert und sie dort befestigt, wo ich sie immer vor Augen hatte, zum Beispiel die Aufforderung: »Alles ist, wie es ist, und wie es ist, ist es. Also lass deine Schultern fallen und lächle!«

Das Wissen aus den Jin-Shin-Jyutsu-Kursen, die ich in meinen schmerzgeplagten Jahren gemacht hatte, half mir, mich besser kennen zu lernen und die entsprechenden Schwachpunkte und Organe zu behandeln. So konnte ich etwas *tun* – bis ich vielleicht irgendwann einmal nur noch *sein* durfte.

Mein Bedürfnis nach konkretem Tun entsprach meinem Wunsch, mich wieder fit und froh zu fühlen. Ich wäre am liebsten auf all die Berge in der Umgebung geklettert oder wäre gern gejoggt oder mit dem Mountainbike zu Ausflügen aufgebrochen. Doch nichts dergleichen geschah. Ich war noch immer ausgebrannt. Mir wurde klar, dass ich den anderen Weg der Stille und Transformation gewählt hatte, und ich wollte nicht mehr vor mir selbst davonrennen.

Ich hatte vor, meinen Körper zu unterstützen, denn er war schließlich das Medium, mit dem ich die Wahrheit suchen und erfahren konnte. Die Qi-Gong-Übungen waren in diesem Zusammenhang sehr wohltuend. Sie wirkten ausgleichend und stabilisierend, aber ich wollte gern noch mehr in Schwung kommen. Stillsitzen und meditieren kostet viel Kraft und war mit meinem ausgezehrten und müden Körper sehr schwierig.

Plötzlich erinnerte ich mich, dass wir in der Heilpraktikerschule ein kleines Trampolin in der Halle stehen hatten. Ich war auf ihm in den Pausen immer ein wenig gehüpft und jedesmal verblüfft gewesen, wie fit und wohlgelaunt ich mich danach fühlte. Ich hatte mir bei Schulabschluss ein solches Zimmertrampolin bestellt und auch gleich viele Unterlagen und Erklärungen über die Wirkungsweise mitgeschickt bekommen. Damals hatten mich diese Informationen begeistert, aber ich fand wegen meiner Operation keine Zeit mehr zum Üben.

Bei seinem nächsten Besuch brachte mir Carl das Trampolin aus der Stadt mit. Ich studierte nochmals die Beschreibung. Auf der ersten Seite stand in fett gedruckten Buchstaben, dass man das Training langsam beginnen solle. Zu Anfang solle man maximal eine Minute hüpfen, dann könne man das Training täglich um dreißig Sekunden verlängern. Vorsichtshalber rief ich den Hersteller an und fragte ihn, ob ich auch bei Krebs Trampolin springen dürfe. Er empfahl mir, seine Unterlagen nochmals genau zu studieren und wünschte mir Mut und Kraft. Ich las die Erklärungen und Beschreibungen gründlich durch. Demnach wird durch das Trampolinspringen im Wesentlichen die Sauerstoffzufuhr im Körper gesteigert und durch den beim Hüpfen entstehenden Zelldruckwechsel die Lymphzirkulation angeregt. Wenn man mit den Füßen auf der Trampolinmatte aufkommt, werden die verbrauchten Stoffe aus der Zelle ausgeschieden. Am obersten Punkt, wenn man gewichtslos in der Luft schwebt, expandiert die Zelle und nimmt den lebensnotwendigen Sauerstoff auf.

Ich zog daraus den Schluss, dass die kranken Zellen zugrunde gehen und über die Lymphe abtransportiert werden, wenn sie durch das Hüpfen mit Sauerstoff in Berührung kommen. Die gesunden Zellen werden durch die vermehrte Sauerstoffzufuhr hingegen gestärkt.

Nach und nach entwickelte ich mein Fitnessprogramm. Ich machte mir Stundenpläne – die ich natürlich nicht einhalten konnte. Aber ich versuchte es trotz allem immer wieder, diszipliniert zu üben. Dabei tat ich zwei Schritte vor und einen oder zwei zurück. Es gab auch gute Zeiten. Dann konnte ich mehrere Tage hintereinander mein Pensum erfüllen, und ich fühlte mich wohl.

Aber ich musste noch sehr viel über mich selbst und die Natur lernen. Meine Migräne war ein unnachgiebiger Lehrmeister. Ich musste akzeptieren, dass meine Zellen noch in keinem guten Zustand waren und zum Beispiel jeden Wetterwechsel mit Schmerzattacken quittierten. Auch musste ich lernen, welchen Einfluss der Mond auf meinen Körper hatte. Obwohl ich bei Vollmond sehr viel mehr Kraft verspürte, durfte ich mich nicht anstrengen, denn es würde sofort wieder eine Migräne auslösen.

Auch meine Ernährungsfehler verursachten immer wieder eine Reihe von schmerzhaften Körperreaktionen. Manchmal verlor ich einfach die Hoffnung, je wieder ein normales Leben führen zu können. Ich wusste beispielsweise nie, wie mein Kopf in den nächsten Stunden reagieren würde, ob ich noch stehen und gehen könnte oder ob ich mich schon wieder mit Übelkeit und Kopfschmerzen in einem abgedunkelten Raum verkriechen müsste.

Doch es war immer *etwas* da, das mich nicht verzweifeln ließ und mir all die Jahre hindurch die Kraft gab, die Schmerzen zu ertragen und weiterzumachen.

Schrittweise wurde ich kräftiger, stabiler, ausgeglichener, einfacher und ehrlicher. Meine hellsichtige Freundin Meena hatte mir ja schon vor Jahren gesagt, dass ich alle sieben Körperhüllen und die fünf Elemente an das Universum wieder ganz sauber zurückgeben müsse, wenn es mein Ziel sei, wieder in die Einheit zurückzukehren. Wie hieß es doch bei Nisargadatta Maharaj: »Was Sie jetzt sind, ist das Ergebnis von Unaufmerksamkeit, was Sie werden, ist die Frucht der Aufmerksamkeit.«[27]

[27] Nisargadatta Maharaj: *Ich bin*, S. 112.

Wissenswertes über Krebs

Als im Frühjahr 1991 bei mir Krebs diagnostiziert wurde, konnte ich nicht erfassen, was das bedeutete. Ich erinnerte mich, dass mich gerade das Kapitel Krebs in der Heilpraktikerschule sehr beschäftigt hatte, weil ich einfach nicht verstehen konnte, welche Vorgänge dabei im Körper abliefen. Nun wollte ich mich damit auseinander setzen, denn jetzt musste ich verstehen. Ich besorgte mir unzählige Bücher und fand darin unterschiedliche, zum Teil konträre Meinungen über Krebs, die sich für mich im Laufe der Jahre zu einem Gesamtbild abrundeten.

So schreibt Michio Kushi in seinem bereits erwähnten Buch *Die Kushi Diät*, dass die moderne medizinische Forschung Erkrankungen wie Krebs fast ausschließlich im Zellbereich und auf der subzellularen Ebene untersucht. Sie geht davon aus, dass Krebs – als eine durch anomale Zellvermehrung gekennzeichnete Krankheit – auf einen Stoff oder Vorgang in der Zelle zurückgehen muss, der das unkontrollierte Zellwachstum verursacht oder auslöst. Wenn es gelingen würde, diesen spezifischen Faktor zu isolieren, ließe sich nach dieser Theorie auch ein biochemisches Mittel ausfindig machen, um seine schädlichen Auswirkungen zu unterbinden.

Jedes Organ und Gewebe des Menschen ist aus kleinsten Lebenseinheiten, den Zellen, aufgebaut. Die Zellen besitzen alle Funktionen des Lebens wie Atmung, Wachstum und Vermehrung. Sie vermehren und erneuern sich durch Zellteilung nach einem sinnvoll geordneten Bau- und Zeitplan. Die wichtigsten chemischen Substanzen im Zellkern sind die Kernsäuren: Im Kernkörperchen als Ribonukleinsäure (RNS), im übrigen Kernraum als Desoxyribonukleinsäure (DNS). Der Kern ist das Steuerzentrum für die Stoffwechselvorgänge der ganzen Zelle. Die DNS-haltigen Teilchen des Kerns lassen sich mit Kernfarbstoffen kräftig einfärben. Man bezeichnet sie deshalb als Chromatin. Aus der Chromatinsubstanz gehen bei der Zellteilung die Erbträger (Chromosomen) hervor, die den Zellstoffwechsel so beeinflussen, dass die vererbten Eigenschaften hervortreten (Genaktivität).

Gene sind die Einheiten des Erbguts. In ihnen ist die Information gespeichert, mit deren Hilfe die Zelle zur richtigen Zeit die benötigten Eiweißstoffe herstellen kann. Chemische Substanzen, elektromagnetische Strahlen oder Viren können die Informationen der Gene verändern (mutieren) – und genauso kann man diese Gene durch die Gedanken über die DNS verändern, worauf ich später zurückkomme.

In jedem gesunden Organismus entstehen tagtäglich Krebszellen und werden vom Abwehrsystem wieder beseitigt. Das Unternehmen Mensch beschäftigt siebzig Billionen Mitarbeiter – so viele Zellen arbeiten im menschlichen Körper. Das sind 15000-mal mehr als Menschen auf dieser Erde leben. Jeden Tag scheiden 600 Milliarden Mitglieder aus diesem gigantischen Konzern aus. Ebenso viele Zellen werden täglich neu gebildet und wieder in das System eingefügt. Jede Sekunde führt der Körper etwa 1030 chemische Operationen in seinem Stoffwechsel aus.

Wenn das Unternehmen Mensch eine so gigantische Mitarbeiterzahl hat, müsste es doch möglich sein, ein Friedenskorps zu rekrutieren, um die Zellen, die aus der Ordnung herausgefallen sind, an den runden Tisch zu bringen, sie anzuhören und gemeinsam eine Lösung zu erarbeiten. Was ich bisher von den konventionellen Krebsbehandlungsmethoden wie Chirurgie, Bestrahlung und Chemotherapie wusste, war, dass versucht wurde, die Zellwucherung durch Entfernung des kranken Gewebes, durch Strahlenbeschuss oder durch Vergiftung mit Zytostatika zu blockieren und damit auszuschalten.

Die Parallele zu Politik und Gesellschaft lag für mich auf der Hand: Menschengruppen oder Länder werden nicht gefragt, warum sie unzufrieden sind und revoltieren. Offenbar fehlt ihnen etwas, und wenn ihr Mangel behoben werden könnte, müssten weder konventionellen Waffen noch Atombomben eingesetzt werden, um ihren Aufstand zu zerschlagen.

Kein Volk der Erde hat bislang auf lange Sicht von militärischen Interventionen profitiert. Die Besiegten gehen verarmt und geschwächt aus solchen Operationen heraus, und die Sieger zahlen im Nachhinein Milliarden, um die unterworfenen Länder wieder funktionsfähig zu machen. Genauso unlogisch erschien mir daher das Vorgehen der Schulmedizin bei Krebs.

In einem Zeitschriftenartikel las ich beispielsweise, wie bei der konventionellen Krebstherapie die ionisierende Strahlung, deren biologische und physikalische Wirkung im Fall der Kernkraftwerke so gefürchtet ist, plötzlich zum Heilmittel wird.[28] Die Tumore werden damit beschossen, was natürlich auch Nebenwirkungen auf das benachbarte strahlenempfindliche Gewebe hat. Gleichzeitig wird eine enorme Chemikalienflut auf die geschwächten Kranken losgelassen. Solche »harten« Behandlungen werden häufig ein weiteres Mal im Endstadium der Krankheit eingesetzt.

An anderer Stelle las ich, dass die schulmedizinischen Behandlungen oft die einzige Möglichkeit seien, Schmerzen zu

[28] Artikel von Walter Hess, in: *Natürlich*, März 1989.

lindern, wenn Metastasen Organe und Nerven beeinträchtigen würden.[29] Man verordnet zum Beispiel Zytostatika (Chemotherapie), wenn Lungenmetastasen das Atmen behindern oder Lebermetastasen zu unerträglichen Leberkapselschmerzen führen. Dann würden die Metastasen nach ein, zwei Monaten verschwinden, und der Patient wäre schmerzfrei. Doch können die Nebenwirkungen den Menschen so sehr schwächen, dass der Tod häufig schnell und unerwartet eintritt. Der Körper war dann durch den Krebs, die Schmerzen, die Schmerzmittel und die Chemotherapien ausgezehrt. Wenn zusätzlich noch Lebermetastasen vorhanden sind, können Patienten oft ohne größere körperliche Vorwarnzeichen ins Koma fallen.

Das alles wusste ich 1991 noch nicht, als bei mir Brustkrebs festgestellt wurde. Aber meine innere Stimme hatte nach der Operation gegen alle weiteren Eingriffe und Strahlengifte, die man mir in der Klinik als Nachsorge so sehr ans Herz zu legen versuchte, entschieden Einspruch eingelegt. Ich kenne allerdings einige Fälle von erfolgreich verlaufenen Chemotherapien bei jungen Menschen. Ihr Organismus war stark genug, um nach der Behandlung zu genesen, aber von den mir bekannten Menschen, die zwischen fünfzig und sechzig Jahre alt waren und umfangreiche Chemotherapien bekamen, hat es keiner geschafft, wieder gesund zu werden.

Erst nach und nach wurde mir beim Lesen der Literatur zum Thema Krebs klar, wie wunderbar ich innerlich geführt worden war. Und der »Zufall« bestätigte mir, dass ich auf dem richtigen Weg war: Beim Durchblättern der Zeitschrift *Natürlich* erkannte ich zu meiner Freude auf einem Foto einen alten Freund, den ich vor dreißig Jahren zum letzten Mal gesehen

[29] Artikel von Prof. R. Kreienberg, Universitätsklinik Ulm, in: *Die Bunte*, März 1999.

hatte. In dem dazugehörigen Artikel wurde am Glockenspiel des Londoner Big Ben anschaulich gemacht, dass zu jeder vollen Stunde von den soeben zehn frisch an Krebs Erkrankten fünf unnötigerweise vorzeitig sterben müssten. Diese Ausführungen meines alten Freundes, des Krebsspezialisten Jan de Winter, bezogen sich allerdings nur auf Großbritannien.

Jan de Winter war einunddreißig Jahre lang als Chefarzt am Royal Hospital in Brighton tätig gewesen. In einem Vortrag berichtete er, dass in dieser Zeit allein in dem von ihm geleiteten Krankenhaus 12 173 Patienten an Krebs gestorben seien.[30] Damit wären große menschliche Tragödien verbunden gewesen. Nach de Winters Auffassung hätte das Elend in mindestens der Hälfte der Fälle verhindert werden können, wenn die Patienten über Wege und Möglichkeiten der Gesundheitsvorsorge informiert gewesen wären und ihr Leben entsprechend hätten ausrichten können.

Als ich Anfang zwanzig war, hatte ich erlebt, wie Jan de Winter seine Patienten mit der ihm eigenen Wärme und Fürsorge unermüdlich beraten und behandelt hat. Er nahm mich in seine Klinik mit, zeigte mir die medizinischen Abteilungen und erklärte mir seine Arbeit. Ich lernte ein sechzehnjähriges Mädchen kennen, das sich gerade bei ihm einer Strahlentherapie unterzog. Weil er wusste, dass es keine Hoffnung mehr gab, organisierte er ein fröhliches Familienpicknick mit uns allen. Eine Woche später war das Mädchen tot.

Dr. de Winter hörte von Patienten und Hinterbliebenen mehrere tausend Mal die Aussage: »Wenn ich gewusst hätte, dass Krebs zu verhindern ist, hätte ich anders gelebt.« Der Arzt empfand nach solchen Gesprächen immer öfter Zorn und Verdruss. Dann tat er das Unübliche: Er eröffnete eine Klinik

[30] Vortrag zum »Tag der Krebsverhütung« in Zürich, Februar 1989.

für Krebsverhütung. Dort können Menschen, denen an der Erhaltung ihrer Gesundheit gelegen ist, erfahren, wie sich mit kleinen, aber entscheidenden Veränderungen der Lebensgewohnheiten Krebs vorbeugen lässt.

Wenn ein so hoch angesehener Arzt wie Jan de Winter den Mut hatte, seinen Kurs zu ändern, dann gab mir das die Kraft, weiterhin zu meiner inneren Stimme zu stehen. Ich schrieb ihm einen Brief und schilderte ihm, was ich alles tat, um wieder gesund zu werden. Umgehend erhielt ich Post von ihm: »Liebe Relia, ich stimme völlig mit dem überein, was deine Philosophie des Geistes über die Materie betrifft. Ganz besonders bei dieser Krankheit. Eine positive, selbstbewusste Haltung ohne Stress und Kummer kann das Immunsystem am besten intakt halten und dich hervorragend gegen Krankheit schützen. Yoga ist darüber hinaus eine große Hilfe zur Unterstützung des Gesundungsprozesses. Wenn du so weitermachst, solltest du längerfristig bei guter Gesundheit sein. Nach all den Jahren des Stresses und der Hektik kannst du endlich alles loslassen und dich des Lebens erfreuen.«

Das gab mir viel Mut, meinen Weg fortzusetzen. Darüber hinaus wollte ich weiter herausfinden, was Krebs ist. Unermüdlich studierte ich zahlreiche Bücher. So stieß ich auf die folgende Erklärung von Sir George Trevelyan: »Die Menschheit ist ein Organismus. Wenn sich nun in unserem kleinen Mikrokosmos Zellen dazu entschließen, nicht gemäß dem göttlichen Plan und Programm zu arbeiten, sondern ihren eigenen Weg zu gehen, dann nennt man das Krebs. Jeder von uns hier ist eine Zelle in diesem großen Körper. Wie viele dieser Zellen folgen nicht dem göttlichen Programm, sondern folgen den Versuchungen des Ego, (...) sind voller Hass und Rivalität und der Bereitschaft zu töten. Mit anderen Worten: die Erde ist kanzerös, da wir die Erde sind, sind wir es, die Erde und Natur Bewusstsein verleihen. Wir sind die Verwalter der Erde, und durch uns wird die gesamte Erde kanzerös.«[31]

In allen alternativen Krebsheilbüchern, die ich las, streiften die Autoren mehr oder weniger vorsichtig diese Zusammenhänge. Ich denke, dass Autoren, die selbst keinen Krebs hatten, bei Krebspatienten keine Schuldgefühle erzeugen wollten und vielleicht deshalb die Frage nach dem eigenen Verhalten nur streiften. Es ist jedoch offensichtlich, dass die Zukunft recht düster aussehen wird, wenn wir weiter mit uns und der Erde so achtlos umgehen.

Ich nehme mich selbst nicht aus der Kritik; auch ich habe viele Fehler gemacht. Aber für mich sind Fehler nur so lange etwas Negatives, solange ich nichts daraus lerne. Ansonsten kann ich meinen Fehlern nur dankbar sein, weil sie mir Augen und Ohren öffneten.

Eine Frau, die bei Sai Baba ein persönliches Interview hatte, erzählte, dass Baba gesagt habe: »Krebs ist der Kuss Gottes« – für mich eine wunderschöne Erklärung. Dornröschen wurde ebenfalls mit einem Kuss aus ihrem Schlaf geweckt. In diesem Sinn kann jede Krankheit ein »Kuss Gottes« sein. Aber nur Krebs und wenige andere Krankheiten wie Aids sind mit jener panischen Angst verbunden, dass sie für den Betroffenen das Todesurteil sein könnten. Auch ich stand als Krebskranke vor der Wahl, den Krebs und die damit verbundene Herausforderung an mein bisheriges Leben zu akzeptieren oder mich abzuwenden.

Der an der Lukas-Klinik tätig gewesene Mediziner Dr. F. Lorenz regte mich an, über den Zusammenhang zwischen einer Krebserkrankung und den eigenen disharmonischen Gedanken und Gefühlen nachzudenken. Nach Dr. Lorenz sind

[31] George Trevelyan: Unternehmen Erlösung, Gutach 1983

ungezügelte Willensbekundungen, ebenso Suchtverhalten und Gewalttaten eine Folge des inneren Ungleichgewichts. Auch eine Krebserkrankung sei das Resultat einer Störung der harmonischen Ganzheit.

Dr. Lorenz widmete sein ganzes Leben der Krebsforschung sowie der Behandlung von Patienten in der Lukas-Klinik. Als ich mich dort selbst als Krebspatientin aufhielt, war er leider schon gestorben, aber alle sprachen stets voll Hochachtung von diesem gütigen Arzt. Wenn er zu solch drastischen Schlussfolgerungen gekommen ist, sollte das Anlass zum Umdenken sein.

In der *Süddeutschen Zeitung* vom 20. November 1999 las ich in einem Artikel von Peter H. Krammer, dass Krebs eine Erkrankung der Gene sei, und zwar derjenigen Gene, die Zellteilung und Zelltod beeinflussen. Trotzdem kommt der Autor zu dem Schluss, dass die meisten Menschenleben durch Präventivmaßnahmen gerettet werden könnten – vorausgesetzt, dass Kampagnen, den Lebensstil zu ändern, wie die Kampagne gegen das Rauchen, wirklich greifen würden.

Ungefähr zur gleichen Zeit entdeckte ich einen Artikel von Dr. Peter Schmid in der Zeitschrift des Paracelsus-Spitals, in dem er klar sagt, dass die wissenschaftliche Medizin den Nachweis, wie Krebs entsteht, im Wesentlichen schuldig geblieben ist. Einer gegenwärtigen Modeströmung folgend werde versucht, unsere Gene als Hauptverantwortliche zu bezeichnen. Dies habe den unermesslichen Vorteil, dass wir an der Entstehung dieser Krankheit sozusagen »unschuldig« seien.

Immer deutlicher wurde mir bewusst, wie stark der Lebensstil über Gesundheit und Krankheit entscheidet. Ich fragte mich, wann wir so weit erwachsen werden, dass wir wenigstens die Hälfte der vielen Millionen, die in die pharmazeutische Krebsforschung gesteckt werden, in Präventivmaßnahmen investieren.

Deepak Chopra, der durch seine Bücher populär gewordene, in Amerika lebende indische Arzt, fasst zusammen, was unserem heutigen Lebensstil am meisten fehlt: die innere Einkehr, die innere Stille, die Meditation. Und er führt aus, was in der Meditation geschieht: »In der Meditation zieht sich der aktive Geist auf seinen Ursprung zurück. (…) Im Zustand zeitlosen oder transzendentalen Bewusstseins empfindet man Fülle. Statt Wandel, Verlust und Verfall ist da Festigkeit und Erfüllung. Man spürt, dass das Unendliche überall ist.«[32]

Dr. Chopra geht auch darauf ein, wie unser Denken die Körperfunktionen beeinflusst, und er spricht ebenfalls von Genen, allerdings aus einem anderen Blickwinkel als die etablierte Wissenschaft: Er erläutert, dass wir uns mit unserer DNS durch chemische Botschaften aus dem Gehirn verständigen und diese den Informationsaustausch mit der DNS direkt beeinflussen würden: »Obwohl die DNS selbst in ihrer stillen Kammer sitzt, verändert ihr aktiver Zwilling, die RNS, ständig seine Anweisungen. Wenn wir unseren Lebensstil ändern, so dass der Stress abnimmt, reagiert die RNS in unseren Zellen, indem sie weniger Stresshormone ausstößt. (…) Das Leben eines Menschen bestimmt die Aktivität seiner Zellen und nicht umgekehrt.«[33]

Ich freute mich, auf einen hoch angesehenen Arzt und Wissenschaftler gestoßen zu sein, der nicht nur den kranken Körper und seine Symptome studierte, sondern in seiner Suche viel tiefer ging und Geist und Seele mit einbezog. Nur galt es, dieses Wissen auch anzuwenden.

Als ich las, dass wir theoretisch in der Lage sind, unsere DNS und damit unsere Gene zu verändern, durchströmte mich ein Gefühl der Freude. Falls Krebs tatsächlich eine

[32] Chopra, Deepak: *Die Körperzeit*, S. 51.
[33] Chopra, Deepak: *Die Körperzeit*, S. 158.

Krankheit der Gene ist, wie es die schulmedizinische Forschung vermutete, dann gab es nur eine logische Schlussfolgerung: Bei allen Menschen, die ihren Krebs überwunden haben, wurde die DNS verändert und umprogrammiert.

Doch wie funktionierte diese Umprogrammierung?

Durch ein neues Denken und ein neues Körperbewusstsein – und vor allem durch die Rückverbindung des Menschen mit seiner geistig-seelischen Heimat.

Es gibt unzählige Berichte von Krebspatienten, die es geschafft haben, wieder gesund zu werden, ohne dass die Schulmedizin dafür keine Erklärung fand. Anlässlich des 9. Internationalen Kongresses für biologische Krebsabwehr hielt die amerikanische Wissenschaftlerin Caryle Hirshberg ein vielbeachtetes Referat. Dic zahlreichen von ihr interviewten Krebspatienten hatten ganz unterschiedliche medizinische und therapeutische Wege beschritten. Die Behandlungsmethoden allein schienen also nicht den Ausschlag für die Heilung gegeben zu haben. Hirshberg wollte von den Geheilten deshalb wissen, welche Einstellungen und Verhaltensweisen Teil ihrer Genesung waren. Am häufigsten wurden genannt: Beten, Meditation, Sport, geführte Imagination, Spazieren gehen, Musik/Gesang, Stressabbau.

In seinem Buch *Die Körperzeit* erklärt Dr. Chopra detailliert, wie und warum innere Einstellung und Verhalten tatsächlich gesund machen können. Ich glaube, sein Buch ist eines der größten Geschenke an suchende Menschen. Es lohnt sich, das Kapitel über die Wirklichkeit zu studieren. Es schenkt den Mut, an das zu glauben, was wir als unser wahres inneres Selbst oder – modern und mit Chopra gesprochen – den »Programmierer« bezeichnen können. Wenn wir uns ganz auf diese innere Instanz einlassen, ist der »Kuss Gottes« sicher einer der kürzesten Wege, um heil und ganz zu werden.

Swami Purnamritananda, der schon viele Jahre bei Amma lebt, hat es auf eine wunderbare Art in einem Vortrag erklärt: »Die Menschen sind ruhelos, weil sie sich in verschiedene Schichten und Ebenen spalten. Es ist nicht möglich, die Störung auf einer Ebene durch die Energiezuführung von der gleichen Ebene zu beseitigen. Die Störung lässt sich nur mittels der Kraft aus einer höheren Ebene beseitigen. Das bedeutet, dass – ganz gleich, welches Problem vorhanden ist – die Lösung immer von der nächsthöheren Ebene aus gesucht werden sollte. Wenn es auf der Körperebene Probleme gibt, dann kann nicht der Körper sie lösen, sondern der Geist. Probleme auf der Ebene der Gedanken können nicht mittels Gedanken gelöst werden, sondern nur mit der darüber stehenden Intelligenz. Wenn es auf der Ebene der Intelligenz Probleme gibt, kann die Lösung nur aus der Ebene der Seele kommen.«[34]

Dieses Verständnis von den verschiedenen Ebenen scheint mir gerade bei Krebs von größter Wichtigkeit zu sein, denn bei dieser Krankheit sind alle Ebenen betroffen: Körper, Geist und Seele. Und eigentlich kann dann wirklich nur noch die oberste Instanz, das göttliche Selbst oder eben der Programmierer, helfen.

Wenn wir also durch Gebet oder Meditation den Kontakt mit der höchsten Ebene wieder zulassen, verändern sich alle anderen Ebenen ebenso und können heilen. Aber hier gilt: Wir können es nicht *tun*. Wir können uns nur bereithalten, können nur aufmerksam und bewusster werden.

Buddha sagte: »Atme einfach bewusst ein – das ist genug.«

So etwas Einfaches tun, und alles wird in Ordnung gehen? Obwohl es so einfach aussieht, ist es schwierig auszuführen. Doch wenn unser inneres Bewusstsein aufwacht, werden wir

[34] In: *Immortal bliss*, 1999, Nr. 3.

empfänglich für unseren inneren Programmierer, unser höheres Selbst, und er hat nur eines für uns programmiert: Unsterblichkeit.

Sai Baba erklärte in einem Vortrag zur Eröffnung des Krankenhauses in Puttaparthi, dass nur wenige die grenzenlosen Möglichkeiten jeder Zelle des menschlichen Körpers erkennen können. Dies sei eines der großen Geheimnisse der Schöpfung, da die Zellen den Menschen Entsagung vom Ego lehren würden.

Der »Kuss Gottes« lehrt uns Entsagung von dem, was uns krank macht. Wollen wir es nicht lernen, wird die wilde Zellteilung möglicherweise weitergehen. Ändern wir aber unseren Lebensstil und fangen schrittweise an, uns von unserem Ballast zu befreien, werden unsere Zellen auch aufatmen und sich befreien.

Heilung des Umfeldes

Durch die Erfahrungen, die ich während meines Einsiedlerdaseins in den Bergen machte, gab es für mich keinen Zweifel mehr: Wir Menschen der zivilisierten Welt haben wenig oder gar kein Wissen mehr darüber, wie man in Einklang mit der Natur lebt.

Das Holzhaus, in dem ich wohnte, tat mir unendlich gut. Es war so gebaut, dass es den Naturgewalten wie Eis, Schnee und Stürmen trotzen konnte, und es fügte sich in die Natur ein – kein Stahlbeton, kein Flachdach, keine übergroße Fenster. Meine Körperzellen begannen in dieser Umgebung aufzuatmen und sich zu regenerieren.

Während ich 1992 in den Bergen lebte, arbeitete Carl intensiv daran, unser Münchner Haus nach baubiologischen Gesichtspunkten umzugestalten, damit ich mich dort auch wieder wohl fühlen konnte.

Vor Jahren hatte der Rutengänger ermittelt, dass es in unserem Haus lediglich einen achtzig Zentimeter breiten Streifen von zwei Meter Länge gab, wo man hätte ruhig schlafen können. Das gesamte Grundstück war mit Wasseradern, Kreuzungen, Erdverwerfungen und Hohlräumen in der Erde belastet. Das Haus hatte ein mit Kupfer belegtes Flachdach, das alle Strahlungen extrem leitete, und die Fernsehantenne befand sich direkt über dem Schlafplatz. Außerdem waren etwa fünfzig Quadratmeter radioaktiv strahlende Bodenfliesen verlegt worden.

Darunter befand sich eine elektrische Fußbodenheizung, die verkehrt herum angeschlossen war, was wie eine kleine Transformatorstation wirkte. Hinzu kamen etliche nicht abgeschirmte Elektroinstallationen, was in einem Stahlbetonhaus einen Cocktail positiv geladener Ionen ergibt, die die Gesundheit extrem belasten. Außerdem wurden noch zwei so genannte Krebsquadrate gemessen, das sind Felder, die unkontrolliertes Zellwachstum begünstigen und von sehr sensitiven Rutengängern erfasst werden können. Eines davon deckte fast das ganze Haus ab und das zweite fast den gesamten Garten. Die Boviseinheiten – das ist die Maßeinheit, um die Schwingungsqualität eines Ortes zu bestimmen[35] – sollten in einem normalen, gesunden Haus 6500 betragen. Bei uns waren es minus 1500 Boviseinheiten! Jetzt verstand ich, warum kleine Kinder im Haus so unruhig waren, wenn sie uns besuchten. Babys schrien, bis die Mütter in ihrer Verzweiflung draußen mit ihnen spazieren gingen.

Freunde gaben Carl immer wieder den Rat, dieses Haus doch zu verkaufen, in dem seine erste Frau aus dem Leben geschieden und seine zweite immer krank war. Aber ihn belastete das Haus nicht; er liebte diesen Ort und wollte sich nicht von ihm trennen. Ich war in gewisser Weise froh darüber, denn an wen hätte man eine solche »Höllenmaschine« mit gutem Gewissen auch verkaufen können?

Damals dachte ich, dass es einen anderen Weg geben musste, das Haus wieder lebenswert zu machen, und Gott würde mir den Weg schon zeigen, davon war ich felsenfest überzeugt. Vielleicht war es meine Aufgabe, diesen Ort zu heilen. Still-

[35] Benannt nach dem französischen Physiker Alfred Bovis (1871-1947), der erstmals eine Skala ausarbeitete, um feinstoffliche Energien zu messen, und der unter anderem Kraftorte wie die Cheopspyramide wissenschaftlich zu erfassen versuchte.

schweigend hatte ich bereits eine Menge von angeblich entstörend wirkenden Erdstrahlendecken, Platten, Wässerchen, Verstärkern, Entstärkern und anderen Geräten gekauft und ausprobiert. Aber nichts half, mich von meinen Schmerzen zu befreien.

Dann empfahl mir der Hellseher, den ich bei meiner Freundin kennen gelernt hatte, einen mit Mineralien und Halbedelsteinen gefüllten Stab anzuschaffen, der nach dem Prinzip gebaut war, wie die indischen Weisen es im Vastu-Sutra[36] niedergeschrieben hatten. Richtig angebracht sollte dieser Stab die schlechten Bodenstrahlungen mit seiner starken, guten Schwingung überlagern. Leider war das Gerät sehr teuer und würde im Haus sichtbar sein; ich musste deshalb Carl um Zustimmung und Geld bitten. Aber ich hatte keine andere Wahl, als sofort etwas zu unternehmen. Morgens konnte ich kaum noch auf meinen Füßen stehen und gehen – so starke Schmerzen hatte ich nach einem »erholsamen« Schlaf. Er willigte mir zuliebe ein, den empfohlenen Stab zu kaufen. Der Effekt war spürbar positiv. Ich fühlte mich wohler, freier, stärker durchblutet und konnte etwas besser schlafen, da auch Carl ruhiger schlief.

Carl hatte sich wie gewohnt skeptisch gezeigt, als er meine Bitte hörte, denn er glaubte, dass solche Geräte auf Einbildung beruhten und man damit den Leuten lediglich das Geld aus der Tasche zog. Die Lehren des Vastu passten nicht in seine Weltanschauung. Er war ein rational vorgehender, nüchtern kalkulierender Manager, und er dachte nicht daran, sich mit Fragen der Intuition oder mit feinstofflichen Wirkungen und Zusammenhängen zu befassen. Er hatte in der knallharten Ge-

[36] Die Kunst des Vastu ist der indische Vorläufer des chinesischen Feng Shui, der Wissenschaft, um über die Wahl und Gestaltung eines Ortes innere und äußere Harmonie zu erzeugen.

schäftswelt zu bestehen – das war sein Leben. Dabei besaß gerade er einen sechsten Sinn und spürte viele Dinge, aber er konnte diese Fähigkeit nicht bewusst in seinen Alltag einbringen. Wahrscheinlich hatte er Angst davor.

Erst später als Carl verstand, dass ich mir all die häuslichen Störfelder nicht eingebildet hatte und sogar an Krebs erkrankte, leistete er seinen Beitrag, damit das Haus anfangen konnte zu gesunden.

Zuerst kam die Fußbodenheizung heraus; auch die Bodenfliesen wurden entfernt. Stattdessen ließen wir fünf Zentimeter dicke Ahorndielen verlegen. Die elektrischen Leitungen wurden mit Netzfreischaltern versehen, sodass in der Nacht kein Strom in den Leitungen war. Für alle Anstriche wurden biologische Farben verwendet.

Trotzdem hatte ich noch nicht den Mut, in dem Haus wieder ganz zu leben. Ich fühlte mich dort immer noch nicht richtig wohl und war viel müder als in den Bergen. Dorthin kehrte ich immer wieder zurück, sobald es möglich war.

In dieser turbulenten Zeit des Auf und Ab hatte ich zwei intensive Träume, die mich sehr bewegten. Ich träumte beide Male von unglaublich großen Kristallen. Sie waren etwa zwei bis zehn Meter hoch. In einem der Träume sah ich eine etwa vier Meter große Kristallpyramide. Sie stand auf einer Bergspitze in der aufgehenden Morgensonne und reflektierte das Licht in faszinierender Intensität und Schönheit.

Ich hatte früher oft Berge bei Sonnenaufgang bestiegen, weil es für mich zu dem Erhabendsten gehörte, die kraftvolle Morgenstimmung auf einem Berggipfel zu erleben. Als ich im Traum die in der aufgehenden Sonne erstrahlende Kristallspitze sah, hörte ich eine Stimme sagen: »Wir sind die Heiler der Erde. Wir reinigen die Atmosphäre und reflektieren die Schönheit der Schöpfung.« Ich vergaß zu atmen, so atemberaubend war dieser Moment, und davon erwachte ich.

Im zweiten Traum befand ich mich wieder auf einer Wanderung und kam zu einer großen Höhle. Etwas zog mich magisch hinein, obwohl alles recht unheimlich war. Plötzlich sah ich in einen Abgrund, aus dem riesige, bis zu zehn Meter hohe Kristallpyramiden herausragten. Der Ort hatte einen Durchmesser von etwa dreißig Metern. Ein seltsames grünliches Licht durchstrahlte diese Kristalle. Wieder erstarrte ich in Ehrfurcht vor so viel Kraft und Schönheit, und auch diesmal meldete sich die Stimme: »Wir sind die Hüter der Erde.« Es musste mir jemand unbemerkt gefolgt sein, denn als ich am anderen Tag die Höhle wieder besuchen wollte, waren nur noch schwach leuchtende Stümpfe vorhanden. Jemand hatte die wunderbaren Spitzen abgesägt und mitgenommen. Mein Schmerz war so heftig, dass ich davon erwachte.

Ich hatte keine Ahnung, was diese Träume mir sagen wollten. Meine Ehrfurcht vor allen Edel- und Halbedelsteinen war schon immer so groß gewesen, dass ich keine Steine besitzen oder tragen konnte. Auch die schönen Rosenquarze und Amethyste, die vermehrt überall angeboten wurden, konnte ich für mich selbst nicht kaufen.

Die Erklärung für meine Träume ließ nicht lange auf sich warten; die innere Führung übernahm die Regie. Meine Freundin Esther rief mich eines Tages begeistert an und erzählte, sie habe jemanden gefunden, der mit Rosenquarzen und Bergkristallen ein gesundes Wohnklima herstellen könne. Ich solle das doch versuchen. Also fuhr ich nach München, um mich mit diesem Mann bei uns zu Hause zu treffen.

Obwohl diesmal kein junger Hellseher ins Haus kam, sondern ein über siebzigjähriger ehemaliger Gärtner mit Namen Francis, hing unser Ehesegen abermals mehr als schief. Carl platze fast der Kragen über das, was ich jetzt wieder angezettelt hatte. Die Sache hatte allerdings einen großen Vorteil: Die Steine waren nicht teuer, und Francis, der hochsensible Heiler und Rutengänger, war ein ruhiger und weiser Mann. Mit der ihm eigenen Bescheidenheit arbeitete er still mit seinem Pendel, bis er jeden Stein und Kristall an seinem richtigen Platz hatte, damit die gewünschten 6500 Boviseinheiten erreicht wurden. Von jenem Tag an fühlte ich mich rundum wohl in dem Haus. Auch unsere Töchter spürten sofort den Unterschied, und die Enkelkinder waren friedlich und fröhlich.

Das war also die Erklärung für meinen zweiten Traum. Die Steine waren bereit, uns zu helfen, um in dieser schwierigen Zeit zu überleben. Und somit war auch mein Glaube nicht enttäuscht worden, dass die göttliche Fürsorge für alle da ist, die offen und willens sind hinzuhören. Einen Rosenquarz oder Bergkristall kann man schon für wenig Geld kaufen, und jeder kann seine Wohnung damit heilen oder heilen lassen.

»Bittet, so wird euch gegeben, klopfet an, so wird euch aufgetan« – ich bin davon tief überzeugt, dass jeder, der Gott aus ganzem Herzen bittet, zu dem geführt wird, was im Moment das Richtige für ihn ist. Es hatte in meinem Fall zwar nach irdischer Zeitrechnung lange gedauert, bis die oben geschilderte Hilfe kam, aber die inneren Erkenntnisse, die ich in der Zwischenzeit erlangte, waren wohl wichtiger als mein körperliches Wohlbefinden.

Während dieser Lebensphase, etwa im Jahr 1993, hörte und las ich auch zum ersten Mal voller Faszination etwas über Feng Shui, die Wissenschaft, sich ein harmonisches Umfeld zu schaffen, die in China seit über 3500 Jahren praktiziert wird und die ihre Wurzeln in Indien hat, wo man die entsprechende Lehre Vastu nennt. Feng Shui basiert darauf, dass alles Energie und alles mit allem verbunden ist. Der Mensch existiert also nicht als ein von der Natur getrenntes Wesen, sondern steht als Teil der Natur in ständiger Wechselbeziehung mit ihr. Ziel des Feng Shui ist, einzelne Räume oder Gebäude, ganze Orte und Landschaften im Einklang mit den Energien des Himmels und der Erde zu gestalten, um die Erde zu schützen und für das Wohlergehen der Menschen zu sorgen.

Ich verstand nun, warum ich mit einundzwanzig Jahren unbedingt eine weitere Ausbildung als Innenarchitektin machen wollte. Ein Jahr lang besuchte ich damals die Innenarchitekturklasse der Kunstgewerbeschule in Basel. Das Zeichnen machte mir sehr viel Spaß, aber ich wollte mich mehr praxisorientiert ausbilden. Deshalb ließ ich mich zweieinhalb Jahre lang in einer Innenausstattungsfirma ausbilden. Als ich mit fünfundzwanzig Jahren endlich am Ziel meiner Berufsträume angekommen war und freiberuflich in einer Innenausstattungsfirma arbeitete, war ich trotzdem unzufrieden. Ich wollte nicht einfach Designerwohnungen einrichten, die nur toll aussahen. Eigentlich wollte ich beim Einrichten einen Ort erschaffen, der den dort lebenden Menschen Geborgenheit schenkte, wo sie sich regenerieren und vor allem wo sie sich selbst finden konnten. Bald merkte ich aber, dass das nur meine persönliche Idee und Zielvorstellung war. Mein Arbeitgeber hatte mehr Interesse daran, wie viel Geld die Einrichtung bringen würde. Unsere Kunden waren außerdem meist an Statussymbolen orientiert und wollten Wohnungen zum Repräsentieren. Ich stand damals mit meinen Vorstellungen recht allein da. Wenn ich allerdings heute die Praxis des Feng Shui betrachte, scheint es mir im Westen hauptsächlich nur zur Sicherung persönlichen Wohlstandes und Glücks verstanden und angewendet zu werden. Seine tiefgründigen spirituellen Ansätze werden meist nicht erkannt.

Was ich in all den Jahren meiner Intuition folgend und meiner inneren Führung gehorchend gesucht und ausprobiert hatte, bekam Anfang der neunziger Jahre durch das nun im Westen aufkommende Feng Shui Hand und Fuß. Ich lernte, dass die vielen Pflanzen, die ich im Münchner Haus hatte, allesamt entgiftend wirkten. Die Zimmerpflanzen halfen, das Formaldehyd aus Isolierschäumen und Spanplatten, das Benzol aus Kunstfasern und Kosmetik sowie den Elektrosmog von allen elektrischen Geräten so weit abzubauen, dass wir in diesem gestörten Haus überleben konnten.

Die Farben, die energetische Strahlungskräfte sind und uns in positiver oder negativer Weise beeinflussen, hatte ich so gewählt, dass die schwere depressive Stimmung, die in unserem Haus hing, durch viel Orange umgewandelt wurde.

Mit heilenden ätherischen Pflanzenauszügen versuchte ich, die Raumluft zu verbessern und die in einer Großstadt allgegenwärtigen Autoabgase unschädlich zu machen. Die durch die Innen- und Außenluft und durch Wetterniederdruck entstehenden positiven Ionen, die unser Immunsystem lahm legen und schlechte Stimmung erzeugen, neutralisierte ich durch Salzkristalllampen und kleine Zimmerspringbrunnen.

Ich hängte Windspiele auf – Metallröhren, die vom Wind bewegt wurden und Töne erzeugten, die die Schwingung im Haus harmonisierten. Bettwäsche und Kleidung aus reinen Naturfasern sorgten dafür, dass meine Haut atmen konnte und ich nicht ständig elektrisch geladen war. Ich war anscheinend nicht die Einzige, die unter all unserem Wohlstandsmüll litt, denn plötzlich gab es mehr und mehr Katalogangebote für Ökotextilien.

Ich entsorgte das Überflüssige und schaffte Schritt für Schritt die mir lebenswichtigen Dinge an. Doch wenn ich weiterhin auf einer Kreuzung von Wasseradern geschlafen hätte, wäre mein Körper trotz all dieser Hilfsmittel kaum in der Lage gewesen zu überleben – oder doch?

Der allererste Rutengänger, der 1980 zu uns ins Haus gekommen war, ein pensionierter Architekt, hatte mir geraten, positiv zu bleiben und an meinem Gottvertrauen festzuhalten. Mein Gottvertrauen war zwar in all den Jahren schwersten Stürmen ausgesetzt gewesen, aber meiner inbrünstigen Suche tat dies keinen Abbruch. An allen Orten und bei allen Gelegenheiten versuchte ich, einen kleinen Altar einzurichten – mit einem Kreuz, einer Blume oder Kerze. Niemand würde ihn als solchen erkennen, aber für mich waren es Angelpunkte, wo ich mich immer wieder an das Wesentliche erinnert fühlte. Auch hatte mir Fumon Roshi einmal gesagt, als ich mich frustriert beklagte, dass ich keine Meditationsecke im Haus haben könnte: »Lege die Hände aneinander, verneige dich, und du bist wieder auf dem Weg.«

Viel später, als ich regelmäßig mein Mantra betete, wurde mir klar, welche friedvolle und harmonisierende Energie sich dadurch in dem Raum manifestierte. Damit wurde es mir auch wieder möglich, gelassen andere Menschen und Orte zu besuchen, disharmonische Energien auszuhalten und durch mein inneres Gebet zu transformieren.

Von taoistischen Mönchen ist überliefert, dass sie die Fähigkeit besitzen, Häuser und Orte ohne sichtbare Korrekturmittel in Einklang zu halten. Ich erlebte es, als Amma zum ersten Mal unseren Garten betrat. Carl, der diesem Besuch mit Skepsis und Ablehnung entgegengesehen hatte, war danach für kurze Zeit wie umgewandelt. Er konnte den Frieden und die Liebe, die sich über Garten und Haus ausbreiteten, kaum fassen.

Krebs und Psychotherapie

Zwischen den Jahren 1992 und 1999 pendelte ich immer öfter zwischen München und der Schweiz hin und her. In dieser Zeit drängte es mich, näher an all das heranzukommen, was mir den Weg zu meinem innersten Kern versperrte. Vor allem beschäftigte mich, dass Ärzte oder Therapeuten ein bestimmtes Bild der Krebspersönlichkeit zeichneten. Nach ihren Theorien hätten viele Krebspatienten eine schwere Kindheit erlebt. Der Hang zu Aufopferung und Rücksichtnahme auf andere sei besonders ausgeprägt; Aggression und Konfliktbereitschaft seien dagegen kaum vorhanden. Sich eigene Wünsche zu erlauben und sich diese zu erfüllen sowie sich durchzusetzen, dazu seien Krebspatienten schwer in der Lage. Einige dieser Merkmale konnte ich bei mir deutlich erkennen, aber einen Weg, sie aufzulösen, hatte ich bis jetzt nicht gefunden.

Gern erinnerte ich mich an die Gespräche mit dem Arzt während meines Klinikaufenthaltes. Die biographische Aufarbeitung der eigenen Entwicklungsgeschichte war sicher ein guter Anfang einer Psychotherapie. Es war mir klar, dass ich zunächst erkennen musste, wie sehr ich in meine Muster verwickelt war, wie viel Negativität und wie viele Belastungen ich mit mir herumschleppte. Ich verspürte die dringende Notwendigkeit, dies zu durchschauen, um mich davon zu befreien.

Aber wer würde mir dabei helfen? Gab es in der Abgeschiedenheit meines Schweizer Dorfes einen Psychologen? Wollte ich überhaupt eine psychologische Behandlung beginnen?

Wenn ich auf meine Erfahrungen zurückblickte, die ich mit Psychotherapie gemacht hatte, stieg in mir sofort wieder ein kaltes, ungutes Gefühl hoch. Da waren die ersten bioenergetisch-gestalttherapeutischen Stunden, die ich in den siebziger Jahren nach meiner Eheschließung angefangen hatte. Ich fühlte mich damals überfordert, für die heranwachsenden Mädchen Verantwortung zu übernehmen, die ihrerseits durch den Verlust ihrer leiblichen Mutter psychisch erheblich belastet waren. Ich machte mir Vorwürfe, nicht gut genug zu sein, und um meine Situation und Einstellung zu verändern, wollte ich an mir arbeiten.

Die Schwierigkeiten, die ich vor allem mit der jüngeren Tochter hatte, sollte ich in den Therapiestunden dadurch abreagieren, dass ich ihr alles ins Gesicht sagte, sie von mir wegstieß und sie anschrie. Doch so etwas wollte und konnte ich nicht tun.

Meine körperlichen Verspannungen wollte die Therapeutin durch bioenergetische Übungen lösen, was ihr auch teilweise gelang und worauf ich die gesamte Stunde hindurch nur weinte. Der Aufforderung, mit dem Tennisschläger Kissen oder Matratzen zu bearbeiten, konnte ich jedoch nicht nachkommen. So fühlte ich mich nach jeder Therapiestunde noch hoffnungsloser, bis ich den Mut hatte, das Ganze abzubrechen. Ich hatte nicht vor, meine Wut an jemand anders auslassen, sondern ich wollte herausfinden, wo bei mir etwas nicht klar war.

Also bemühte ich mich weiterhin nach besten Kräften, die heile Welt, die Carl zu Hause erwartete, herzustellen, damit er mit mir zufrieden war und ich meine Anerkennung bekam. Die Mädchen fügten sich ebenfalls vordergründig. Im Inneren loderte es jedoch in beiden ganz gefährlich.

Ich wurde immer ratloser, und ein paar Jahre später überredete ich alle zu einer Familientherapie. Carl konnte zuerst überhaupt nicht verstehen, warum er sich auf so etwas einlassen sollte. Er war in Sachen Familie einfach nicht konfliktfähig. Meine Stärke war es ebenfalls nicht, aber ich hätte gern dazugelernt, um es auch den Kindern leichter zu machen, sich auszusprechen und mit dem Vater in lebendigen Austausch zu treten. Bloß nichts sagen – das schien unser Familienmotto zu sein.

Ich hatte mit der Zeit ein wenig mehr Einblick in Carls Familiengeschichte bekommen. Ich wusste um seinen älteren Bruder, der seiner Familie große Probleme bereitet hatte und der nicht so lebte, wie es Carls Vater sich gewünscht hätte. Durch diesen Konflikt war die Harmonie in Carls Elternhaus extrem gestört gewesen – und so etwas durfte sich nach Carls Vorstellungen in unserer Familie auf keinen Fall wiederholen.

Nur mein Bitten und Flehen und meine ernsthaften Befürchtungen, Sarah könnte selbstmordgefährdet sein, brachten Carl dazu, sich schließlich doch Zeit für die gemeinsame Therapie zu nehmen. Aber es bewegte sich durch die Therapiestunden nichts – obwohl die Familientherapeutin auch noch ihren Mann, der ebenfalls Therapeut war, einschaltete. Die Mädchen wollten nicht sprechen, Carl fühlte sich fehl am Platz, und es blieb mir nichts anderes übrig, als allein hinzugehen. Die Therapie scheiterte schließlich an meiner religiösen Verwurzelung. Gott war für mich das zentrale Thema, und ich suchte einen Weg, wie ich mit diesem christlichen Selbstverständnis meine Lebensaufgabe zum Wohl aller lösen konnte.

Als Sarah Jahre später ihre Kunsttherapieausbildung abschloss, gab sie mir das Manuskript eines Vortrags von Hans Küng mit dem Titel »Religion – das letzte Tabu?«, der von der Verdrängung der Religiosität in Psychologie, Psychiatrie und Psychotherapie handelte. Erleichtert las ich darin, dass Küng unter anderem für eine Psychotherapie plädiert, die auch das Phänomen Religion ernst nimmt – für eine Therapie, die im Detail zu erforschen versucht, was des Patienten individuelle, oft sehr unorthodoxe und sich im Laufe des Lebens meist sehr stark verändernde Religion des Herzens ist. Für den Patienten könne es nicht gleichgültig sein, so Küng, ob ein Psychiater oder Mediziner etwas von Religion verstehe oder nicht, ob er ein Gespür für die spirituellen Kraftquellen habe, die in der Religion vorhanden seien, ob er die Patienten an solche möglicherweise in ihnen verschüttete Quellen heranführen könne, die dann heilender, integrierender, aufbauender sein könnten als reine Analysen.

Einen letzten psychotherapeutischen Versuch startete ich 1990, als meine Ehe nur noch an einem seidenen Faden hing. Carl nahm – wenn auch widerstrebend – teil, denn er wollte unbedingt, dass ich bei ihm blieb. Er war aber nicht in der Lage, seine eigenen Strukturen wirklich in Frage zu stellen und zu beleuchten. Der Therapeut meinte daraufhin schlicht und einfach, dass Carl nicht mehr kommen solle. Auch diesmal machte ich allein weiter. Aber ich hatte mir einen Therapeuten gesucht, der Zen praktizierte und Meditationen leitete. Endlich hatte ich jemanden gefunden, der meine spirituelle Seite annehmen konnte. Es war mir bei ihm wohler zumute, und ich fühlte mich nach den Stunden nicht mehr einsam und leer. Der Therapeut forderte mich auf, intensiv zu meditieren. Ich wollte daraufhin noch einmal Erich Fromms Buch *Zen-Buddhismus und Psychoanalyse* lesen und glaubte, jetzt den richtigen Therapeuten gefunden zu haben – aber die Krebsdiagnose setzte diesem Neuanfang ein Ende.

Nun saß ich allein in den Bergen und überlegte mir, ob ich wieder mit einer Therapie anfangen sollte. Diesmal müsste ich bei der Wahl des Therapeuten noch vorsichtiger und kritischer vorgehen. Jetzt wusste ich, dass ich Krebs hatte und vielleicht nur noch kurze Zeit am Leben war.

Meine Situation hatte sich total verändert. Ich wollte nicht zurückschauen, sondern in der mir noch verbleibenden Zeit mit ganzer Kraft in eine andere Dimension eintauchen. Ich bat wieder um innere Führung und Hilfe. Dann fiel mein Blick auf das Buch von Amma, das ich aus München mitgebracht hatte. In der Hoffnung, darin etwas Trost zu finden, schlug ich es auf und las: »Du gehst zu einem Psychotherapeuten, doch welche Hilfe kann er dir schon geben? Er oder sie sind genauso in der Welt der eigenen Gedanken gefangen. Solange sich der Therapeut nicht selbst auf einer höheren Bewusstseinsebene befindet als der Patient, kann es keine wirkliche Veränderung oder Heilung geben.«[37]

Ich wusste, dass dies der Grund dafür war, warum all die Therapiestunden immer so ein schlechtes Gefühl in mir hinterlassen hatten. Mein Schmerz hatte nicht behoben werden können; eine Heilung kam somit nicht zustande. Die an mich gerichtete Botschaft begriff ich sofort: Jetzt war nicht der Zeitpunkt, um einen neuen Therapeuten zu suchen und um alte Schmerzen und alte Wunden aufzudecken. Vielmehr wollte ich ganz wach im Hier und Jetzt leben.

In mein kleines Notizbuch hatte ich ein Zitat von Nisargadatta Maharaj geschrieben: »Der mächtigste Guru ist Ihr innerstes Selbst. Es ist der höchste Lehrer. Vertrauen Sie ihm, dann brauchen Sie keine äußeren Lehrer. (…) Alles, was getan werden muss, kann in Frieden und Stille geschehen. Wenn Sie versuchen, ruhig zu bleiben, wird alles geschehen.«[38]

[37] Mata Amritanandamayi: *Awaken, children!* Bd. 9, S. 41.
[38] Nisargadatta Maharaj: *Ich bin*, S. 130.

Das Nächste, was auf mich zukam und mir etwas Neues brachte, war ein Buch von Phyllis Krystal: *Die inneren Fesseln sprengen*. Die darin beschriebene Technik, sich von alten Bindungen und Mustern freizumachen, wollte ich jetzt anwenden, das heißt, mit Hilfe der eigenen Vorstellungskraft Symbole visualisieren und rituelle Handlungsabläufe im Innern erleben, die auf das Unbewusste heilend und befreiend wirken. Tagtäglich praktizierte ich die dazu benötigten wenigen Minuten der inneren Konzentration, bis mir die Übung in Fleisch und Blut überging. Ich vertraute auf mein höheres Selbst, das mir bei den inneren Ablösungsprozessen zur Seite stand. So konnte ich mich mehr und mehr von alten Bindungen und Mustern befreien.

Ich beschäftigte mich intensiv mit dieser inneren Klärung und war sehr glücklich, sie ganz allein in meiner Abgeschiedenheit erarbeiten zu können. Die Beziehungen zu den Personen, mit denen ich innerlich Fesseln gelöst hatte, verbesserten sich im Äußeren spürbar. Ich erfuhr die befreiende Wirkung. Alte Schuld- und Schamgefühle werden tatsächlich aufgelöst und geheilt, worauf ich eine große Dankbarkeit spürte.

Über eine Freundin hatte ich bereits vor vielen Jahren von einer anderen Amerikanerin gehört – von Byron Katie, die einen hervorragenden Weg einer psychologisch-spirituellen Selbstbefragung und Klärungsarbeit gefunden hat, den sie »The Work« nennt.[39] Ich hätte gern sofort einen ihrer Kurse besucht, aber war nicht an die entsprechenden Unterlagen gekommen. Die Zeit war damals offenbar für mich noch nicht reif gewesen; ich musste mich gedulden, bis ich Jahre später an einem Seminar mit Byron Katie in Köln teilnehmen konnte.

In Byron Katies Kursen arbeitet man intensiv mit sich selbst

[39] Börner, Moritz: *Byron Katies The Work* (Goldmann 1999).

und schreibt alle belastenden Gedanken, Einstellungen, Meinungen, Ideen zu einer bestimmten Person oder Lebenssituation, zu Konflikten oder Ängsten nieder und unterwirft sie anhand von vier Fragen einer Prüfung:

1. Ist das wahr?
2. Kann ich wirklich wissen, ob das wahr ist?
3. Wie reagiere ich, wenn ich diesen Gedanken denke?
4. Wer wäre ich ohne diesen Gedanken?

Daraufhin werden die niedergeschriebenen Gedanken »umgekehrt«, das heißt zum Beispiel, mein Problem »Immer werde ich ins Unrecht gesetzt« wird umformuliert in: »Ich setze andere immer ins Unrecht.«

Diese Methode vermag den Betroffenen zu sich selbst zurückzubringen, ihn in die eigene Mitte zurückfinden zu lassen. Er lernt, seine Projektionen zu erkennen, um sie zurückzunehmen. Die innere Zentrierung wird dabei so intensiv, dass auch schmerzhafteste Schritte der Selbsterkenntnis möglich werden. Zurück bleiben ein bis dahin nie erfahrener Friede, eine Freude und eine Öffnung für Selbsterkenntnis und Selbstakzeptanz.

Man könnte sich fragen, ob Byron Katies » The Work« psychologisch oder spirituell ist. Für mich ist es beides; ich finde darin wieder, was alle großen spirituellen Lehrer sagen. Byron Katie selbst hatte keinen Lehrer, als sie erwachte. Ihr innerstes Selbst war ihr Lehrer, und ihre Methode eignet sich bestens, selbstständig Klärungs- und Heilungsprozesse in Gang zu setzen und zu einem guten Ende zu bringen. Ihre einfache und kompromisslose Botschaft ist ermutigend und in ihrer Konsequenz für manche durchaus auch erschreckend, wenn sie sagt, dass wir alle unser eigener Lehrer sind.

Glaube, Liebe, Hoffnung

Mein Glaube hatte mich so weit gebracht, dass ich nach meiner Krebsoperation mehr und mehr alles so annehmen konnte, wie es fließen wollte. Selbst wenn meine Gefühle und mein Temperament einmal wieder hoch kochten und ich mich von ihnen überwältigen ließ – innerlich fand ich immer schneller zu meinem Ankerplatz zurück. Bislang hatte mich meine innere Stimme sicher geführt, und ich fing an, ihr wirklich Glauben zu schenken.

Nach einem herrlichen Bergsommer hatte ich 1991 viel Licht und Luft aufgetankt. All die köstlichen Düfte von frischem Heu und Tannennadeln waren für mich eine wunderbare Aromatherapie. Ich schlief direkt unter dem Dach und hatte Tag und Nacht alle Fenster geöffnet. Tagsüber brummten die Fliegen durch das Haus, und die Bienen summten um mich herum. Nachts besuchten mich die Fledermäuse. Rehe und Hirsche gaben sich ein Rendezvous. Nach ein paar heftigen Herbststürmen versank dann alles unter einer dicken Schneedecke. Stundenlang saß ich in der Abenddämmerung, bis es stockfinster war, und schaute den tanzenden Schneeflocken zu. Was hatte ich alles in diesem Jahr an Gnade erleben dürfen.

Die Ruhe, Stille und Abgeschiedenheit, in die ich immer wieder zurückkehren konnte, halfen mir loszulassen. Ich hatte ein Dach über dem Kopf, im Ofen brannte ein Feuer, auf dem Herd köchelte die Reissuppe – was brauchte ich mehr? Schicht um Schicht fiel von mir ab. Mein Körper begann, sich auszudehnen, zu atmen, sich zu freuen. In mir wuchs die Sicherheit, dass meine Gebete erhört wurden, dass Schutz und Führung da waren. Ein Zitat aus dem ersten Korintherbrief gibt diese Stimmung wieder: »Nun aber bleiben Glaube, Liebe, Hoffnung, diese drei, aber die Liebe ist die größte unter ihnen.« (13,13)

Glaube

Mein Glaube trug Früchte. Ich las fast alle Bücher von Sai Baba und studierte nun auch die Bücher von Amma. Beide sagten mir das Gleiche. Baba erklärte alles auf einem sehr hohen spirituellen Niveau, und er war für mich eine höchst kompetente Vaterfigur. Amma brachte diese Wahrheiten für mich auf eine mehr bodenständige Ebene. Ihre Worte waren für mich mehr auf das tägliche Leben abgestimmt. Amma redete mit ihren »Kindern« in einer mütterlichen, liebevollen Art und Weise.

Auf mein Beten und Flehen erhielt ich auf wundersamste Weise Antworten: durch die Bücher, die mir in die Hände fielen, durch die Natur, den Wind, die Sterne und immer wieder durch Menschen. Die Personen, Dinge und Situationen, die von außen auf mich zukamen, wurden für mich zu einer göttlichen Offenbarung, und mir war manchmal, als hätte ich alles eigentlich schon gewusst.

Schon früher hatte Baba mir lehrreiche Träume geschenkt. Dann trat Amma in mein Leben und begann, mir ebenfalls im Traum zu erscheinen. Amma erlebte ich im Traum meist als nährende Mutter, Baba als strengen, mich unterweisenden Vater. Alles, was meine Eltern mir nicht hatten geben können, erhielt ich indirekt auf einer anderen Ebene von Amma und Baba als meinen »kosmischen Eltern«. Beide waren meine Helfer, wenn ich innerlich wieder etwas klären und loslassen konnte, zum Beispiel mit Hilfe der Bücher und Tonbänder von Phyllis Krystal. Ich konnte mich auf diese Weise von viel Ballast aus der Vergangenheit lösen.

Natürlich gab es auch Zeiten der Unsicherheit. Oftmals plagten mich Zweifel und Schmerzen. Ich fragte mich, wohin dieser einsame Weg wohl führen würde und ob meine vermehrten Rückenschmerzen vielleicht schon von Metastasen herrührten oder ob meine immer wiederkehrenden Migräneanfälle möglicherweise einem wachsenden Kopftumor zuzuschreiben wären. Am Hals hatte ich ganz kleine Knötchen bekommen. Aber ich sprach mit niemandem darüber. Mir war wohl so, wie ich jetzt lebte, und ich wollte nicht gestört werden.

Mein Glaube hatte mich bis zu diesem Punkt getragen, und ich hatte Antworten auf meine brennenden Fragen bekommen. Ich war bereit, das Leben loszulassen. Ich wollte auch versuchen, mein spirituelles Wissen im täglichen Leben zu praktizieren. Dies schien mir überhaupt die viel schwierigere Aufgabe zu sein.

Mein Drang zu wollen, zu machen und zu wünschen war im Moment zwar fast dem »Dein Wille geschehe« gewichen. Aber ließe sich diese Haltung bewahren, wenn ich wieder in irgendeiner Form im täglichen Lebenskampf zu stehen hätte? Würde ich genauso ruhig und gelassen bleiben können, so anspruchslos und gleich-gültig?

Carl drängte mich immer öfter, wieder nach München zu ziehen, wenn er das Haus fertig saniert habe. Ich sah keine Möglichkeit, mich diesem Wunsch zu widersetzen.

Ich wollte die verbleibende Zeit meines zurückgezogenen

Lebens in den Bergen nutzen. Ich versuchte, wieder regelmäßiger zu meditieren. Auch hörte ich auf Kassette stundenlang das Gayatri-Mantra, bis mir die schwierige Sanskritsprache geläufig war:

OM bhur bhuvah svah
Tat savitur varenyam
Bhargo devasya dhimahi
Dhiyo yo nah pracodayat

Eine der Übersetzungen des Mantras lautet: »Lasst uns über das OM meditieren, jenen Urlaut Gottes, aus dem die drei Bereiche (*bhur bhuvah svah*) – das Grobe, Irdische sowie das Feinere, Ätherische, das feinste Himmlische – hervorgegangen sind. Lasst uns das höchste, unbeschreibbare göttliche Sein (*tat*) verehren (*varenyam*), die schöpferische, Leben spendende Kraft, die sich auch in der Sonne (*savitur*) kundtut. Lasst uns über das strahlende (*bhargo*) Licht (*devasya*) Gottes meditieren (*dhimahi*), das alles Dunkel, alle Unwissenheit, alle Untugenden vernichtet. Gott, wir bitten dich inständig (*yo nah pracodayat*), dass dein Licht unseren Geist (*dhi*) erhellen möge.

Hoffnung

Ich überließ mich einfach der Hoffnung, dass Hilfe immer da ist. Nach einem stillen, langen Winter, in dem wir zum ersten Mal mit der ganzen Familie eine Bergweihnacht feierten, holte mich das Leben Anfang 1992 langsam wieder ein.

Mein Yogastudio, das ich Hals über Kopf geschlossen hatte, musste vermietet werden. Außerdem wünschte sich Carl, dass ich nach München zurückkam. Ich entschied mich, die neu erwachende Frühlingskraft für die vor mir liegenden Schritte zu nutzen und in die Stadt zurückzukehren, wenn im März und April die ersten Blumen ihre Köpfchen der Sonne entgegenstreckten.

Meine Blutwerte waren jedoch immer noch schlecht, und mein gesamter Zustand erwies sich als schwach bis wacklig. Ich hatte zehn Kilo abgenommen. Glücklicherweise hatte ich im nächsten Ort eine Shiatsu-Therapeutin gefunden.[40] Sie war geduldig und liebevoll und half meinem Körper, seine Funktionen langsam, aber stetig wieder zu stärken. Wechselweise machte ich meine Qi-Gong-Übungen, hüpfte auf dem Trampolin und zog Sonnenblumenöl durch meine Zähne. Etwas in mir wusste, dass es noch nicht Zeit war, von der irdischen Bühne abzutreten, und so machte ich mit meinem Übungs- und Gesundheitsprogramm je nach Tagesform weiter.

Ich erfuhr, dass Amma im Juni 1992 wieder nach München kommen würde, und sie war meine große Hoffnung. Vor allem wollte ich sie um ein Mantra bitten. Ein Mantra ist ein heiliges Wort oder eine Gebetsformel. Die regelmäßige Wiederholung eines Mantras läutert das Denken und führt bei beständiger Übung zu spiritueller Erfahrung.

Amma würde während ihres Aufenthaltes bei Sarah und Surya wohnen, und das wäre gleich um die Ecke unseres Hauses. Unser Heim wäre dann fertig umgebaut, und ich könnte versuchen, dort wieder eine Weile zu leben.

Bücherwissen hatte ich jetzt genug angesammelt; ich freute mich auf einen Guru, dem ich persönlich Fragen könnte, auf einen lebendigen Lehrer und Meister. Ich war überzeugt, nur mit großer spiritueller Unterstützung wieder in die alte Umgebung eintauchen zu können. Vielleicht hatte ich mit Amma wirklich

[40] Japanisch: »Finger (*shi*) und Druck (*atsu*)«; eine Behandlungstechnik, mit der man die Energielinien im Körper unterstützen kann.

die unglaubliche Chance und Gnade, diesem vollkommenen Meister zu begegnen, mit dem man sogar sprechen durfte.

Liebe

Die Beziehung zu Carl war in all den schweren Jahren für mich immer fragwürdiger geworden. Ich wusste einfach nicht, wie ich mich gegen seine Ansprüche durchsetzen sollte. Wir waren zwei so grundsätzlich verschiedene Menschen. Carl sagte mir jedoch immer wieder, dass er mich liebe. Aber damit waren so viele Bedingungen verknüpft. Auf der Ebene seiner menschlichen Persönlichkeit ließ ich mich einerseits immer wieder von ihm verletzen und einschränken. Andererseits war ich mir sicher, dass er eine wunderbare Seele hatte, und in diese Seite von ihm konnte ich mich auch immer wieder neu verlieben. Ich begann mich zu fragen, was eigentlich Liebe ist, und suchte bei den Weisen nach Antworten.

Im Japanischen gibt es mehrere Worte, die die Liebe umschreiben, etwa als Mitgefühl und Barmherzigkeit. Dann las ich, dass wahre Liebe nur bedingungslos sein könne. Bedingungen zu stellen setze immer voraus, den anderen als etwas von mir Getrenntes und Verschiedenes wahrzunehmen. Bei Amma fand ich dazu folgende Aussage: »Gewöhnlich sagt man zu einem anderen Menschen: ›Ich liebe dich‹. Doch statt ›Ich liebe dich‹, sollte man eigentlich sagen: ›Ich bin Liebe, die Verkörperung reiner Liebe.‹ Man sollte das ›Ich‹ und das ›Du‹ entfernen. Was bleibt, ist einzig ›Liebe‹. Es ist fast so, als wäre die Liebe zwischen dem ›Ich‹ und dem ›Du‹ gefangen. Beseitige das ›Ich‹ und das ›Du‹, sie sind lediglich von uns selbst aufgebaute Wände, die im Grunde nicht existieren.«[41]

[41] Mata Amritanandamayi: *Awaken, children!* Bd. 8, S. 161.

Wie kann man wahrhaft von Herzen lieben, wenn man eigentlich nie wahre Liebe bekommen hat? Welche Eltern sind wirklich in der Lage, ihre Kinder zu lieben, ohne Erwartungen und Forderungen an sie zu stellen?

In der Bibel heißt es: »Liebe deinen Nächsten wie dich selbst.« Aber wer lehrt und erklärt uns, dass wir den anderen nur so weit annehmen und mit ihm fühlen und ihn lieben können, wie wir das mit uns selbst tun können?

Jeder von uns möchte geliebt und anerkannt werden, und wir suchen die Liebe auf allen möglichen und unmöglichen Wegen. Aber solange wir das wahre Wesen der Liebe nicht verstanden haben, leiden wir. Auf die Frage, warum in der Liebe so viel Leid liege, antwortete Nisargadatta Maharaj: »Alles Leiden wird aus Verlangen geboren. Wahre Liebe ist nie enttäuscht. Enttäuscht ist nur das Verlangen, sich Ausdruck verschaffen zu wollen.« Und als er gefragt wurde, was man tun könne, um zu lieben, sagte er: »Sie sind die Liebe selbst – wenn Sie sich nicht fürchten.«[42]

Ich verstand: Solange ich noch an irgendetwas oder an irgendeinem Menschen anhafte, existiert die Angst, diese Sache oder diese Person zu verlieren. Wo Angst ist, gibt es keine wahre Liebe. Es bleibt immer eine egoistische Liebe.

Es waren keine materiellen Dinge, an denen ich haftete, aber ich wollte gut, lieb und nett sein. Ich wollte mir damit Zuneigung und Zugehörigkeit sichern. Mir schien, dass es keinen anderen Weg zu diesem Ziel gab. Ich war noch zu sehr von meinen Kindheits- und Jugenderfahrungen des Ausgeschlossenseins geprägt. So tat ich als Erwachsene unbewusst und bewusst alles, um mir die Zuneigung meines Mannes zu sichern. Ich hatte ja auch meine Berufstätigkeit aufgegeben,

[42] Nisargadatta Maharaj: *Ich bin*, S. 100.

durch die ich mich hätte beweisen und Anerkennung erhalten können.

Für Carl war die Rolle, die ich spielte, ideal. Er glaubte, mich zu lieben und mir alles zu geben – unter der Bedingung, dass meine Zeit und Zuneigung ihm allein gehörten. Er konnte überhaupt nicht verstehen, was ich noch suchte, da wir doch alles hätten. Aber das Materielle, das er damit meinte, besaß für mich gerade keinen großen Stellenwert. Ich glaubte nicht daran, dass materielle Güter uns letztlich Erfüllung, Freude und Frieden schenken könnten. Ich war auf der Suche nach wahrer Liebe, die nichts forderte. Nach Liebe um der Liebe willen.

Carl sah es nicht gern, wenn ich zum Meditieren ging. Wenn ich ihm von meinem Zen-Meister oder von Sai Baba erzählte, erschienen ihm meine Eindrücke suspekt. Er hätte am liebsten alles getan, um mich davon abzubringen. Dahinter steckte wohl eine tiefe Angst, mich an diese andere Welt zu verlieren und dann allein zu sein.

In der Auseinandersetzung mit dem Thema Liebe beschäftigte ich mich auch mit meinem ersten Freund Walter, der 1964 alles darangesetzt hatte, dass ich unser Kind abtrieb. Auch er hatte immer gesagt, dass er mich liebe. Und auch er wollte mich von meiner Religiosität abbringen und mich ganz für sich haben. Ich wünschte, dass sowohl dieses Kind als auch Walter hätten leben können. Aber aus irgendeinem Grund wollte, konnte, durfte es nicht sein.

Wie entlastend und hoffnungsvoll war es, als ich in Ammas Büchern lesen konnte: »Der Glaube an Gott soll deinen Glauben an dich stärken, deinen Glauben in dein eigenes Selbst. Wenn das nicht da ist, kannst du im Leben nicht erfolgreich sein, was immer dein Gebiet sein mag. Selbstvertrauen ist nichts anderes als geistiges Gleichgewicht, Mut und Kontrolle über dein Gemüt, um die Probleme des Lebens konfrontieren zu können. Du kannst den Problemen des Lebens nicht entgehen; sie sind unausweichlich, unvermeidlich. Wie wirst du ihnen begegnen, wenn du keinen Glauben an dich hast? Es ist nicht möglich.«[43]

Endlich verstand ich, dass die Probleme, dass Leid und Schmerzen zum Leben gehören, genauso wie die Freude. Sie sind die zwei Seiten einer Medaille. Nun konnte ich verstehen, wenn Amma sagt: »Kinder, wann immer ihr durch eine schwierige Zeit im Leben geht, erinnert euch daran, dass ihr die Liebe selbst seid und deshalb nicht darauf angewiesen, von anderen geliebt zu werden. Ihr seid eine unerschöpfliche Quelle von Liebe, die unaufhörlich Liebe schenkt, nichts als Liebe, jedem, der zu euch kommt.«

Ich musste mich endlich selbst von meinem eigenen Streben nach der »heilen Welt« befreien – von der Vorstellung, dass ich nur gut und immer liebevoll sein muss und dass das Leben nur aus Harmonie besteht.

Jetzt hatte ich Krebs. Ich wollte und konnte nicht mehr nur nett und gefällig sein, und ich wollte nicht mehr gefallen. Ich wollte nach innen hören und meinen eigenen Weg finden und nicht mehr um Liebe und Anerkennung betteln und streiten. In der stillen Bergwelt konnte ich endlich erfahren, dass die wahre Liebe immer da war – tief in meinem Herzen. Ich musste wirklich nicht darum kämpfen. Ich fühlte mich erfüllt – ganz und heil. Alles, was ich brauchte, kam zu mir. Ich fühlte mich nicht mehr ungeliebt und ausgeschlossen. Die ganze Natur atmete diese Liebe, und so konnte ich endlich verstehen, was mein Zen-Meister Fumon Roshi mir geschrieben hatte: »Mir ist klar geworden, Liebe hat Gott erschaffen – und dich auch.«

43 Mata Amritanandamayi: *Awaken, children!* Bd. 3, S. 118.

Zurück in den Alltag

Im März 1992 fühlte ich mich noch verwundbar und wie ein kleines Kind, aber ich war bereit, festen Schrittes meinen Weg weiterzugehen. Selbst wenn ich im vermeintlich Guten stehen bliebe, bedeutete es, in meiner Entwicklung zu stagnieren, und dies würde meinem Körper nicht gut tun. Ich musste im Fluss bleiben oder, besser gesagt, wieder ganz bewusst in den Fluss des Lebens hineinspringen.

Meine Freundin Uta riet mir dringend, alle meine Erlebnisse aufzuschreiben. Später solle ich daraus ein Buch zusammenstellen, um damit den Menschen, die sich in ähnlichen Lebenssituationen befinden würden, Hilfestellungen anzubieten. Damals bezweifelte ich zwar, dass dies meine Aufgabe werden könnte, aber ich fing an, Material über Krebs zu sammeln.

Das Jahr in den Bergen wurde zu einer Zeit des Ausruhens in einer Oase der Stille. Fumon Roshi, mein Zen-Meister, vergaß mich nicht, und immer wieder schickte er Gedanken und Erfahrungen, zum Beispiel: »Letztlich läuft alles so, wie es läuft – nicht negativ, nicht positiv. In dieser Klarheit kann man endlich das Wichtigste im Leben lernen. Völliges Vertrauen in den WEG, der uns, unser Leben und unseren Tod, die Sonne, den Mond und die Sterne, unsere Leiden und Schmerzen, Freude und Tränen enthält. Dieses Erwachen und dieses Vertrauen wünsche ich dir von ganzem Herzen.«

Ein Stück weit war ich erwacht und bereit zu springen. Ich war aber nach meiner Radikalkur körperlich immer noch extrem schwach, und so nahm ich dankbar an, als eine Freundin anbot, für mich zu kochen. Ich hatte sie beim Krebskochkurs kennen gelernt. Sie praktizierte die makrobiotische Küche schon sehr lange und unterrichtete sie auch. Täglich zauberte sie Köstlichkeiten auf den Tisch, die meinem Körper vermehrt Kraft gaben. So gewann ich wieder an Vitalität, und ihr liebevolles Wesen tat mir sehr wohl.

Im März 1992 glaubte ich mich kräftig genug zu fühlen, um nach München zu fahren und das Yogastudio endlich zu räumen, damit es vermietet werden konnte. Es wurde ein harter Weg der Konfrontation mit der Vergangenheit. Wenn ich überleben wollte, musste ich auf der Stelle lernen, vollkommen klar und entschieden zu mir selbst zu stehen.

Ich musste auch mit Carl eine neue Form finden, unser Zusammenleben für uns beide erträglich zu gestalten. Meine neue Selbstbestimmtheit machte ihm keinen Spaß. Außerdem war ich extrem gereizt, überempfindlich und nach der kleinsten Anstrengung erschöpft. Carl gab sich alle Mühe. Er biss die Zähne zusammen, wenn ich schlechter Laune war, um nichts zu sagen. Er musste wirklich viel einstecken, denn in mir kam oft eine große Wut und Verzweiflung hoch, wenn Erinnerungen an die Vergangenheit aufflammten. Ich wusste noch nicht, wie ich friedlich und zugleich selbstbestimmt sein könnte. Ich hatte wohl bereits einiges gelernt, aber noch keine Kraft gesammelt, mein Wissen auch zu leben. So beschimpfte und kritisierte ich Carl. Er ertrug es schweigend.

Carl hatte das Haus nach baubiologischen Gesichtspunkten sanieren lassen. Er bemühte sich nach Kräften, es uns daheim in München so schön wie möglich zu machen, aber ich wollte schnellstmöglich zurück in die Berge.

Von Amma konnte ich zwar lernen, nicht die Umstände und die anderen Menschen verantwortlich zu machen, sondern meine eigenen Schwächen zu erkennen und zu beseitigen. Aber noch verstand ich nicht, es in meinem Alltag umzusetzen. Ich wusste zwar, dass es immer unser eigenes Ego ist, das uns Probleme schafft und nicht jemand anders, trotzdem fand ich keinen Weg, wie ich mich aus der Verstrickung in meine eigenen Emotionen befreien konnte.

Bislang fühlte ich mich gegenüber den anderen meist in der Defensive, sah mich gefangen von den Umständen und glaubte, keine Entscheidungsfreiheit zu haben. Das wollte ich jetzt ändern und Selbstverantwortung übernehmen. So vermietete ich eigenhändig mein Yogastudio und die dazugehörende Wohnung. Es war ein gutes Lehrstück, in den Verhandlungen mir selbst treu zu bleiben, denn eigentlich bestimmt in unserer Gesellschaft immer der Stärkere. Aber von stark sein war ich noch weit entfernt. Eine Bankdirektorin, die mir zwar sehr sympathisch war, aber den Mietpreis herunterhandeln wollte, stellte eine große Lernaufgabe für mich dar. Der von mir geforderte Betrag war jedoch gerechtfertigt, und ich gab nicht nach. Nachdem sie vierzig andere Wohnungen angesehen hatte, entschied sie sich dann doch für meine Räume. Ich war froh und dankbar, einen Schritt weitergekommen zu sein, denn ich wollte nicht mehr aus Schwäche anderen Menschen das Recht zugestehen, über mich zu bestimmen.

Meine Verhandlungsstärke beeindruckte meinen Mann sehr, und er lobte mich sogar dafür. Mir reichte dieses Abenteuer in meiner »alten Welt« jedoch erst einmal, und ich floh geradezu in die Berge. Zwei Wochen dauerte es, bis ich mich davon erholt hatte. Aber ich war auch sehr ungeduldig mit mir, vor allem weil ich meine Wut auf Carl nicht besser unter Kontrolle hatte, und ich suchte in Ammas Büchern nach Antwort:

»Ungeduld ist destruktiv. Liebe kennt keine Eile. Wenn du inmitten einer ärgerlichen Situation stehst, beobachte einfach das Geschehen. Sei nicht beleidigt, reagiere nicht. Erkenne, dass das wahre Problem nicht im Geschehen, sondern in deiner Reaktion liegt.«[44]

Ich wollte wieder mehr meditieren und konnte es jetzt kaum erwarten, bis ich Amma um ein Mantra bitten konnte. Bald würde sie nach München kommen.

Im Sommer 1992 war es plötzlich für mich mit der Ruhe und der Schonzeit vorbei. Mein Patenonkel, ein Bruder meiner Mutter, starb, und ich musste nach Zürich fahren, um meiner Mutter zu helfen. Sie war die Einzige, die ihm nahe gestanden hatte.

Meine Mutter war jetzt dreiundachtzig Jahre alt. Ihr Körper war von der lebenslangen schweren Arbeit tief nach vorn gebeugt. Mein Vater litt an einem schweren Lungenemphysem. Meine Eltern konnten sich gerade noch selbst versorgen und gegenseitig unterstützen.

Mutter tat mir sehr Leid, aber ich wusste nicht, wie ich ihr beistehen konnte, da sie Hilfe nur schwer zuließ. Auch hatte meine Krebserkrankung sie vollkommen verunsichert. Der einzige Halt und Trost meiner Mutter bestand im täglichen Lesen der Bibel.

Zusammen mit meinem Bruder räumte ich die Wohnung meines Patenonkels und ordnete den Nachlass. Die Arbeit überstieg natürlich meine Kräfte. Aber gerade daran konnte ich lernen, wie ich mit mir umging und wie wenig ich auf meinen Körper hörte und ihm Ruhepausen gönnte.

In München wartete gleichfalls Arbeit, denn das frisch sa-

[44] Mata Amritanandamayi: *Der Weg der Weisheit und Liebe*, S. 186.

nierte Haus musste wieder eingeräumt werden, und wir brauchten eine neue Küche. Ich war also erneut viel unterwegs, was für meinen Körper Belastung und Anstrengung bedeutete.

Ammas Besuch

Im Sommer 1992 kam Amma nach München, und ich bat sie in meinem Herzen, dass ich einfach zwei Stunden lang still neben ihr sitzen könnte, um sie zu spüren und zu beobachten.

An dem Abend, als Amma Mantras vergab, waren einige Hundert Menschen im Saal. Mir wurde angesichts der Masse schon wieder mulmig zumute. Doch ich war nach Beginn des Darshans schnell bei Amma, weil ich mich in der Wartereihe der Kranken anstellen konnte. Als ich nach ihrer liebevollen Umarmung um ein Mantra bat, wurde ich aufgefordert, mich nahe bei ihr in die entsprechende Warteschlange zu setzen. Ich befand mich daraufhin fast neben ihr, war aber durch einen großen Ventilator abgetrennt und eingezwängt.

Mir wurde extrem heiß, und im Nu hatte ich eine grässliche Migräne. Ich konnte mich nicht rühren. Alle anderen rutschten in der Reihe nach vorn, aber ich konnte nicht hinter diesem Ventilator hervorkommen. Genau zwei Stunden hing ich dort fest. Während dieser Zeit hatte ich allerdings die Gelegenheit, Amma ganz genau zu beobachten und zuzuschauen, wie sie mit nicht endender Liebe und strahlendem Lächeln stundenlang einen nach dem anderen in die Arme nahm und Fragen beantwortete.

Schließlich wurde ich plötzlich energisch nach vorn geschoben, denn die Reihe sei nun an mir. Ich wurde Ammas Helferinnen gefragt, ob ich ein Mantra wolle, das einer bestimmten

Gottheit zugeordnet sei. Da ich Gott in seiner Ganzheit liebte und keine Präferenz hatte, antwortete ich, dass ich es gern Amma überlassen würde, das Mantra für mich auszuwählen. Amma lachte mich an und sagte mir mein Mantra ins Ohr. Die Übersetzung nahm ich gerade noch zur Kenntnis, dann taumelte ich aus dem Saal. In meinem Kopf tobte die Migräne, und mein Schwiegersohn fuhr mich sofort nach Hause, wo ich mich mehrfach übergeben musste. So hatte ich mir das alles nicht vorgestellt. Ich musste sogar noch den ganzen nächsten Tag im Bett bleiben.

Am Tag, als Amma aufbrach, um ihre Europareise fortzusetzen, schlich ich mich in das Mietshaus, wo meine Tochter wohnte und Amma übernachtet hatte. Ich setzte mich im Hausflur eine Treppe höher, sodass ich Amma sehen könnte, wenn sie die Wohnung verlassen würde. Ich wartete dort sehr lange. Schließlich öffnete sich die Tür. Doch es war nur Sarah, die zu mir hinaufschaute und rief: »Hallo, Relia, bist du hier? Amma sagt, du sollst reinkommen.« Sarah war darüber ebenso überrascht wie ich.

Zögernd und ängstlich setzte ich mich vor Amma hin. Niemand hatte gewusst, dass ich wartend im Treppenhaus saß, aber Amma wusste und sah anscheinend wirklich alles. Amma sprach mich nicht direkt an. Sie fragte Sarah, wie es um meine Gesundheit bestellt sei. Sarah antwortete, dass ich immer so schreckliche Migräne habe. Amma sagte nichts, schaute mich einen Moment lang ganz ernst und eindringlich an, umarmte mich kurz, stand auf – und fuhr zum Flughafen.

Es dauerte eine Weile, bis ich mich fassen konnte. Ich blieb allein in der Wohnung vor Ammas Bett zurück, auf dem sie gerade noch gesessen hatte, und begann zu weinen. Irgendwann fiel ich in einen tiefen Schlaf und wachte erst auf, als Sarah und Surya zurück waren und mir eine Tasse Tee hinstellten. In mir war eine große Traurigkeit, die Amma anscheinend an die Oberfläche geholt hatte. Ich besaß nicht die Kraft, mit Carl darüber zu sprechen. Er war sowieso nicht damit einverstanden, dass wir »einem Guru nachliefen«.

Im Herbst 1992 fuhr ich wieder in meine Klause in den Bergen. Dort erwartete mich ein Brief von Fumon Roshi. Ich hatte ihm geschrieben, dass es mir einfach nicht möglich sei, mit geradem Rücken im Sitzen zu meditieren. Er antwortete: »Liebe Relia, das Leben betet zum Leben im Leben. Wenn dieses im Herzen getragen und realisiert wird, ist jede körperliche Haltung, die möglich ist, eine wichtige WEG-Übung, beim Sitzen, beim Liegen. Ich glaube, dass du dich selbst lange, lange Zeit geopfert hast. Jetzt bist du bewusst und wach, dich selbst für den Weg zu opfern. Das heißt: Strom und Folge deines Lebens in deiner Seele mit Mitgefühl und Liebe völlig zu akzeptieren. Ich wünsche dir deine Aufrichtigkeit zu dir selbst, wie du sie schon praktizierst. Mal Kampf, mal Verzweiflung – mal tiefe Ruhe, mal Frieden in der Seele. Es gibt nichts, das zu unterdrücken wäre oder besonders gern oder ungern zu halten, nicht wahr? Ich wünsche dir Aufrichtigkeit in dir, Toleranz gegen andere Menschen, sicher auch gegen dich selbst.«

Diese Worte taten mir gut, und ich las sie immer wieder. Ich war völlig kraftlos in den Bergen angekommen und brauchte Wochen, um mich zu regenerieren.

Der Tod der Eltern

Das Jahr 1992 ging in einem stetigen Wechseln zwischen meiner Bergeinsamkeit und dem Münchner Stadtleben zu Ende. Eigentlich hatte ich mit allem mehr oder weniger abgeschlossen und suchte die Ruhe, aber der Alltag forderte mich zurück.

Carl wollte in München bleiben und versuchte alles, mir das Leben dort angenehm zu machen und mich unter Leute zu bringen. Um mich wieder bei Einladungen zeigen zu können, musste ich mir als erstes neue Kleider kaufen; ich war von Konfektionsgröße 42 auf Größe 38 zusammengeschmolzen.

Bei einem Abendessen lernte ich eine Sängerin kennen. Eva war sehr offen und unkompliziert und sagte immer wieder: »Sie haben eine gute Stimme, kommen Sie und singen Sie.« Es war eine große Verlockung für mich, denn ich wollte schon immer gern zur Gitarre singen, hatte es mich jedoch nicht getraut. Aber ich hatte diesen Wunsch ganz klar und deutlich noch im letzten Jahr gespürt, als ich Lawrence LeShans Buch *Krebs, Wendepunkt und Neubeginn* las. Seine Theorie, die sich in seiner Therapiepraxis bestätigte, besagte, dass jeder Krebskranke einen speziellen unerfüllten Wunsch habe. Wenn sich der Kranke diesen Wunsch erfülle, habe er gute Heilungschancen.

Ich nahm meinen Mut zusammen und ging zur ersten Gesangsstunde. Eva war nicht nur eine gute Sängerin, sondern auch Schauspielerin, Musikerin, Tänzerin und eine hervorragende Psychologin. Eine Stunde bei ihr baute mich völlig auf, sodass die Welt nachher anders aussah. Aber wehe, ich machte einen Buckel oder versuchte mich zu verstecken! Eva kannte alle Methoden und Wege, mich herauszufordern. Ich stand dann vor der Wahl, den Ton zuzulassen oder loszuheulen. Das Singen brachte mich an all meine abgekapselten, weggepackten und eingefrorenen Gefühle, und es war zeitweise unerträglich schmerzhaft zuzulassen, dass sie herausgeholt wurden.

Wenn ich mir nicht selbst im Weg stand, kam das Singen mit Eva einer völligen Befreiung gleich, und ich wurde fast süchtig danach. Aber das schmerzhafte Bewusstwerden all dessen, was ich verdeckt und abgewürgt hatte, brachte mich fast zum Verzweifeln. Eva half mir, Schritt für Schritt zu meiner Stimme zu stehen, mich im Spiegel anzusehen und selbstbewusst den Ton fließen zu lassen. Es war die härteste Schule, und ich machte die Erfahrung, dass der Lernprozess erst dann zu Ende ist, wenn der Punkt erreicht wird, dass *es* singt.

Diese Stunden erleichterten mir mein Leben in der Stadt sehr. Ich freute mich auf sie, auch wenn sie mir gleichzeitig ein wenig Angst machten. Der Humor, die Tiefe und die Präsenz, die Eva besaß, erinnerten mich daran, dass Spiritualität überall vorhanden ist, wenn man ganz im Jetzt steht. Diese Stunden waren meine Lichtblicke. Sie brachten mich mir selbst stückweise näher. Leider konnte Carl meine Begeisterung nicht teilen, und so verstummte ich zu Hause immer wieder, statt das Üben fortzusetzen. Noch immer hatte ich nicht die Kraft, ganz zu mir zu stehen, wenn mir niemand den Rücken stärkte.

Diese Unsicherheit und Minderwertigkeit wurzelten tief in dem Bild, das ich von meinen Eltern übernommen hatte. Gerade zu dem Zeitpunkt, als ich vor allem beim Singen meine Grenzen und auch meine Unfähigkeit, offen und frei im Leben zu stehen, schmerzhaft spüren musste, kam ich meinen Eltern ganz nahe.

Meiner Mutter ging es immer schlechter, da ihre Osteoporose schnell fortschritt. Sie konnte nicht einmal mehr die Arme hochheben, um sich zu kämmen. Auch hatte sie kein Gefühl mehr in ihren Fingern, da die Wirbelsäule so stark gekrümmt und zusammengesunken war, dass die Nervenausgänge abgequetscht wurden. Die Ärzte hatten keine Erklärung dafür, dass meine Mutter überhaupt noch aufstehen und den Haushalt versorgen konnte. Sie erhielt natürlich Hilfe von meinem Vater, aber vor allem wurde sie von ihrem felsenfesten Glauben getragen, dass Gott ihr stets zur Seite stehen würde.

Wenn ich mich nach meinem Stadtleben in den Bergen wieder erholt hatte, fuhr ich immer öfter nach Zürich, um meinen Eltern zu helfen, was sie nun annehmen konnten. So wusch ich wenigstens meiner Mutter die Haare, kaufte für sie ein oder nahm ihr Arbeiten im Haushalt ab. Sie wollte absolut keine Putzhilfe engagieren, hatte sie doch ein Leben lang für andere geputzt.

Leider bekamen meine Eltern keinen Platz im Altersheim. Es gab nur sehr wenige Zimmer für Ehepaare. Alle meine Bemühungen in dieser Richtung scheiterten. Deshalb nahm ich sie manchmal mit in die Berge. Bald musste ich jedoch einsehen, dass es nicht das Richtige war, denn meinem Vater fehlte dann der tägliche Besorgungsgang, und er wurde noch unruhiger. Er litt sehr unter seinem Bronchialasthma, aber er konnte immer noch aus dem Haus gehen und sich ohne Stock frei bewegen.

Meine Eltern waren absolut anspruchslos, wie es ihnen ihr bescheidenes Leben vorgegeben hatte, und sie beteuerten immer, wie sehr sie mit ihren Lebensumständen zufrieden seien. Es wäre schrecklich für sie gewesen, uns »zur Last« zu fallen. So musste ich sie einfach in ihrer eigenen kleinen Wohnung lassen.

Im Mai 1993 stand der 85. Geburtstag meiner Mutter bevor, den wir zuerst in Zürich und dann in München feiern wollten. Es wurden zwei große Abschiedsfeste daraus. Viele der Menschen, für die sie gearbeitet hatte oder denen sie aus Mitgefühl immer wieder geholfen hatte, fanden nochmals den Weg zu ihr. In München kamen unsere Bekannten und Freunde, die diese stille, schlichte Frau schätzen gelernt hatten. Meine Mutter war am Ende ihrer Lebenskraft, aber sie strahlte alle mit einem Lächeln an.

Sorgsam betteten wir sie nach dem Fest wieder ins Auto und brachten sie zurück nach Zürich. Meine Eltern waren glücklich und zufrieden über den Ausflug, aber machten keinen Hehl daraus, wie froh sie waren, wieder in ihren eigenen vier Wänden zu sein. Nachdem sie mit allem Nötigen gut versorgt waren, fuhren Carl und ich in die Berge. Meine Mutter sagte noch fröhlich beim Abschied ihren Lieblingsspruch: »Mach dir keine Sorgen, bis hierher hat Gott geholfen, und Gott hilft weiter.« Was konnte ich anderes tun, als in meinen Gebeten täglich Gott darum zu bitten, die beiden zu beschützen und sie – wenn es Zeit wäre – sanft zu sich zu holen.

Am Abend ihrer Rückkehr nach Zürich schaute mein Vater die Fernsehnachrichten, während meine Mutter wie gewohnt am Bett in der Bibel las, bis mein Vater kam. Plötzlich hörte er an diesem Abend einen tiefen Seufzer, und als er nachsah, lag meine Mutter friedlich entschlafen auf dem Bett. Wie dankbar war ich für die Gnade, dass Gott ihre und meine Gebete erhört und sie so sanft zu sich geholt hatte. Der Tagesspruch auf meinem Kalender lautete an ihrem Todestag: »Unsterblichkeit kann nicht durch Reichtum, sondern nur durch Entsagung gewonnen werden.«

Nach meiner Krebserkrankung hatte ich mich 1991 in intensiver innerer Arbeit daran gemacht, die Bindung, die Mutter und Tochter haben, in Frieden zu lösen und die Wunden zu heilen. Ich unternahm dies mit Hilfe der Methode von Phyllis Krystal. Auch wollte ich all das Gute, das ich von meiner Mutter bekommen hatte, klar erkennen und die anderen Eigenschaften, die mein Leben behinderten, lösen und ablegen.

Ich war meiner Mutter dankbar, dass sie mir so viel Gottesglauben mitgegeben hatte. Auch das Verzichtenkönnen hatte sie mir in die Wiege gelegt. Bei ihrer täglichen Bibellektüre machte sie sich immer Notizen und lernte die ihr wichtigen Stellen auswendig – auch das hat sie an mich weitergegeben.

Bei ihr lernte ich, einen ordentlichen, sauberen Haushalt zu führen.

Meine Mutter hätte es gern gesehen, wenn ich mein Dasein genauso bescheiden und anspruchslos wie sie fristen würde, und sie betrachtete meinen Lebensstil sehr misstrauisch. Sie konnte gar nicht verstehen, was ich in Indien suchte, und hatte Angst, ich würde meinen christlichen Weg verfehlen. Meine Lebensaufgabe und mein Lebensweg waren jedoch vollkommen verschieden von ihrem Schicksal.

Mir hatte immer die Unterstützung durch die Eltern gefehlt. Ich vermisste die elterliche Rückendeckung sowie die Geborgenheit in der Familie. Meine Eltern waren von ihrer Einfachheit so überzeugt, dass sie Lehrer, Ärzte, Chefs und andere Autoritätspersonen als Halbgötter betrachteten und mir nie helfen konnten, wenn ich in der Schule oder am Arbeitsplatz Schwierigkeiten hatte. Sie mussten beide so schwer arbeiten, dass es für sie keine Muße zum Spielen oder Fröhlichsein gab. Nur wer zupacken und schwer und schnell arbeiten konnte, galt etwas.

Diese Idee, dass nur Leistung zählt, dieses Arbeiten bis zum Umfallen und diese Minderwertigkeitsgefühle, dieses Unvermögen zu genießen, was der Schöpfer an Gutem, Schönem und Hilfreichem für uns geschaffen hat – dies alles behinderte mein Leben schwer. Während meiner durch Krankheit erzwungenen Pause vermochte ich jedoch schließlich zu erkennen, dass es mein spezieller Weg war, um altes Karma abzutragen, und konnte deshalb allen Umständen und meinen Eltern für ihr Sosein dankbar sein. Mir wurde jedoch auch klar, dass ich diese übernommenen Muster ablegen musste, wenn ich weiterleben wollte.

Erstaunlicherweise fragten mich immer wieder Freunde und Ärzte, die ebenfalls auf dem spirituellen Weg waren:

»Willst du überhaupt leben?« Was für eine Frage! Vollkommen anders reagierte mein Zen-Meister, der mir zum Geburtstag eine Karte schickte: »Dass du lebst!«

Aber zu leben musste ich wohl erst lernen. Bislang war mein Leben nur ein unbewusstes, verkrampftes Funktionieren gewesen. Zum Leben brauchte ich Kraft, Selbstvertrauen und Unterscheidungsvermögen, alles Eigenschaften, die ich von meinem Vater hätte lernen sollen. Aber zu meinem Vater hatte ich als Kind überhaupt keinen Zugang. Er hatte sich völlig in seine eigene Welt zurückgezogen. Er war äußerst pflichtbewusst und beklagte sich niemals; jedoch war er fast immer missmutig und deprimiert. Er litt entsetzlich darunter, es trotz seiner vielen guten Anlagen zu nichts gebracht zu haben. Er redete kaum mit uns, sondern verbrachte seinen Feierabend im Schrebergemüsegarten, und im Winter malte er.

Mein Vater hatte viel künstlerisches Talent und ein großes Schönheitsempfinden. Umso mehr litt er darunter, dass wir in einfachster sozialer Wohnlage leben mussten, wo es an Ordnung, Sauberkeit und Schönheit mangelte. Es demütigte ihn schwer, dass er nur der Hilfsarbeiter Alois war und dass er stets die schwerste, dreckigste oder gefährlichste Arbeit machen musste. Er arbeitete in einer Glaserei, und oftmals kam er mit schweren Schnittverletzungen nach Hause.

Dieses Leid und all die Ungerechtigkeiten, die ich in meiner Kindheit täglich miterlebte, brachten mich dazu, in mir die Rolle des »Sonnenscheins« zu entwickeln. So nannten mich meine Eltern, denn ich versuchte, sie immer wieder fröhlich zu stimmen oder zum Lächeln zu bringen, indem ich ihnen bei der Arbeit half oder mir sonst irgendetwas ausdachte. Als ich während meiner Berufstätigkeit viel im Ausland reiste, lud ich meinen Vater immer wieder einmal in eine Großstadt ein. Das freute ihn sehr, und er lebte richtig auf.

Eigentlich waren mein Vater und ich uns sehr ähnlich. Teils bewunderte er mich, wie ich mich im Leben durchkämpfte, teils lehnte er mich total ab, weil er sich selbst so minderwertig fühlte. Je älter er wurde, umso unfreundlicher wurde unsere Beziehung. Ich versuchte vieles, um ihm seinen Lebensabend zu verschönern, aber ich stieß nur auf Ablehnung. Ich war oftmals sehr wütend auf meinen armen alten Vater.

Ich sah nicht ein, dass ich viel zu viel tat und immer noch den Sonnenschein spielen wollte, weil ich Vaters deprimiertes Gesicht nicht ertragen konnte. Zum Glück verstand sich Carl mit meinem Vater recht gut, und er besuchte ihn oft im Altersheim zu einem gemütlichen Schwatz bei einem Glas Wein. Dann lebte mein Vater auf; er war stolz auf seinen erfolgreichen Schwiegersohn und endlich auch ein wenig stolz auf sich selbst, denn er hatte mit seinen Bildern an verschiedenen Ausstellungen teilgenommen, und jedes Mal waren seine Bilder der Renner gewesen. Sogar im Altersheim war er jetzt »Der Kunstmaler« und wurde mit »Herr« angesprochen. Ein wenig Glück im hohen Alter!

Mit der Phyllis-Krystal-Methode arbeitete ich auch an der Beziehung zu meinem Vater, damit wir uns in Frieden lösen könnten, wenn seine Zeit kommen würde. Aber es war eine schwierige Arbeit, und sein Asthmaleiden verschlechterte sich rapide. Ich betete zu Gott, dass er nicht ersticken musste, denn sein Leben war schwer genug gewesen.

Als Amma 1995 wieder nach Europa kam, fragte ich ihn, ob er mit zu ihr gehen wolle. Diesmal willigte er ein, denn es ging ihm sehr schlecht. Er konnte nur noch schwer atmen. Meine Mutter war kurz vor ihrem Tod mit Surya ebenfalls noch bei Amma gewesen, aber damals wollte mein Vater sie unter keinen Umständen begleiten. Jetzt war er bereit.

Amma war rührend zu meinem Vater und segnete ihn. Kurz

danach, ein paar Wochen vor seinem neunzigsten Geburtstag, tat er bei vollem Bewusstsein seinen letzten Atemzug in seinem Sessel im Altersheim. Eine Krankenschwester, die gerade einen Besuch abstattete, war bei ihm. Er musste nicht leiden.

Nachuntersuchungen

1993 war es wieder einmal Zeit für eine Nachuntersuchung, und ich fuhr zu meinem Chirurgen nach Bern. Wie immer empfing er mich spitzbübisch lächelnd und meinte: »Mal sehen, was ihre Hungerkur und die sonstigen Therapien gebracht haben.«

Ich verstand mich gut mit meinem Chirurgen. Er zwang mich zu nichts, er machte mir keine Angst, und er untersuchte mich gewissenhaft. Wenn er nichts ertasten konnte, war das schon eine herrliche Erleichterung.

Normalerweise sagt ein Arzt, dass man geheilt sei, wenn der Ersttumor vollständig entfernt werden konnte. Das ist mir unverständlich, denn die meisten Rückfälle ereignen sich erst nach etwa zwei Jahren, und Rückfälle kann es auch nach fünf, acht oder zehn Jahren geben, wenn der Körper wieder zu einem Schlachtfeld geworden ist. Und war nicht auch mein Leben schon wieder genügend konfliktträchtig? Es galt also weiterhin für mich, höchste Wachsamkeit zu üben und achtsam zu sein. Trotz guter Befunde war eine Entwarnung noch nicht in Sicht.

Ich wusste, dass eine echte Heilung nur geschehen konnte, wenn ich meine Einstellung zum Leben änderte, wenn ich meinem inneren und äußeren Leben eine andere Richtung geben würde. Aber ich sah keinen Weg, wie ich all meine Egoprobleme lösen konnte. Zum Glück wurden sie mir wenigstens langsam bewusst, denn mein innerer Lehrer oder Guru führte mich immer öfter in Situationen, in denen ich erkennen konnte, was in mir ablief. Gerade wenn ich allein war, wurde ich mit meinen Problemen konfrontiert. Es gab dann niemanden, dem ich die Schuld zuweisen konnte. Ich kochte also weiter in meiner eigenen Suppe, innerlich und äußerlich.

Nachdem ich 1991 aus Indien zurückgekehrt war, suchte ich wieder die Ärztin auf, die mir meinen Tod prophezeit hatte, wenn ich eine solch strapaziöse Reise unternehmen würde. Glücklicherweise begleitete mich Carl, der so viel Autorität ausstrahlte, dass sie keine weiteren Bemerkungen machte, sondern mir nur wortlos die Eigenserumspritze gab.

Die Ärztin schickte mein Blut stets nach Amerika, um eine Genetic-repair-Analyse machen zu lassen. Professor Witting, der diesen Krebstest erfunden hatte, war von Deutschland in die USA gezogen. Mit Hilfe seiner Methode ist es möglich festzustellen, welche Genstrukturdefekte auf welchen Chromosomen noch Belastung aufweisen. Bei mir zeigten die Testergebnisse weiterhin schlechte Werte. Die Wahrscheinlichkeit, dass sich Metastasen bilden würden, war immer noch hoch.

Dieser Test, zu dem ich durch einen dieser unglaublichen »Zufälle« gekommen war, weil ich mich am Telefon verwählt hatte, war viel genauer als die normalen schulmedizinischen Tumormarker. Wenn der Tumormarker erhöht ist, zeigt er lediglich an, dass meist wieder ein bösartiges Geschehen im Gang ist. Bei alternativen Krebstests kann differenzierter festgestellt werden, wie weit die so genannte Präkanzerose (das potenzielle Vorstadium von Krebs) fortgeschritten oder das Tumorgeschehen zum Stillstand gekommen ist.

Die schlechten Testergebnisse und meine immer wiederkehrende Migräne spornten mich an, meiner Diät sowie meiner Bewegungs- und Heiltherapie treu zu bleiben und nicht nachzulassen. Sagte nicht auch Amma: »Beobachte genau: Es ist der Schmerz, der unserem Wachstum hilft. Menschen werden nicht arbeiten und sich vorwärts bewegen, wenn es keinen Schmerz gibt.«[45]

Eine neue Indienreise

Im September 1993 plante Surya mit Carl eine weitere Asienreise. Auch diese neue Gelegenheit, nach Indien zu fahren, war mir wichtiger als mein Leben. Ich wünschte mir, zuerst mit Sarah Ammas Ashram zu besuchen und danach zu Sai Baba weiterzureisen.

Ich konnte jedoch zunächst keine Lösung für mein Problem finden, wie ich in der Ferne im Notfall ärztlich betreut werden könnte. In meiner Ratlosigkeit meditierte ich wie immer in solch einer Situation über Ramana Maharshis achtzehnte von achtundzwanzig Antworten: »Was immer für Lasten auf Gott geworfen werden, Er trägt sie. Da die höchste Kraft Gottes alle Dinge bewegt, warum sollten wir uns ihr nicht unterwerfen, statt uns ständig in Gedanken darüber sorgen, was zu tun sei und wie und was nicht zu tun sei und wie nicht?«[46]

Obwohl Ramana Maharshi nicht mehr lebte, waren seine Worte für mich immer eine Fackel auf meinem Weg, und ich verehrte ihn sehr. Ich hatte auf meiner allerersten Indienreise auch seinen Ashram besucht und war von dem Frieden und der Stille, die dort herrschten, tief beeindruckt gewesen. Auf der nun geplanten Indienreise würde ich sogar die Gelegenheit

[45] Mata Amritanandamayi: *Awaken, children!* Bd. 3, S. 165.
[46] Ramana Maharshi: *NAN YAR? Who Am I?*

haben, einige Tage bei zwei großen lebenden Heiligen zu verbringen. Das war mir alle Strapazen wert.

Ich wusste keinen anderen Weg, mich aus meiner wiederkehrenden Traurigkeit, aus meiner Wut, Schimpferei und meinen Schuldgefühlen zu befreien, als mich diesen großen Weisheitslehrern zu öffnen. Ich vertraute fest darauf, dass man – wie ich bei Amma las – in der Gegenwart einer verwirklichten Seele von allem Kummer und allen psychischen Wunden befreit werden kann. Und weiter las ich, dass uns der Meister die tiefen Wunden zeigt, die in uns eitern, und dass er uns hilft, uns des großen Schadens bewusst zu werden, die diese Wunden hervorrufen können. Letztlich würden diese Wunden durch sein unendliches Mitgefühl geheilt.

Ich holte tief Luft und entschied mich definitiv, nach Indien zu reisen.

Carl und Surya fuhren früher ab, da sie noch in Japan zu tun hatten. Sarah und ich flogen gemeinsam direkt zu Amma.

Wie üblich hätten wir in Bombay lange auf unseren Anschlussflug warten müssen. Wir beschlossen, einmal zu übernachten, damit es für mich nicht so anstrengend wurde. Ich hatte bei der Ankunft wieder meine Migräne, und wir fuhren direkt ins Hotel. Dort fiel ich sofort in tiefen Schlaf – und träumte von Sai Baba: Sarah, Surya und ich sind in Babas Ashram. Surya ist für Babas Fahrzeuge zuständig. Ich gehe in mein Zimmer, wo auch andere Besucher sind. Da kommt Baba plötzlich die Treppe hoch und auf mich zu. Liebevoll legt er den Arm um meine Schulter, und ich sehe ihn dabei ganz in Weiß. Mit Ammas Augen schaut er mich an und sagt: »Pass auf, du wirst jetzt einen Traum mit Amma haben, der dein Leben verändert.«

Am nächsten Tag reisten wir zu Ammas Ashram. Die Fahrt war sehr anstrengend, und meine Migräne holte mich wieder ein. Ich sah nicht viel vom Ashram, sondern war froh, mich hinlegen zu können.

Der erste Darshan mit Amma war ein wunderbares Erlebnis. Sie fragte mich besorgt nach meiner Gesundheit und strich mir lange über Arme und Rücken, als ich »Migräne« antwortete. Dann sagte sie, dass ich mich hinter sie setzen solle. Eine andere Frau machte Platz, und ich konnte direkt hinter Ammas Platz nehmen. Sie schaute sich immer wieder nach mir um, streckte mir die linke Hand entgegen, und ich legte die meine hinein. So hielt sie mich lange fest.

Sarah durfte neben Amma sitzen und ihr die Bonbons in die Hand geben, die Amma dann den Besuchern schenkte. Sie sagte zu Sarah: »Sag deiner Mutter, sie soll nicht traurig sein, dass sie kein Prasad[47] geben kann, aber ihr Körper ist noch nicht kräftig genug, um hier vorn im Gedränge zu sitzen.« Ich blieb, bis Amma ging, und genoss jeden Augenblick.

Am nächsten Tag beim Darshan fragte sie mich: »Fieber, hast du Fieber?«

Ich stelle ihr die Frage, warum ich immer wieder Migräne hätte und was ich tun oder lernen solle. Sie sagte kein Wort, sondern lachte mich einfach an und nahm mich wieder in ihre Arme. Dann durfte ich wieder hinter ihr sitzen. Dort blieb ich wiederum bis zum Ende des Darshans. Als ich endlich wieder auf den Beinen war, stolperte ich in mein Zimmer und war erschöpft. Ich konnte unmöglich am Abend den Devi-Bhava[48] schaffen. Ich legte mich auf die harte Pritsche, bat innerlich Amma, mich aufzuwecken, falls sie wolle, dass ich kam, und fiel in einen tiefen Schlaf.

[47] Geheiligte Speisen, in diesem Fall Bonbons, die an die Gläubigen verteilt werden und die spirituelle Kräfte enthalten.

[48] Besondere Form des Darshans, bei dem Amma eine Krone als Symbol für die göttliche Mutter trägt.

An der Außenwand unseres Zimmers war der große Lautsprecher befestigt, der die im Tempel gesungenen Bhajans[49] nach draußen übertrug. Unten klapperten die Tellerwäscher mit dem Blechgeschirr, und hinter dem Haus lief der Generator, der einen ohrenbetäubenden Lärm erzeugte. Trotz allem schlief ich tief und fest bis vier Uhr am Morgen. Dann war ich plötzlich hellwach und hörte das letzte Lied des Devi-Bhava: »Siva Siva Siva Shambo«.

»Amma, warte, ich komme«, rief ich innerlich, wickelte den Sari um mich herum, rannte in den Tempel und schaffte es, als Letzte in ihren Armen zu liegen. »Wie geht es Relia?«, fragte sie mich.

Am nächsten Tag die gleiche Frage: »Was macht deine Gesundheit?«

Ich sagte ihr, dass ich zu dem Therapeuten Michael gehe. Er lebte im Ashram und bot mit Ammas Erlaubnis osteopathische Behandlungen an. Sie nickte und nahm mich ganz fest in die Arme, sodass ich fast erstickte. Ich hatte immer Angst, sie zu belasten und lehnte mich selbst sonst nur ganz leicht an sie. Dann saß ich wieder hinter Amma und weinte still vor mich hin. Amma war mein Spiegel geworden. Ich sah alles, was ich verstecken wollte; sie holte alle Traurigkeit in mir hoch.

Am nächsten Morgen nahm ich zum Darshan das Rezept mit, das Michael ausgestellt hatte. Er war mit Hilfe des Pendels zu der Ansicht gekommen, dass ich ganz viele Vitamin-, Mineralien- und sonstige Präparate nehmen müsse, da mein Körper ausgepumpt sei und meine Chancen durchzukommen nicht gut stünden. Amma las die Liste aufmerksam durch, lächelte mich bedeutungsvoll an und sagte mit erhobenem Finger: »Nein, nein, nein. Keine Arzneien. Lasst sie sich hier-

[49] Devotionale Lieder zu Ehren Gottes.

her setzen.« Und wieder wurde ich hinter ihrem Stuhl platziert. Es war mir sehr unangenehm, erneut dieses Vorrecht zu genießen, und machte zweimal den Versuch, aufzustehen und jemand anders Platz zu machen, aber jedes Mal wurde ich von der Helferin aufgefordert, weiterhin an dem zugewiesenen Fleck sitzen zu bleiben.

Am nächsten Morgen hatte ich eine schwierige Therapiestunde bei Michael. Ich erlebte innerlich, wie Kali meinen Körper völlig zertrampelte und verbrannte, bis er nur noch Schutt und Asche war. Dann kam Amma und setzte ihn Stück für Stück wieder zusammen. Erschöpft ging ich anschließend zum Darshan. Besorgt fragte Amma, was mit mir los sei, und ohne die Antwort abzuwarten, meinte sie dann, ich solle am Strand spazieren gehen. Prompt begegnete ich der Frau, die die Arbeit im Ashram koordinierte. Ich hatte ihr tags zuvor gesagt, dass ich die mir zugewiesene Arbeit nicht weitermachen könne, da ich dazu körperlich nicht mehr in der Lage sei. Es hatte mich viel Überwindung gekostet, so zu ihr zu sprechen, denn ich wollte mich ja nützlich machen. Den schiefen Blick, den ich von ihr erhielt, konnte ich kaum ertragen, und ich war froh, dass Sarah meine Lage genauso sah und mich unterstützte. Nun traf ich diese Frau beim Verlassen des Ashrams, und mit hochgezogenen Brauen fragte sie mich: »Wohin?«

»Amma hat mir aufgetragen, am Meer spazieren zu gehen.«

Sie japste nach Luft: »Was, das soll Amma gesagt haben?« Dann änderte sie ihren Ton und meinte: »Ach, wenn sie mir das doch nur auch einmal sagen würde.«

Sarah begleitete mich. Die frische Luft und die Bewegung in der Gischt der großen Wellen gaben meinem Körper wieder Kraft.

Beim nächsten Darshan hatte ich den Mut, Amma nochmals nach der Bedeutung meines Mantras zu fragen. Ganz erstaunt sah sie mich an. Ich erklärte ihr, dass ich an jenem Abend der Mantra-Vergabe kaum etwas hatte verstehen können; nur etwas von Liebe und Weisheit war mir im Ohr geblieben. Bei ihrem nächsten Besuch in München hatte ich nochmals nachgefragt. Man hatte mir geantwortet, es wäre ja gar kein Amma-Mantra; ich solle sie selbst nochmals fragen. Amma schaute mich nun ganz fest an und erklärte mir genau das Mantra. Wie froh ich nun war – jetzt konnte ich verstehen und das Mantra endlich mit einem guten Gefühl wiederholen.

Amma schenkte mir viele innere Bilder, die alles ergänzten, was ich in der Behandlung mit Michael erlebte. Ich begann zu ahnen, wie viele alte Bürden ich mit mir herumtrug, die mein Leben und mein Verhalten bestimmten. Aber das alles musste erst einmal hochkommen und bewusst werden. Nun verstand ich auch den Ausspruch von Nisargadatta Maharaj, der mich schon so lange begleitete: »Haben Sie vor allem Geduld mit sich selbst, denn Sie sind Ihr einziges Hindernis. Der Weg über Sie selbst hinaus führt durch Sie!«

Für diese eine Woche, in der ich zu Ammas Füßen sitzen durfte, war ich zutiefst dankbar. So vieles wurde mir bewusst, so vieles kam an die Oberfläche. Die innere Freiheit wurde trotz all des Schmerzes, trotz all der Traurigkeit und Wut, die an die Oberfläche gespült wurden, fast greifbar. Wieder erinnerte ich mich an einen Ausspruch von Nisargadatta Maharaj: »Sie können nichts tun, um ›Es‹ zu erreichen, aber Sie können vermeiden, gewisse Hindernisse zu schaffen: Während Sie Ihr Denken und Fühlen beobachten, entdecken Sie, dass Ihr Selbst der Beobachter ist. Kehren Sie zur Quelle zurück und verweilen Sie dort.«[50]

Das war die Aufgabe, die vor mir lag.

[50] Nisargadatta Maharaj: *Ich bin*, S. 42.

Carl und Surya, die in Japan zu tun gehabt hatten, kamen, um uns abzuholen. Carl wollte sichergehen, dass ich auch wirklich meine Rückreise mit ihm antrat, und so nahm er sogar diesen Umweg in Kauf. Wie gern wäre ich noch länger im Ashram geblieben, um meine spirituelle Reise zu vertiefen, aber Carl hatte dafür kein Verständnis und ich nicht die Kraft, meinen Willen durchzusetzen. Ich schlüpfte aus meinem weißen Sari wieder in westliche Kleidung und schloss meine spirituelle Sehnsucht und diesen Teil meines Wesens erneut weg.

Ich wurde sehr unruhig. Sehr früh am Abreisetag reihte ich mich in die Warteschlange zum Darshan ein, damit ich Amma noch auf Wiedersehen sagen konnte. Amma nahm mich kurz in die Arme und hörte gar nicht hin, als ich ihr sagte, dass ich jetzt wegfahren müsse.

Mit hängendem Kopf verließ ich den Tempel. Auf der Treppe sah ich schon von weitem zwei riesige Sonnenhüte sich dem Eingang des Ashrams nähern. Das konnten nur unsere Männer sein! Sarah und ich rannten los. Carl war recht guter Laune, fragte, wo unser Gepäck sei, und wollte sofort losfahren. Surya aber hatte vor, mit Sarah noch zu Amma zu gehen, und wir konnten Carl überreden, mit mir solange am Strand zu spazieren. Carl war beeindruckt von der Schönheit und Weite des Strandes mit seinem schwarzen Sand und den gewaltigen Meereswellen. Die kräftige Seeluft tat uns beiden gut und minderte meinen Abschiedsschmerz. Wir krempelten beide die Hosen bis zu den Knien hoch und liefen durch die auslaufenden Wellen.

Als wir mit nassen Hosen und schwarzen Füßen zurückkamen, empfingen uns Surya und Sarah, um uns in die Bibliothek zu Swamiji mitzunehmen, einem der ältesten Schüler und Vertrauten von Amma. Carl hatte einen Notenständer als Geschenk mitgebracht, und Swamiji konnte ihn zuerst nicht öffnen. Swamiji bedankte sich sehr für den praktischen Notenständer. Carl meinte trocken: »Manchmal bin ich auch ein netter Mann.« Swamiji lachte aus ganzem Herzen und erwiderte: »Oh, er ist ein ehrlicher Mann.« Die beiden verstanden sich gut und sprachen miteinander, als würden sie sich schon lange kennen.

Plötzlich meinte Swamiji: »Bist du schon bei Mutter gewesen?« Carl kam gar nicht dazu, etwas zu erwidern. Swamiji war schon aufgestanden und machte eine einladende Bewegung, ihm zu folgen – und er brachte uns in Ammas Gärtchen. Von irgendwoher wurden zwei Stühle herangetragen, etwas Seltenes im Ashram, und da saßen wir nun mit hochgekrempelten Hosen und sandigen Füßen, eingerahmt von Swamiji zur Linken und Swami Amritatmananda zur Rechten. Vor uns saßen Sarah und Surya. Wir blickten auf die Treppe, die Amma jeden Moment nach Beendigung des Darshans herunterkommen würde. Viele andere standen bereits oben an der Treppe und auf der Balustrade, um einen letzten Blick auf Amma werfen zu können, und starrten Carl und mich an, wie wir unten auf den Stühlen saßen. Wieder einmal wollte ich am liebsten im Erdboden versinken.

Aber da wirbelte Amma schon die Treppe herab, direkt auf Carl zu, und bevor er wusste, wie ihm geschah, hatte sie ihn schon umarmt und rieb ihm tüchtig die Brust. Mit einer Handbewegung lud sie uns in die kleine Strohhütte ein. Für Amma und Carl standen zwei Stühle bereit. Ich saß mit den anderen am Boden. Zwanzig Minuten lang redete Amma mit meinem Mann über das Geschäft und die wachsende Arbeitslosigkeit in Deutschland. In dieser Zeit stachen mich fünf Moskitos. Die ganze Woche lang hatte ich keinen einzigen Moskito gesehen und nicht einen einzigen Stich abbekommen, und jetzt trafen mich gleich fünf hintereinander. Mir schien, dass Amma mich warnen wollte: Achtung, du verlässt den geschützten Ashrambereich! Sei in allem wachsam!

Als Amma aufstand, um zu gehen, sagte Carl zu Swamiji: »Bis zum nächsten Jahr in Deutschland.«

Die Fähre glitt mit uns über die Backwaters zurück zum Festland. Aus der Traum – die Welt hatte mich wieder. Beim Zwischenstopp auf der Heimreise bei Suryas Familie in Bangalore besuchte ich mit einer seiner Schwestern noch die örtliche Amma-Gruppe. Während des zweistündigen Vortrags in indischer Sprache kämpfte ich mit der Müdigkeit und litt entsetzlich unter der Hitze. Als ich anfing einzuschlummern, schmetterte der Swami fünf Worte auf Englisch in meine Richtung: »You are only the witness« (»Du bist nur der Zeuge«). Sofort verstand ich die Botschaft; das war also meine Hausaufgabe. Diese Weisheit aus der *Bhagavadgita* hatte mich auf meinem Weg schon lange begleitet, nun sah ich mich aufgefordert, sie wirklich für mich im Leben anzuwenden.

Auf dem Rückflug nahm ich mein kleines Notizbuch zur Hand, das vor allem mit Zitaten von Nisargadatta Maharaj gefüllt war. Plötzlich bahnte sich ein »Aha!« den Weg in mir, als ich las: »Indem Sie Ihrem Leben, Fühlen und Denken Aufmerksamkeit schenken, befreien Sie sich. Ihr Persönlichkeitsgefühl löst sich auf, und der Zeuge bleibt! Entwickeln Sie den Geisteszustand des Zeugen und Sie werden selbst erfahren, dass Loslösung die Kontrolle mit sich bringt.«[51]

Ich hatte im Ashram täglich etwa sechs Stunden direkt hinter oder neben Amma gesessen und ich glaubte fest daran, dass ich von ihr die Kraft und das Verständnis auf den Nachhauseweg mit bekommen hatte, um meine Lektionen zu lernen.

[51] Nisargadatta Maharaj: *Ich bin*, S. 163.

Der Kreis schließt sich

Im Oktober 1993 kehrten wir von unserer Indienreise nach München zurück, und noch lange wirkte Ammas mütterliche Liebe in mir nach. Den Satz »Du bist nur der Zeuge« machte ich zu meinem ständigen Begleiter. Das Leben schenkte mir, was ich mir immer gewünscht hatte: einen Lehrer und Meister aus Fleisch und Blut, dem ich persönlich Fragen stellen konnte. In Amma hatte ich meinen lebendigen Guru gefunden.

Ich hatte in all den Jahren zuvor viele Bücher über christliche Mystiker und über die indischen Heiligen Sai Baba und Ramana Maharshi sowie über Zen gelesen. Nun kamen die Schriften von Amma hinzu. Die Essenz der Aussagen dieser Weisheitslehrer war im Grunde die Gleiche; deshalb war ich auch überzeugt, dass es die Wahrheit war. Wenn ich bei der Lektüre von Sai Babas Werken oft ausrief: »Halt, ich kann das alles gar nicht, was du forderst«, und es mir einfach nach zu viel Strenge schmeckte, hatte ich das Gefühl, dass ich es nie schaffen würde. Im Gegensatz dazu machten es mir Ammas mütterliche Liebe und ihr Verständnis leichter, meine Hilflosigkeit gegenüber meinen Handlungen und Reaktionen, gegenüber meinem Sosein, zu erkennen und zu akzeptieren.

Wenn ich morgens aufwachte und die Vögel in unserem kleinen Garten in München zwitschern und jubilieren hörte, fragte ich mich, warum ich nicht einfach fröhlich sein konnte. Gleich nach dem Aufstehen sah ich schon wieder all die Arbeit und Verpflichtungen, die der Tag brachte, und geriet in Anspannung und Stress. Als nächstes ärgerte ich mich über Carl, der das alles viel gelassener anging. Ohne böse Absichten ließ er die Dinge einfach dort liegen, wo er sie nicht mehr brauchte. Liebevoll und fürsorglich versuchte er mir im Haushalt zur Seite zu stehen, was ich sehr schätzte, aber seine Bemühungen verursachten meist mehr Chaos, als dass sie eine echte Hilfe waren.

Carl beschwerte sich immer öfter, dass ich die ganze Zeit nur mit ihm schimpfte, und er hatte im Grunde Recht. Mein ganzes Leben, Denken, Fühlen drehte sich eigentlich nur um Carl, und zwar wie ich es ihm recht machen könnte, um ihn bei guter Laune zu halten – und darüber ärgerte ich mich immer mehr. Für mich blieb weder Raum noch Zeit übrig, und wenn ich etwas Bestimmtes vorhatte, musste ich es versteckt und nachts tun. Ich ärgerte mich immer mehr über mein Unvermögen, mein Leben gemäß meinen Interessen zu organisieren, und drehte mich total im Kreis.

Amma lehrt: »Wahre Liebe entsteht nur, wenn alle Bindungen an Menschen, Dinge und persönliche Interessen wegfallen. Dann wird der Kampf zu einem schönen Spiel. Er wird zum selbstlosen Dienst, der sich aus Liebe und Mitgefühl auf die ganze Menschheit erstreckt. In diesem Kampf wird nicht dein Ego kämpfen, sondern die Liebe. Sie wird das Ego vernichten und es in Liebe verwandeln.«[52]

So weit war ich jedoch noch nicht.

Mit großer Wehmut erinnerte ich mich an die Monate, als ich ganz allein in den Bergen gelebt und mich ausgeglichen gefühlt hatte und mit mir und der Welt in Harmonie gewesen war. Jetzt hatte mich die andere Realität wieder eingeholt. Die gute Zeit in den Bergen war nur eine Pause gewesen; mein Karma hatte ich noch nicht gelöst.

[52] Mata Amritanandamayi: *Der Weg der Weisheit und Liebe*, S. 81.

Ab und zu geschah es, dass Carl für ein paar Tage allein zu den Kindern fuhr oder geschäftlich verreiste. So sehr diese »Verschnaufpausen« für mich wichtig waren, so sehr begann ich sie auch zu fürchten. Eigenartige Muster wurden mir dann plötzlich bewusst, und sie zu erkennen war sehr schmerzhaft. Ganz klar sah ich plötzlich meine eigenen Defizite und meine alten Wunden, die ich durch Carls Sosein nicht anschauen musste. Alles, was mir fehlte, hatte er in reichem Maß.

Das I Ging und die Tarot-Karten begleiteten mich schon seit vielen Jahren. Ich pflegte einfach eine Karte zu ziehen, wenn meine Gefühle wieder einmal völlig durcheinander geraten waren. Sehr oft zog ich dann die Karte »Die Liebenden«. Diese Karte steht vor allem dafür, dass wir lernen müssen zu erkennen, dass der Beziehungspartner ein Spiegel der eigenen seelischen Beschaffenheit ist. Das, was wir in uns selbst vermissen, suchen wir häufig im anderen.

Ich liebte an Carl seine unglaubliche Selbstsicherheit, sein Strahlen, seinen Humor und seine gute Laune, seine Verbundenheit mit der Erde, der Materie, seine Wärme und seine Ehrlichkeit. Gleichzeitig kritisierte ich ihn aber heftig, wenn er in all dem für mich zu weit ging und sein Sosein auf Kosten anderer auslebte – und ich mich übergangen fühlte. Er hatte eine sorglose, schöne Kindheit gehabt und gute Schulen besuchen dürfen. Geld hatte ihm immer zur Verfügung gestanden, und er hatte ganz selbstverständlich seinen Weg gemacht und seine Karriere aufgebaut. Seine robuste Gesundheit erlaubte ihm, verschiedentlich Raubbau an seiner Lebenskraft zu treiben, ohne dass er dafür je mit Krankheit bestraft worden wäre. Sein Humor war einfach der Ausdruck seiner Freude am Leben. Er hatte all das, was ich auch gern gehabt hätte, vor allem eine große Vitalität.

Wenn ich schüchtern versuchte, meine Wünsche und Vorstellungen anzubringen, genügten sein Blick und seine Miene, einen Rückzieher zu machen. Ich hatte dann keine Kraft mehr, mich gegen ihn zu stellen. Ich wusste, dass er alles, was er nicht mochte oder nicht für gut und richtig empfand, als persönliche Beleidigung auffasste.

»Mache nicht die Umstände verantwortlich und mache nicht die anderen verantwortlich. Deine Fehlschläge und deine verletzten Gefühle, deine Ängste und Sorgen, sie alle kommen aus einer Schwäche in dir, und diese Schwäche ist bekannt als Nichtwissen. Du identifizierst dich mit deinen Gedanken, die auf einer Fehlannahme beruhen.«[53] Diese Aussage von Amma traf mich wie ein Schlag. Mit einem Mal wurde mir klar, dass ich meine Schwächen erkennen musste, wenn ich selbst stark werden wollte. Und meine Schwächen zeigten sich mit absoluter Sicherheit jedes Mal, wenn Carl wegfuhr. Nach seiner Abreise stand ich die ersten paar Tage völlig leer und energielos da. Ich wusste dann nicht, wohin ich gehörte, was ich war und was ich sollte oder wollte. Prompt zog ich in dieser Situation meist die Tarot-Karte »Sieben der Kelche«. Sie bedeutet, dass man versucht, alte Wunden zu überdecken, doch letztlich gelingt die Ablenkung nicht. Sie zeigt an, dass die Gefühle aus dem Gleichgewicht geraten sind und eine alte Enttäuschung noch nicht geheilt ist.

Mir schien, als sei ich Carls Eigentum geworden. Ich ließ zu, dass er bestimmte, was ich tun oder lassen sollte. Er entschied auch, wer unser Haus betreten durfte und wer nicht. Wir hatten viele schlimme Auseinandersetzungen, da ich nicht einmal meine Freunde einladen konnte. Ich war einfach zu schwach, um mich durchzusetzen.

[53] Mata Amritanandamayi: *Awaken, children!* Bd. 8, S. 174.

Amma, auf die ich all meine Hoffnungen gesetzt hatte, half mir, indem sie mir meine Schwächen vor Augen führte und dadurch mein Leiden um ein Vielfaches verstärkte.

Es begann mit der Ankündigung, dass Amma im August 1994 im Zuge ihrer Europatour wieder nach München kommen würde. Zu jener Zeit gab es in München nur wenige Anhänger von Amma, die genügend Platz gehabt hätten, Ammas Begleitpersonen bei sich aufzunehmen. Als Carl spürte, wie Sarah und Surya immer unruhiger wurden, weil sie in ihrer Dreizimmerwohnung nicht alle Leute unterbringen konnten, sagte er plötzlich ganz trocken: »Dann soll *sie* halt in meinem Bett schlafen.« Er hatte in seiner spontanen Geste allerdings nicht bedacht, dass er dann das Haus räumen müsste, da Amma nicht allein, sondern mit mindestens fünfundzwanzig Helfern reiste, die auch ein Bett brauchten. Damit alle Platz hätten, müssten wir fast das ganze Haus zur Verfügung stellen. Am besten, Carl würde verreisen, wozu er in dem Moment allerdings keine Lust verspürte. Wir waren in schrecklicher Bedrängnis, konnten nichts zusagen und vorbereiten und waren heilfroh, als Carl am Vorabend entschied, zu unserer Tochter Lynn nach Kiel zu fahren. Nach Ammas Abreise wollte er jedoch gleich wieder zurückkommen.

Über Nacht richteten wir das Haus her, und ich wurde ausgewählt, die Begrüßungszeremonie, Pada-Puja, durchzuführen, wenn Amma morgens ankam. Wir hatten kaum geschlafen, und Amma traf früher als erwartet ein. Als ich mich niederkniete, um ihre Füße zu waschen, flatterten meine Hände wie Blätter im Wind. Es war mir unmöglich, diese rituelle Handlung zu vollziehen. Ich hatte keine Macht mehr über meine Hände. Surya sprang schließlich für mich ein, und ich saß noch wie ein begossener Pudel da, als Amma schon längst in ihrem Zimmer war. Der innere Stress, den ich mir aufgrund von Ammas Besuch und wegen Carls Verhalten gemacht hatte, schien mich wieder einmal aus der Bahn zu werfen.

Im Haus gab es keine Arbeit für mich. Jeder wollte mich schonen, und in der Halle, wo Amma Darshan geben würde, war meine Hilfe offenbar auch nicht notwendig. Ich war todunglücklich, nicht mit arbeiten zu können, um mir damit meine Daseinsberechtigung zu sichern. Amma gab mir also gleich die erste Lektion: Schau dich an, wer oder was du ohne Arbeit und ohne deinen Mann bist. So klar verstand ich das damals noch nicht. Aber mein Unterbewusstsein nahm es auf.

Ich verbrachte die meiste Zeit von Ammas Besuch eines ihrer Bücher lesend hinter dem Haus beim Komposthaufen. Es war der einzige Ort, wo keiner unserer Gäste hinkam und wo keine Wäsche zum Trocknen hing. Ich kam mir so wert- und nutzlos vor, dass ich am liebsten als Regenwurm in den Komposthaufen hineingekrochen wäre.

Kurz bevor Amma nach drei Tagen wieder wegfuhr, rief sie uns zu sich ins Zimmer und redete mit Sarah und Surya. Ich hatte gerade in Ammas Buch gelesen, wie hinderlich und nutzlos unser Ego sei. Ich fasste allen Mut zusammen und bat: »Amma, bitte zerstöre mein Ego.« Prompt antwortete sie: »Dann wirst du sterben.« In der nächsten Sekunde war sie auch schon aufgestanden und weg. Ich hatte keine Zeit zu denken; die Aussage war so endgültig gewesen. Mir fiel dazu nichts mehr ein. Das war die zweite Lektion.

Uns blieben nur ein paar Stunden, bis Carl wieder vor der Tür stand. Die Zimmer mussten sofort umgeräumt werden. Carls Bett, in dem Amma geschlafen hatte, wurde neu bezogen. Bald erinnerte kaum noch etwas an unsere Gäste, und ich fürchtete, dass ohne Amma alles wieder beim Alten wäre. Oder doch nicht?

Carl nahm das Haus wieder in Besitz. Wir sprachen kein Wort über die vergangenen vier Tage, und ich wollte wieder zurück in die Berge. Dort war mein Zuhause, dort fühlte mich wohl und dort konnte weiterhin gut allein sein. Aber Carl, der nicht schon wieder allein zurückbleiben wollte, und kam auch mit. Mein geheimer Plan, Amma in der Schweiz nochmals zu sehen, wo ihre nächste Veranstaltung stattfand, war also gefährdet. Und ich wollte doch so dringend herausfinden, was Amma mit ihrer Antwort gemeint hatte.

Ich wagte es, Carl zu gestehen, dass ich Amma ein weiteres Mal sehen wollte. Nach dem ersten aufgebrachten Schwall von Fragen beruhigte er sich plötzlich und meinte, dass er mich hinfahre. Er werde seinen Freund, der in der Nähe wohne, besuchen und mich am anderen Tag abholen.

Wir hatten eine gute Fahrt, und Carl war bester Laune. Obwohl er zuerst wieder einmal nicht mit meinen Plänen einverstanden gewesen war, schien es mir, dass sein Herz sich doch langsam öffnete, um seiner Seele und mir mehr Raum zu geben. Und so war ich vier Tage später erneut bei Amma und setzte mich auch gleich in die Warteschlange, um Amma die Frage zu stellen, die mir auf der Zunge brannte. Als die Reihe an mich kam, lachte sie mich zum ersten Mal, seit ich sie kannte, so richtig an, und als ich ihr meine Frage stellte: »Amma, es geht mir viel besser, ich fühle mich schon ganz gesund, was soll ich jetzt tun?«, lachte sie noch mehr und antwortete: »Du bleibst bei deinem Mann, jetzt da er alt wird.« Das war die dritte Lektion.

Ich lächelte Amma an, aber wir beide wussten, dass ich innerlich losheulte. Ich hatte gehofft, vielleicht wieder Yogaunterricht zu geben oder als Heilpraktikerin arbeiten zu können oder, oder… Die Aussicht, einfach nur an Carls Seite zu bleiben, fühlte sich für mich damals so ähnlich wie sterben an.

Am nächsten Tag setzte ich mich lange, bevor Amma kam, ganz vorn hin. Ich wollte unbedingt die Morgenmeditation miterleben und noch einmal so nahe wie möglich bei Amma sein. Nachher würde mich Carl zur ausgemachten Zeit abholen. Wie ich so dasaß, wurde ich immer trauriger, und die Tränen liefen mir nur so über das Gesicht. Während der Meditation saß ich direkt vor Amma und konnte sie vor lauter Tränen gar nicht sehen.

Als die Meditation zu Ende war und Ammas Darshan anfing, war ich als Erste bei ihr und weinte hemmungslos in ihren Armen. Sie hielt mich fest umschlungen und schenkte mir dann einen Apfel für Carl. Sie sagte, ich solle mich an ihre Seite setzen.

Swamiji übersetzte für Amma und fragte: »Warum bist du so traurig?« Mit tränenerstickter Stimme antwortete ich: »Ich muss jetzt gehen, aber ich möchte hier bleiben.« Dann übersetzte er, was Amma ihm sagte: »Wenn dein Leben nicht so glatt läuft, ist das nur gut für deine spirituelle Entwicklung. Ein kleines bisschen Freiheit kannst du trotzdem haben.« Das war die vierte Lektion.

Ich verneigte mich, versuchte, auf die Beine zu kommen und den Ausgang zu finden. Wie durch einen dicken Nebel hörte ich diese Antworten, die ich von Amma bekommen hatte, immer wieder: »Du bleibst bei deinem Mann, jetzt da er alt wird«, »Ein kleines bisschen Freiheit kannst du trotzdem haben« und »Dann wirst du sterben«, als ich sie bat, mein Ego zu zerstören.

Zum Glück brauchte der Pendelbus zwanzig Minuten, um von der Halle, wo Amma Darshan gab, zum Parkplatz zu gelangen. Die Zeit reichte, um meine Traurigkeit wegzupacken und die Tränen zu trocknen. Carl wartete schon auf mich. Er erzählte mir vergnügt von seinem Ausflug zu seinem Freund und fuhr uns nach Hause.

»Dann wirst du sterben«, »Dann wirst du sterben« – diese Worte wiederholten sich unaufhörlich in meinem Kopf. Was wollte Amma mir damit sagen? Vor dem Sterben hatte ich keine Angst, im Gegenteil, es wäre eine große Erlösung für mich. Ich war anscheinend nicht in der Lage, mein Leben so zu gestalten, dass Carl glücklich sein konnte und ich es auf meine Art auch. Außerdem war ich ja immer müder geworden. Wozu all die Enthaltsamkeit beim Essen, diese strenge Diät, wozu die Körperübungen, die Meditation und all das andere, wenn ich mich doch immer nur im Kreis drehte?

»Wenn dein Leben nicht so glatt läuft, ist das nur gut für deine spirituelle Entwicklung« – vielleicht lag in dieser Antwort ein Hinweis. Ich war aber trotzdem traurig und wütend, dass ich nicht mehr bei Amma war.

Abends sammelte ich alle Bücher von Amma zusammen, denn ich musste eine Gebrauchsanweisung oder einen Schlüssel zu diesen Antworten finden. Ich legte mich zu Bett, und in dem Buch, das ich zur Hand nahm, las ich: »Der Same kann nur anfangen zu wachsen, wenn die Schale, die ihn umschließt, zerbrochen ist.« Erschöpft legte ich das Buch aus der Hand und schlief ein.

Ich wachte früh auf, aber anstatt zu meditieren, las ich gleich weiter. Ich war ganz aufgeregt und spürte, dass Hilfe ganz nah war. Mit Unterstützung von Ammas Worten könnte ich vielleicht begreifen.

All meine Verwirrung entsprang meinen Gedanken, die pausenlos mit Fragen beschäftigt waren wie: Ist das richtig? Kann ich das? Oder ist das falsch. Kann ich das nicht? Ich überlegte: »Ich« identifiziere mich jede Minute mit dieser

Person, die »ich« bin – mit ihren vielen Erlebnissen und Wunden aus der Vergangenheit, mit Wünschen, Hoffnungen, Ängsten. Diese Person, dieses »Ich«, will geliebt, beachtet und gebraucht werden. Daraus beziehe ich meine Identifikation, und ohne diese Beachtung bin ich nichts... Ich erkannte: Diese Schale war ich, Relia. Sie müsste sterben, wenn... In Ordnung, Amma, lass mich sterben, dachte ich. Ich war wild entschlossen, diese Relia sterben zu lassen.

Aber so einfach ging es nicht. Viel mühsame Kleinarbeit lag noch vor mir: bewusster werden, aufmerksamer sein und mich dem Leben immer wieder voll anvertrauen.

Die meiste Zeit wohnte ich nun wieder in München, und das Leben gab mir viele Gelegenheiten zum Üben. Carl und ich waren wieder viel unterwegs auf Geschäftsreisen, und wir besuchten unsere Kinder und Enkelkinder. Die Jahre flogen nur so dahin. Regelmäßig fuhr ich nach Bern zu meinem Chirurgen, und ab und zu suchte ich jene Ärztin, die mich mit Eigenblutserum behandelte, auf. In München hatte ich mittlerweile einen guten Ayurveda-Arzt gefunden. Er unterstützte mich auf meinem Weg und machte mir immer wieder viel Mut, mir treu zu bleiben.

Die Reise zu unserem 25. Hochzeitstag

Im Juli 1997 stand unsere Silberhochzeit vor der Tür. Carl ließ ein paar Mal die Bemerkung fallen: »Andere Männer schenken ihrer Frau eine Weltreise, aber dir kann man ja damit keine Freude machen.« Stimmt, zu reisen war für mich die größte und unangenehmste Strapaze. Aber ich wusste, wie gern Carl reiste und dass er oft darauf verzichtete, weil es ihm allein keinen Spaß machte. Also betete ich zu Amma und schrieb ihr einen

Brief, in dem ich sie bat, mir die Kraft zu schenken, mit ihm seine Traumreise zu machen, und anschließend eine Woche bei ihr im Ashram sein zu können. Es kam kein Antwortbrief, aber ich fühlte, dass alles in Ordnung war, da die geheimen Vorbereitungen wunderbar klappten.

Surya hatte alles bestens organisiert, und mein Mann fiel fast vom Stuhl, als ich ihm am Hochzeitstag eine Schiffsreise um die halbe Welt schenkte. Er war zudem begeistert, dass ich Sarah und Surya mit eingeladen hatte, damit er an Veranstaltungen und Landausflügen nicht allein teilnehmen musste, falls ich durch Krankheit ausfallen sollte. Ich hatte auch aus dem Grund eine Kreuzfahrt gewählt, weil ich an Bord sozusagen mein Bett immer dabei hatte. Carl war einverstanden, dass ich nach der Schiffsreise für eine Woche in den Ashram fuhr, während er bei Surya und dessen Familie in Bangalore zu Besuch war.

Die Reise war ein echtes Geschenk für uns beide. Mein Mann konnte all seine langjährigen Traumziele sehen: Sumatra, Java, Borneo, Vietnam – und ich war immer an seiner Seite. Mir ging es auf der Reise so gut, dass ich alle Ausflugsprogramme mitmachen konnte, und es war eine glückliche und harmonische Zeit. Es war wie eine Versöhnungsreise zwischen zwei entgegengesetzten Polen, die erkannten, wie sehr sie sich gegenseitig bedingten und brauchten.

Carl ließ mich danach gern in den Ashram ziehen. Ich konnte es kaum erwarten, Amma beim nächsten Darshan zu danken, dass alles so gut gelaufen war. Aber als ich im Ashram ankam, war alles ganz ruhig und leer. Ab und zu huschte eine Gestalt vorbei. Es war Mittagszeit und das Büro geschlossen. Endlich traf ich jemanden, der mir erklärte, dass Amma nicht da sei, sondern für drei Tage in die vier Stunden entfernte nächste Stadt gereist sei, und alle hätten sie begleitet. Mich traf fast der Schlag, denn ich konnte nur sechs Tage bleiben.

Man gab mir einen Schlüssel, ich nahm mein Gepäck und ging zu dem Zimmer im achten Stock des neu erstellten Hochhauses. Der Raum hatte einen Fußboden aus Stein, ein kleines Waschbecken sowie Dusche und WC. Eine Schnur war quer durch den Raum gespannt. Es herrschte Totenstille. Kali Ma begann auf meinem Ego zu tanzen.

Vom Luxushotel in den Ashram zu ziehen war zwar ein großer Sprung, aber er machte mir sonst eigentlich nichts aus. An jenem Ankunftstag ertrug ich jedoch nur schwer die Leere im Ashram und Ammas Abwesenheit. Ich hatte keine Kraft mehr, nochmals stundenlang mit dem Taxi über die holprigen indischen Straßen zu fahren, und so beschloss ich, im leeren Ashram zu bleiben. Ich rollte meine Matte aus, hängte meine fünf Sachen über die Schnur und legte mich zum Schlafen nieder.

Die Nacht war ein einziger Albtraum, und weil sich in der Frühe draußen überhaupt nichts rührte, verschlief ich prompt das Morgengebet. Ich merkte, wie eine Panik in mir hochkam, die ich kaum aushalten konnte. Dabei wollte ich doch immer so gern allein sein. Jetzt war ich es und konnte es fast nicht ertragen. In meiner Einsamkeit fühlte ich einen fürchterlichen Schmerz in meiner Brust.

Zum Glück hatte ich aus dem Sortiment der Bachblüten die Rescue-Tropfen dabei, und in Abständen nahm ich sie ein. Aber es brachte keine Erleichterung.

Ich zog mich an und wollte mich erkundigen, ob es etwas zu tun gäbe. Vergeblich. Niemand wurde gebraucht, um die wenigen Leute, die zurückgeblieben waren, zu versorgen. Ich konnte also nicht in die Arbeit fliehen, die mir sonst das Gefühl von Lebensberechtigung gab. Auch Carl war nicht da, um den sich für gewöhnlich alles drehte, und eine große Sehnsucht nach ihm stieg in mir hoch.

Alles zitterte und bebte in mir. Hier war ich nichts und niemand. Ich hatte keine Aufgabe, keine Identität; ich konnte mich mit nichts identifizieren. Das Gebilde, das von meinem Ego erschaffen wurde, hatte hier keinen Wirkungskreis. Ich verlor den Boden unter den Füßen. Ich schrie nach Amma; ich schrie, dass ich diesen Zustand nicht aushalten könne. Aber es kam keine Antwort. Tiefste Schuldgefühle drangen empor.

Ich hatte das Gefühl, alles zu manipulieren, um »meine« Identität zu besitzen, »ich« zu sein, etwas darzustellen, eine Daseinsberechtigung zu haben, mich unentbehrlich und wichtig zu machen. Ich konnte nicht mehr schlafen. Etwas in mir hatte plötzlich entsetzliche Angst, nicht mehr zu sein. Ich wurde fast wahnsinnig.

Ich konnte weder essen noch trinken. Der Film lief automatisch weiter ab und zeigte mir ungefragt auf brutale Weise alle Facetten meines Ego. Die Freiheit, von der ich immer träumte, konnte ich sie überhaupt ertragen? Jetzt hätte ich doch die totale Freiheit gehabt – und wurde schier verrückt dabei. Anscheinend brauchte ich diesen Mann, brauchte Carl, um von ihm eingesperrt zu werden, da ich die Freiheit gar nicht aushalten konnte. Ich war ein absolutes Nichts, leer, verloren.

Ich schaute aus dem Fenster. Der achte Stock, das würde wohl reichen… Ich konnte mich nicht mehr ausstehen. Ich durchschaute mein Spiel, die Fratze meines Ego, und schämte mich bodenlos. Die Maske war heruntergerissen worden.

Ich entschloss mich zu springen – da hörte ich eine wunderbare Stimme singen. Die Melodie kannte ich von irgendwoher, aber ich konnte sie nicht einordnen. Das Lied zog mich in Bann. Mein Blick löste sich von dem Abgrund, in den ich gestarrt hatte, und glitt über die ausgedehnten Palmenwälder bis zum Horizont. Heiße Tränen stürzten aus meinen Augen. Ich vergaß alles, was ich gerade gedacht hatte, und heulte nur noch – bis der Gesang verstummte. Völlig erschöpft fiel ich auf die Matte und schlief ein. Ich erwachte mitten in der Nacht, und Verzweiflung packte mich von neuem.

Diesmal ging es um meine Sehnsucht nach dem spirituellen Leben, nach der Wahrheit, nach Gott, die fast unerträglich wurde. Ich sah all die weltlichen Bindungen, die noch da waren und an denen ich mich festklammerte, weil mein Ego Angst vor dem Untergang hatte. Eine Bindung nach der anderen wurde mir vor Augen geführt, ich wälzte mich hin und her, unfähig, irgendeinen klaren Gedanken zu fassen, geschweige denn zu meditieren.

Irgendwann schlief ich wieder ein und wurde von den Klängen eines Harmoniums geweckt, das jemand in diesem verlassenen Haus spielte, und ich lauschte verzückt den Klängen.

Die Sonne stand schon am Himmel, aber die grauenvollen Fratzen in meinem Innern ließen mich noch nicht in Ruhe. Da hob die Stimme wieder zu singen an, und ich entschloss mich, den Sänger zu suchen. Ich eilte durch verschiedene Gänge und alle zwölf Stockwerke, aber ich konnte die Person nirgendwo finden. Dann wurde es mir plötzlich zu viel. Ich hielt das alles nicht mehr aus, und ich rannte die Treppen hinab und lief in den Tempel.

Mitten im Tempel stand ein einsamer kleiner Mann mit einer Gitarre. Er sang und spielte herzerweichende Lieder, die alle an die Mutter des Universums gerichtet waren. Ich setzte mich still nieder, ließ meinen Tränen freien Lauf und hörte ihm zu. Er sang anderthalb Stunden lang, ließ sich dann ebenfalls nieder, um zu meditieren – und begann herzzerreißend zu weinen.

Der Tempel war bis auf uns zwei heulende Menschenkinder verlassen und leer. Als sich der kleine Mann endlich etwas beruhigt hatte, setzte ich mich leise neben ihn. Nach einer Weile schauten sich zwei ausgeweinte Augenpaare an, und ich fragte ihn, warum er so viele Tränen vergieße. Er sei mit seinem letzten Geld aus den USA hierher gekommen, erzählte er, und jetzt sei Amma verreist. Er stecke in einer Psychose, habe entsetzlich Angst, und niemand sei da. Ich musste lächeln und gestand ihm, dass es mir genauso gehe. Ich fragte ihn, ob wir gemeinsam Amma nachfahren sollten. Es stellte sich heraus, dass er es natürlich gern tun wollte, aber kein Geld hatte. Ich sagte nur: »Pack deine Sachen, das Taxi übernehme ich. In fünfzehn Minuten ist Treffpunkt am Fährboot!«

Wir glitten über die Lagune, und auf der anderen Seite stand zufällig ein Taxi, das wir nehmen konnten. Während der dreieinhalbstündigen Fahrt erzählte er mir ohne Unterlass sein Leben, das mit so viel Schmerz angefüllt war, dass ich meinen eigenen Kummer nicht mehr spürte. Dann waren wir in Trivandrum. Der Verkehr war hier völlig zusammengebrochen, denn Tausende von Menschen wollten zu Amma. Es war heiß und stickig, und mein Kopf fing an zu reagieren. Nein, nein, nein, ich wollte jetzt keine Kopfschmerzen haben!

Ich sah eine riesige Menschenschlange. Da stand auch schon ein Polizist vor unserem Auto und sagte, dass wir hier aussteigen müssten, es sei das Ende der Warteschlange für Amma. Ich bezahlte, packte den jungen Amerikaner an der Hand und lief los – vorbei an Hunderten von wartenden Indern. Zum Glück hatte ich meinen weißen Sari an, und die Ordnungskräfte dachten wohl, ich gehöre zur Amma-Gruppe und käme verspätet. Niemand stoppte uns und wenn, hätte ich ihn glatt überrannt.

Ich war völlig von Sinnen, als mich jemand festhielt und sagte: »Deine Schuhe, bitte zieh sie aus.« Wir waren bereits im Tempelvorhof, und ich eilte weiter, die Schuhe unterm Arm, bis wir ganz vorn waren. Dort stand glücklicherweise Swami

Amritatmananda, den ich von Ammas Besuch in München kannte und der mich mit großen Augen anstarrte.

»Wo ist Susilla?«, hörte ich mich fragen, und da kam sie auch schon. Susilla war jetzt meine Hoffnung. Sie sprach Schweizerdeutsch und war früher als Psychologin tätig gewesen. Ich hatte sie in München kennen und schätzen gelernt. Amma würde gleich eine große Saturn-Puja beginnen, flüsterte sie mir zu. Die Menschen saßen schon in Vierergruppen am Boden. Swami packte den jungen Amerikaner, und Susilla lotste mich ein paar Meter weiter, wo zufällig der vierte Platz noch frei war – und dort saßen meine drei Freundinnen aus den Schweizer Bergen! Wir hatten uns im Ashram treffen wollen; sie waren schon zwei Wochen vor mir dort angekommen. Tausende von Menschen warteten hier unter einem Riesenzeltdach und ein Platz war noch frei – bei meinen Freundinnen. Erst jetzt bemerkte ich, dass fünf Meter weiter vorn Amma saß, die mich regungslos anschaute.

Zum Glück hatte Rita mir noch schnell ihre Wasserflasche gereicht, sonst wäre mein hochroter Kopf wahrscheinlich geplatzt. Ich hatte lange nichts mehr getrunken und nichts gegessen; der Schweiß lief mir in Bächlein herunter, und ich war erschöpft. Aber die Puja begann, und die heiligen Mantras wurden von mehreren Tausend Menschen rezitiert. Diese Zeremonie besaß eine so starke ordnende Kraft, dass ich bald ganz konzentriert war und meine Umgebung vergaß.

Amma weihte mit dieser Saturn-Puja einen neuen Tempel ein. Nach der Rezitation mussten alle Anwesenden einmal um den kleinen Tempel herumgehen. Der Boden war weicher Sand, aber plötzlich schoss ein scheußlicher Schmerz durch meinen Fuß. Ich hatte mir die zweite Zehe gebrochen, die Egozehe. Am Boden war nichts zu sehen, was mir eine Verletzung hätte zufügen können, aber das Blut tropfte. Ich entschloss mich deshalb, in der gleichen Nacht mit Susilla zurück in den Ashram zu fahren. Amma und die anderen Begleiter würden am nächsten Tag folgen. Ich musste also nur noch einen Tag allein im Ashram überstehen. Zum Glück waren auch schon einige andere zurückgekommen, und der kleine Ashram-Laden war wieder geöffnet. So konnte ich ein wenig mit der aus der Schweiz stammenden Theresa sprechen, die bereits längere Zeit bei Amma war und den Laden betreute. Der Kontakt tat mir gut.

Als ich dann allein in meinem Zimmer war, überfiel mich die Traurigkeit und Verzweiflung von neuem. Jedoch hob die schöne Stimme wieder zum Gesang an. Ich rannte sofort durch alle Stockwerke, um sie zu finden – vergeblich. Dann spielte das Harmonium wieder, aber ich konnte es ebenfalls nicht ausfindig machen. Vielleicht wollte mir Amma meine Sehnsucht nach Gesang und Musik klar machen und sie so steigern, dass ich mich nicht mehr vom Singen und Spielen abhalten ließ. Beides hatte ich zu Hause ja schon begonnen, aber ich traute mich nicht, mir wirklich die Zeit dafür zu nehmen.

Als Amma spät abends zurückkam, erwarteten Hunderte ihrer Anhänger sie schon. Ich verteidigte meinen Platz vor ihrem Gartentürchen hartnäckig, denn ich musste sie sehen.

Plötzlich hieß es, wer neu im Ashram eingetroffen sei, dürfe zum Darshan kommen. Wir waren sechs Neuankömmlinge. Amma redete und scherzte mit jedem von uns. Ich kam zuletzt an die Reihe. Amma nahm mich kurz in die Arme, schaute auf die andere Seite und ging weg. Ich erinnerte mich in diesem Moment nur zu gut, wie Amma einst zu mir gesagt hatte: »Dann wirst du sterben.« Ich verstand, und mit hängendem Kopf ging ich schlafen. Am nächsten Tag waren so viele Menschen da, die zum Darshan wollten, dass ich nicht mehr bis ganz vorn zu Amma gelangte.

Ich verbrachte zwei Tage damit, die Quelle des wunderbaren Gesangs aufzuspüren und fand sie endlich. Nur ein paar Zimmer weiter übte Gitamba eine Melodie der heiligen Hildegard von Bingen. Ich bat sie, mir die Noten zu kopieren, denn ich hoffte, später selbst einmal dieses Lied singen zu können.

Dann kam mein letzter Tag im Ashram. Und wieder erlebte ich eine Enttäuschung. Gerade als ich in die Warteschlange hätte eintreten können, wurde sie auf der Frauenseite geschlossen. Ich setzte mich in die Mitte des Tempels und heulte einfach los. »Amma, das kannst du doch nicht machen, ich muss doch heute fahren«, schluchzte ich vor mich hin. Plötzlich sah ich, dass mir jemand von der Männerseite her zuwinkte. Ich traute meinen Augen nicht, aber es galt mir: Komm, komm! Und so kam ich von der Männerseite als Letzte zu Amma. Sie nahm mich wieder völlig abwesend in die Arme, und ich bat schüchtern: »Bitte hilf mir, Amma, ich muss heute wegfahren.« Da schaute sie mich ganz erstaunt an und meinte, sie habe mich ja gar nicht gesehen, wo ich denn gewesen sei. Dann sagte sie, ich solle heute um zehn Uhr abends vor dem Tempel warten, Swami Dayamrita müsse auch zum Flughafen nach Cochin, und ich könne mit ihm fahren und morgen früh vor meinem Abflug noch das neue Krankenhaus, das Amma errichten ließ, besichtigen und dort schlafen.

Um zehn Uhr stand ich mit meinem Köfferchen vor dem Tempel. Nichts rührte sich. Es wurde elf Uhr, Mitternacht, ein Uhr. Ich legte mich zum Schlafen auf eine Bank draußen vor dem Tempel. Swami Amritatmananda, der mich bereits eine Weile beobachtet hatte, kam und fragte, was ich hier mache. »Dayamrita will doch erst um fünf Uhr losfahren«, sagte er. Er wolle ihn suchen. Eine halbe Stunde später stand Dayamrita vor mir und erklärte, dass alles ein Missverständnis sei.

Mitten in der Nacht glitten wir dann doch mit dem Fährboot über die Lagune. Es war Vollmond, und die Szenerie war unbeschreiblich schön und friedlich. Alle weinten. Dayamrita musste zurück nach Amerika reisen; sein Herz war sicher schwer, dass er für so lange Zeit fern von Amma sein würde. Die amerikanischen Amma-Anhänger, die ihn noch bis zum anderen Ufer begleiten wollten, weinten, weil er sie verließ, und ich weinte, weil ich unter der Last meines Ego zusammengebrochen war, weil ich nicht wusste, wie es jetzt weitergehen sollte, und mich diese besondere Nachtstimmung überwältigte.

Der Jeep, mit dem wir fuhren, war alt und klapprig. Die Lehne meines Sitzes reichte mir nur gerade bis zur Rückenmitte, und da ich vorn neben dem Fahrer saß und mich nirgendwo anlehnen konnte, fiel ich von einer Seite zur anderen. Aber ich war sehr müde und döste immer wieder ein. Ich lehnte mich an die Tür, um etwas mehr Halt zu bekommen. Außer dem Fahrer schliefen alle, bis sein Schrei uns weckte. Meine Tür hatte sich geöffnet, und ich hing zwischen Himmel und Erde halb aus dem Auto. Aber »etwas« hielt mich, sodass ich nicht auf die Straße fiel. Doch alles, was ich auf dem Schoß hatte, wurde aus dem Wagen geschleudert: Brille, Schal, Buch und anderes mehr. Dayamrita schlang von hinten seinen Arm um mich, packte die Tür und warf sie zu; die Fahrt ging dabei ungebremst weiter.

Ich konnte nicht sprechen vor Schock. Ich wusste, dass Amma mich festhielt, selbst wenn ich in der Luft hing. Vielleicht hatte sich eine Tür meines Ego geöffnet, vielleicht war die Schale, die den Kern umschließt, gesprungen.

In irgendeinem Haus in Cochin wurde um fünf Uhr früh jemand herausgeklingelt, weil ich dort zwei Stunden schlafen sollte. Um sieben Uhr wurde ich dann wieder abgeholt, um das Krankenhaus zu besichtigen, das demnächst von Amma eröffnet werden sollte und viertausendfünfhundert Menschen beschäftigen würde. Ich hatte noch keine Ahnung, warum ich das Krankenhaus besichtigen durfte, aber es war äußerst beeindruckend und interessant. Der Inder, der mich herumführte, war sehr nett. Zum Schluss bekam ich noch ein köstliches Frühstück.

Dann saß ich wieder einmal wie auf Kohlen, weil ich wie üblich Angst hatte, es nicht zu schaffen und den Flug zu verpassen. Die Zeit war knapp, das Taxi raste durch die Stadt, der Fahrer packte meinen Koffer, und wir rannten zum Flugsteig. Anderthalb Stunden Flugzeit waren es bis Bangalore, wo mein strahlender Mann mich abholte.

Nach dieser intensiven Zeit war es für mich schwer, mein normales Leben mit Carl wieder aufzunehmen. Im Flugzeug nach München hatte ich Zeit, in meinem kleinen Büchlein zu lesen und über ein Zitat von Ramana Maharshi zu meditieren: »Gib die Gedanken auf, du musst nichts anderes aufgeben.« Dieser Ausspruch hatte mich viele Jahre lang begleitet, aber wie ich seine Weisheit im Alltag umsetzen sollte, wurde mir erst jetzt ganz langsam klar.

Weiter las ich Worte von Amma: »Wenn die Gedanken ausgelöscht werden, verschwindet die Vergangenheit und du verbleibst in deinem Selbst. Das Selbst macht nichts, als bezeugen. Das Selbst ist keine Person – es ist reines Gewahrsein.«[54] Das Selbst ist reines Gewahrsein, ist nur der Zeuge – das war doch meine Hausaufgabe aus dem Jahr 1993. Ich hatte sie vergessen, das heißt, ich hatte es immer wieder versucht, ihr gerecht zu werden.

Mein wahres Selbst hatte noch keine Chance gegen die Person Relia. Ich beobachtete zwar immer besser, was in mir vor

[54] Mata Amritanandamayi: *Awaken, children!* Bd. 7, S. 25.

sich ging, aber gleichzeitig kritisierte ich mich auch heftig, wenn ich wieder einmal aus der Rolle fiel. Ich stellte mir weiterhin vor, dass ich mich gegenüber Carl sanftmütig und liebevoll verhalten müsste. Aber ich merkte, dass ich es immer weniger konnte. Ja, jetzt spürte ich erst, wie es in mir brodelte.

Amma hatte mir sehr klar gezeigt, wie eng ich mit meinem Mann verbunden war und welchen Schmerz mir dieser Zustand bereitete. Auch konnte ich jetzt verstehen, was Amma meinte, als sie sagte, dass zu viel Bindung an etwas in uns Angst und Aufregung entstehen lässt. Der Druck, der sich dabei aufbaut, wird so groß, dass der Verstand unkontrollierbar wird und man jedes Gefühl für Klarheit verliert. Sie hatte es mich im Ashram bis an die äußerste Grenze erfahren lassen.

Es war wirklich unfassbar, was ich mir alles selbst eingebrockt hatte. So hatten folgende Worte von Amma auch eine besondere Bedeutung für mich: »Du musst verstehen, dass äußere Situationen nicht die Macht haben, dich zu verletzen. Deine eigene Auslegung dieser Situationen ruft das Leid in dir hervor. (…) Das Problem entsteht, wenn du negativ auf diese Situationen reagierst. In anderen Worten: Der Ursprung deiner Probleme liegt in dir.«[55]

Umzug in die Schweiz

Je mehr ich im Herbst 1997 erneut versuchte, mir ein bisschen Freiheit zu erkämpfen, umso heftiger wurden Carls Gegenreaktionen. Ich traute mich schließlich überhaupt nichts mehr. Ich blieb zu Hause; ich traf keine Verabredungen, und ich telefonierte nicht mehr, da es immer ein Anlass von Streit war, und

[55] Mata Amritanandamayi: *Der Weg der Weisheit und Liebe*, S. 184.

ich hörte auf zu singen. Ich konnte meine Kehle nicht mehr öffnen. Sie war wie zugeschnürt.

Ich wurde mir plötzlich bewusst, dass ich unglaublich viel Angst in mir hatte. Nach außen ließ ich mir nichts anmerken. Etwas half mir jeden Tag von neuem, zu leben, selbst wenn ich keinen Sinn mehr sah. Doch alles Davonlaufen würde nichts nutzen. Wie hatte Amma doch gesagt: »Wenn dein Leben nicht so glatt läuft, ist das nur gut für deine spirituelle Entwicklung.«

Ich versuchte, mich tagsüber regelmäßig und intensiv an mein Mantra zu erinnern und es zu rezitieren. Ich stand sehr früh auf, um zu meditieren, bevor Carl aufwachte, und um endlich die tausend Namen der Mutter des Universums zu rezitieren. Ich wusste nicht viel über diese Übung – nur, dass man leichter spirituellen Fortschritt machen könne, wenn man diese tausend Namen der göttlichen Mutter sprechen würde, die bereits seit Tausenden von Jahren von Heiligen rezitiert worden waren. Auch könne man damit das schlechte Karma vergangener Leben erlösen. Ich besaß das Anleitungsbüchlein und die Kassette und machte mich daran zu lernen, die Namen auf Sanskrit zu rezitieren.[56] Es war jedoch für mich sehr schwierig, diese Mantra-Übungspraxis aufrechtzuhalten, denn mein Ego wehrte sich entschlossen dagegen. Da die Rezitation der göttlichen Namen über eine Stunde dauerte, musste ich jetzt schon um halb vier aufstehen, wenn ich danach auch noch meditieren wollte – und das war ein Kampf.

Eigentlich liebte ich es, früh aufzustehen, aber nun sperrte sich alles dagegen. Entweder kamen wir am Vorabend sehr spät ins Bett, oder ich hatte Kopfweh, hörte den Wecker nicht,

[56] *Sri Lalita Sahasranama*. Als Buch oder Übungskassette erhältlich über den Verein Amrita (siehe Adressenteil).

schlief wieder ein. Mein Unterbewusstsein bot alles Mögliche an Sabotage auf, aber meine Seele war entschlossen zu siegen. Und nach zwei, drei Monaten des Ringens um Disziplin freute ich mich abends schon auf die Übung. Wenn ich die Namen nicht rezitierte, fehlte mir nun etwas, und ich war unruhig.

Es heißt, die Wirkung der Übung würde sich nach kurzer Zeit zeigen. Ich hatte jedoch um nichts Bestimmtes gebeten und erwartete nichts Besonderes. Bald bemerkte ich allerdings, dass ich innerlich ruhiger und gelassener wurde. Ich wehrte mich nicht mehr, sondern nahm das Leben, wie es auf mich zukam. Ich las oft abends in Ammas Büchern und fand darin immer wieder Trost und Unterstützung. Sie wies mich darauf hin, dass Entspannung uns Stärke und Energie verleiht, um den Herausforderungen, die uns in Zukunft erwarten, zu begegnen. Man solle einfach nur entspannt sein und gleichzeitig aufmerksam. Das sei alles.

Die nächste Herausforderung, der nächste Test, stand mir tatsächlich bevor. Carl hatte das Haus in den Bergen Anfang 1991 gekauft, nun war endlich der Beschluss gefasst, im Januar 1999 definitiv unsere Zelte in München abzubrechen und in die Berge umzuziehen. Carl hatte die Ruhe, die Schönheit und die Vorteile des einfachen Lebens dort oben auf tausendzweihundert Meter Höhe schätzen gelernt. Acht lange Jahre waren wir nun zwischen unseren beiden Domizilen hin- und hergependelt. Diesen Wechsel empfand Carl zwar immer als sehr abwechslungsreich, aber für meinen Körper war er eine Tortur.

Carls engste Freunde versuchten bis zuletzt, ihn umzustimmen: Was er denn in dieser Bergeinsamkeit wolle? Das schöne Haus in München könne man doch nicht aufgeben! Und so weiter. Carl hörte sich die Einwände an, und es fiel ihm schwer, bei seinem Entschluss zu bleiben.

Als Surya und Sarah mitbekamen, wie viel Carl doch noch an unserem Münchner Haus lag, ja, dass er mit seinem ganzen Wesen an diesem Haus hing, entschlossen sie sich nach langem Nachdenken, ihr kleines kuscheliges Bauernhäuschen auf dem Land, in dem sie inzwischen wohnten, zu verlassen und in das Elternhaus zu ziehen. Das machte es für Carl sehr viel einfacher, aus München wegzugehen.

Der Umzug war also eine ausgemachte Sache, aber im Herbst 1998 war noch nicht geklärt, wie und wann genau wir umziehen würden. Zum Glück hatte ich schon Jahre zuvor angefangen, alles zu verschenken, was wir nicht wirklich brauchten, und ich war eigentlich immer am Räumen. In den zwanzig Zimmern des Hauses hatten sich die Geschichte und die Gefühle aus Carls erster Ehe und aus unserem Zusammenleben angesammelt. Jetzt dämmerte mir mehr und mehr, was Amma meinte, wenn sie uns sagte, dass wir erst unsere Negativität erkennen und loslassen müssen, um frei zu werden. Jedes Ding, das ich in die Hand nahm, hatte eine Geschichte, und alles kam nun wieder hoch, was damit zusammenhing. Ich konnte es nicht fassen, wie viele verletzte und verwundete Gefühle immer noch in mir waren. In dieser Situation versuchte ich, mich nicht zu verwickeln, sondern einfach das gerade Anstehende zu tun und mein Mantra zu wiederholen.

Aber ich wurde innerlich immer nervöser. Carl tat, als ob ihn der Umzug nichts anginge; er verdrängte ihn einfach. Ich bekam schwerste Zweifel, ob die Übersiedelung in die Schweiz die richtige Entscheidung war. Oder sollte ich etwa ohne lange zu fragen eine Umzugsfirma anrufen und Tatsachen schaffen?

Seit ich Surya kannte, hatte er mir immer wieder gesagt: »Du denkst zu viel.« Ich verstand ihn nicht. Wie sollte so ein unruhiges, aufregendes Leben mit meinem Mann funktionieren, wenn ich nicht dauernd plante und organisierte?

Diesmal versagte mein Kopf. Ich sah keine Möglichkeit mehr, in Sachen Umzug irgendetwas zu planen. Ich wusste weder ein noch aus – und die Zeit lief. Es blieben mir wieder einmal nur Gebet und Glaube – und mein kleines altes Büchlein mit den darin notierten Sprüchen, bei denen ich wieder täglich Zuflucht nahm, um ruhig zu bleiben.

Es wurde Ende September, und ich dachte daran, dass Anfang November in den Bergen meist der erste große Schnee fällt und wir nie und nimmer mit einem Umzugswagen zu unserem Haus hochkämen. Auch musste Sarah jetzt ihren Mietvertrag kündigen, um die vertragliche Frist einzuhalten, aber das wollte sie nicht tun, denn sie glaubte nicht so recht daran, dass ihr Vater wirklich umziehen würde – und, und, und.

Nein! Schluss, ich sollte mir nicht mehr den Kopf zerbrechen.

Ich räumte »gemütlich« vor mich hin und bekam langsam Rücken- und Fußschmerzen vom vielen Auf und Ab. Um meinem Rücken ein bisschen Entlastung zu verschaffen, meldete ich mich bei dem Osteopathen Robert an. Robert war ein tüchtiger junger Mann und half mit seiner Freundin Birgit immer bei den Veranstaltungen von Amma. Ich war bei Robert schon wiederholt wegen meiner Kopfschmerzen in Behandlung gewesen. Jetzt war es der Rücken, der mir Beschwerden bereitete. Als Robert mich behandelte, wollte er wissen, was ich denn tue, dass mein Rücken so stark verspannt sei. Ich erklärte ihm, dass wir eigentlich umziehen wollten, ich aber nicht wisse, wie und wann es losginge, und ich mit den Vorbereitungen sehr beschäftigt sei.

»Na, dann frage ich Birgit«, schlug er vor. »Sie hat gerade keine Arbeit und wird dir sicher gern helfen, und ich komme mit meinem Freund und mache den Umzug.«

Es wurde der lustigste, fröhlichste Umzug; in den kühnsten

Träumen hätte ich ihn mir nicht so positiv ausmalen können. »Zufällig« musste Carl ein paar Tage geschäftlich in die Schweiz fahren. Ich fragte ihn beiläufig, ob es ihm recht wäre, wenn ich inzwischen packen und einen großen Laster losschicken würde, da wir sonst wegen des Schnees später gar nicht mehr durchkommen könnten. Verwundert fragte er, wie ich es denn anstellen wolle. Ich antwortete ihm, er solle sich überraschen lassen und uns in einer Woche oben erwarten. Carl war zwar völlig perplex, aber er willigte ein und brach zu seiner Geschäftsreise auf. Er wollte sich an der Grenze über die Zollabwicklung informieren und mir die Unterlagen zuschicken.

Dann ging es los. Birgit und ich packten, schnürten, klebten, schrieben Listen für den Zoll. Robert und sein Freund Tobias bauten die Möbel ab und machten sie transportfertig. Wolfgang, der ebenfalls gerade keine Arbeit hatte, besorgte den Laster. Diese junge Truppe war so vergnügt und machte so viel Schabernack, dass wir uns immer wieder vor Lachen schüttelten. Sie passten auf, dass es für mich, die alte Oma, nicht anstrengend wurde, und ich hatte das Gefühl, dass ich eine Nebenrolle in einer Komödie spielte.

Nach drei Abenden war alles vorbereitet. Da meine Helfer meinten, all die Kisten könne ich am Zielort nicht allein ausladen, fuhren Robert und Birgit gleich mit in die Schweiz. Ich bat außerdem meinen Bruder zu kommen, und an einem strahlenden Herbsttag erreichte der Konvoi das kleine Bergdorf. Carl und mein Bruder standen vor dem Haus und staunten, als sie den großen Umzugswagen kommen sahen. Wir hatten es geschafft, und die gute Laune hielt weiter an. Im Nu war alles abgeladen, zusammengebaut, gedübelt, aufgeräumt. Später saßen wir alle gemütlich beim Fondue.

Der Mensch denkt, und Gott lenkt

Carl blühte richtig auf, als wir endlich in unserem ruhigen Schweizer Haus wohnten. Nie zuvor hatte ich ihn so entspannt und zufrieden erlebt.

Ich hatte gehofft, dass Carl innerlich besser von der Vergangenheit loslassen könnte, wenn wir aus dem geschichtsträchtigen Münchner Haus in eine einfache, natürliche Umgebung ziehen würden. Diese Hoffnung erfüllte sich bis zu einem gewissen Punkt. All die Sorgen um das Geschäft waren zwar noch da, aber sie standen ihm wenigstens nicht täglich vor Augen.

Carl liebte die Natur sehr. Er machte Feuerholz für den Winter, bestellte im Frühjahr das Gemüsebeet, umsorgte die Pflänzchen und freute sich sehr darüber, wenn er alles wachsen und gedeihen sah. Er liebt es, ins nächste Städtchen zu fahren, um dort für uns einzukaufen und seine Zeitungen bei einer Tasse Kaffee zu lesen. Mit zwei Freunden traf er sich regelmäßig, um über Politik und Wirtschaft zu diskutieren. Mein Bruder hatte Carl einen Computer mit Internetzugang installiert, und per Mausklick konnte sich Carl in der ganzen Welt umsehen. Darüber hinaus gab ich ihm immer wieder zu verstehen, dass er meinetwegen auf nichts zu verzichten brauche und dass er ruhig reisen könne – wenn ich nur zu Hause bleiben dürfe.

Ich hörte immer wieder, dass Carls Freunde ihn ungläubig fragten, was er denn da oben in der Einsamkeit mache. Wenn er dann in seiner humorvollen Art meinte: »Das Gleiche wie ihr: essen, schlafen, Zeitung lesen, TV schauen, spazieren gehen und einkaufen«, konnten sie nichts darauf erwidern. Sie zogen sich zurück. Carls Leben passte nicht in ihre Vorstellungen von einem aktiven wohlhabenden Pensionär, und ihre eigenen Lebensziele vermochten sie nicht in Frage zu stellen.

Ich hatte mir gewünscht, dass Carl in unserem Haus in den Bergen seinen inneren Frieden finden würde, und da er mit umgezogen war, nahm ich an, dass seine Seele das auch so wollte. Er war jetzt siebzig Jahre alt, und ich versuchte immer wieder, ihm zu erklären, dass es an der Zeit sei, in allen persönlichen Angelegenheiten für Frieden und Ordnung zu sorgen. Das Gleiche galt auch für mich. Ich war zwar fünfzehn Jahre jünger, aber falls ich einen Rückfall erlitt, würde ich die Welt wahrscheinlich noch vor ihm verlassen.

Ich wollte meine ganze Kraft dafür einsetzen, um meine spirituelle Praxis zu vertiefen und mich mit allen Menschen und Dingen auszusöhnen, damit ich die Welt friedvoll verlassen könnte, wenn die Zeit dazu reif wäre. Im alten Indien war es Sitte, dass die Eltern sich von allem zurückzogen, wenn die Kinder erwachsen waren und sie nicht mehr brauchten. Die Eltern widmeten sich dann ganz der Hinwendung zu Gott. Was würde es mir jetzt nutzen, noch eine weitere Reise zu machen, noch eine Ausstellung oder noch eine Veranstaltung irgendwo auf der Welt zu besuchen? Wäre es nicht einfach eine Flucht vor der Konfrontation mit mir selbst und meinem Leben, wenn ich permanent solche Abwechslungen suchte?

Immer wieder sagte Carl aus tiefstem Herzen zu mir oder zu seinen Freunden, wie glücklich er in seinem Haus in den Bergen sei. Endlich kam unter der Maske des erfolgreichen Geschäftsmannes der für mich so liebenswerte Carl hervor. Wir unternahmen lange Wanderungen in der herrlichen Natur.

Doch gegen Ende des Jahres 1999 machte sich plötzlich eine eigenartige Unruhe bei ihm bemerkbar. Carl kündigte an, dass er im Januar noch ein letztes Mal nach Indien fahren wolle, und traf mit Surya Reisevorbereitungen. Alle seine alten Schulfreunde aus der Schweiz wollte er besuchen oder einladen. Wieder begannen wir in Anspannung und Hektik zu leben. Immer wieder meinte Carl, dass er für dieses oder jenes keine Zeit mehr habe. Wir ahnten beide, dass ihm in einem tieferen Sinn tatsächlich nicht mehr viel Zeit blieb, aber ich konnte diesen Gedanken nicht annehmen. Carl war schließlich bei bester Gesundheit, und endlich hatten wir es so gut miteinander.

Nach Indien konnte ich Carl nicht begleiten, da ich krank wurde. Ich überredete ihn, allein zu fahren. Mit Sarah und Surya besuchte er dann in Indien viele Tempel und war dabei, als sie bei Surya zu Hause eine große Puja zelebrierten.

Er kam glücklich zurück, aber jetzt wurde alles noch hektischer. Wir waren nur noch unterwegs, machten Besuche, ordneten, sichteten, verteilten.

Eine Routineuntersuchung zeigte, dass seine Herzkranzgefäße stark verengt waren, was eine sofortige Operation unumgänglich machte. Die Ärzte waren sehr besorgt und wollten Carl nicht einmal mehr nach Hause gehen lassen. Er ließ sich jedoch nicht beirren. Er wollte mit mir noch zwei Bergtouren auf seine Lieblingsalmen unternehmen. Auch wollte er noch an einer Jubiläumsfeier der Rotarier teilnehmen und seine Enkel besuchen. Erst als alles erledigt war, willigte er in die Operation ein.

Meine Nerven waren zum Zerreißen gespannt, als er sich von allen seinen Freunden telefonisch verabschiedete, da er jetzt eine große Herzoperation machen lassen müsse.

Als wir am Tag vor der Operation ins Krankenhaus fahren wollten, spielte Carl auf seiner Orgel um sechs Uhr in der Frühe »Muss i denn, muss i denn zum Städele hinaus, und du, mein Schatz, bleibst hier«. Dann stand er auf, umarmte mich und weinte herzerweichend. Die Fahrt ins Krankenhaus war unerträglich. Es war unsere letzte gemeinsame Fahrt.

Vierzehn unendlich lange, qualvolle Tage folgten der Operation. Carl lag in einem künstlichen Koma. Es war so vieles schief gelaufen.

Wir saßen Tag und Nacht an seinem Bett; wir beteten und hofften. Es gab keinen Weg mehr zurück. Es war die Hölle. Endlich willigten die Ärzte ein, ihn nicht mehr länger zu quälen und die Apparate abzuschalten. Fünf Stunden lang standen wir an seinem Bett, sangen, beteten und rezitierten Mantras. Es fiel ihm schwer, seinen Körper loszulassen, obwohl all die medizinischen Hilfsmittel ausgeschaltet waren. Dann entschied er sich, zum Licht zu gehen, und die Monitore schwiegen und standen still. Ich küsste ihn zum letzten Mal.

Die Schleier der Vergangenheit

Ich war zutiefst erschüttert, Carl auf diese Art und Weise aus dem Leben scheiden zu sehen – gerade jetzt, als für uns eine harmonische, glückliche Zeit begonnen hatte.

Während er auf der Intensivstation lag, saß ich völlig hilflos Stunde um Stunde an seinem Bett. Alles, was ich gelernt hatte, wusste, hätte tun können, war angesichts der Geräte um ihn herum nicht von Bedeutung. Ich fühlte mich ohnmächtig.

Der Schmerz tobte in den zehn Tagen, in denen Carl auf der Intensivstation am Leben gehalten wurde, wie ein wildes Tier in meinem Körper. Ich ging in den Wald, um diesen Schmerz herauszuschreien, weil ich Angst hatte, er könnte mich sonst in Stücke reißen.

Dann musste ich zusehen, wie die Geräte abgestellt wurden und er langsam seine Körperhülle verließ.

Ich war am Ende und fiel ins Bodenlose. Ich konnte nicht mehr denken; mein Körper war wie ein Roboter. Etwas übernahm und trug mich durch die Tage, an die ich kaum eine Erinnerung habe, bis Carl in seiner Geburtsstadt beerdigt war und ich wieder zurück in die Berge fahren konnte.

Ich hoffte, die Natur würde mir helfen, wieder zu mir zu finden und den Schmerz erträglicher zu machen. Wieder und wieder kreiste die Frage nach dem Warum in meinem Kopf, und ich begann in Ammas Büchern zu lesen:

»Nichts ist zufällig. Das riesige Muster von Schönheit und

Ordnung, das alle Schöpfung durchdringt, macht es sehr klar, dass da ein großes Herz und eine große Intelligenz hinter allem ist. Kinder, unsere Vergangenheit ist nicht nur die Vergangenheit dieses Lebens. Es ist nicht nur die Spur zurück von jetzt zur Geburt des gegenwärtigen Körpers. Die Vergangenheit ist ebenso all die vorangegangenen Leben, durch die wir unter verschiedenen Namen und in verschiedenen Formen gereist sind.«[57]

Viele Menschen in der westlichen Welt stehen der Reinkarnation verschlossen oder ablehnend gegenüber. Doch hätten wir nicht alle Mittel, um darüber ernsthafte Forschungen anzustellen? Haben nicht große Seelen wie Rudolf Steiner oder Edgar Cayce jeweils auf ihre Art die Reinkarnationstheorie bestätigt? Hat nicht Dr. Kübler-Ross in Tausenden von Gesprächen mit Sterbenden gezeigt, dass der Tod nur ein Übergang in eine andere Bewusstseinsebene ist?

»Der Tod ist nicht das Ende – er ist der Beginn eines weiteren Lebens. Während der Kreislauf des Lebens sich dreht, tragen die Tage der Vergangenheit Früchte.«[58] Für mich waren Ammas einfache Worte immer wie Nektar. Ich konnte aus ihnen sofort praktischen Gewinn in Bezug auf meine Fragen, meine Probleme ziehen. Die vielen anderen spirituellen Bücher, die ich gelesen hatte, waren dagegen sehr anspruchsvoll. Wirklich verstehen konnte ich deren Inhalte eigentlich nur, wenn ich darüber meditierte und sich mir die Aussagen von innen heraus erschlossen. Sonst blieb es bei einem intellektuellen Verständnis, und dabei wurde mein Herz nicht warm. Es kamen weder Freude noch Reue, noch Tränen auf.

Bei Amma wurden mein Herz und mein Kopf immer direkt

[57] Mata Amritanandamayi: *Awaken, children!* Bd. 6, S. 70.
[58] Mata Amritanandamayi: *Der Weg der Weisheit und Liebe*, S. 87.

berührt. Manchmal heulte ich, manchmal tanzte ich, und manchmal schlug ich die Hände über meinem Kopf zusammen: Aha, kapiert! Ebenso ging es mir, als ich zum ersten Mal ihre Gedanken über frühere Leben las: »Du trägst bereits eine schwere Last. Du hast eine ungeheure Menge abzulegen. Wenn du dich mit deinen früheren Leben beschäftigst, vergrößerst du nur deine Last.«[59]

Genau das war passiert, als ich vor vielen Jahren eine Phase intensiver Rückerinnerungen erlebt hatte. Bestimmt hatte dieses Erinnern an andere Leben seinen Sinn gehabt, aber es hatte mich auch sehr mitgenommen. Für mich war damals Reinkarnation keine Theorie mehr; ich hatte mich selbst an andere Existenzen erinnern können. Ich sah mich zum Beispiel einmal im Spanien des 16. Jahrhunderts in einer ähnlichen Familienkonstellation wie in meinem momentanen Leben. Wir waren eine einflussreiche, wohlhabende Familie und hatten hohes Ansehen. Aber ich interessierte mich mehr für Kunst und Magie, was meinem Mann ein Dorn im Auge war. Es war ein leidvolles Leben, aber ich wollte meinen Idealen treu bleiben. So landete ich im Kerker und wurde hingerichtet.

Etwa drei Wochen, nachdem ich mich an dieses Leben erinnert hatte, sagte Carl aus heiterem Himmel: »Ach, lass uns nach Spanien fahren und uns dort ein paar Tage umschauen.« Mir gerann fast das Blut in den Adern. Bloß nicht nach Spanien! Es war ein Land, wohin es mich sowieso nicht zog, und jetzt schon gar nicht. Aber Carl hatte bereits alles organisieren lassen, und er freute sich auf die Reise.

Ich war noch nie in Spanien gewesen und betrachtete das Land während unsere Anflugs mit gemischten Gefühlen. Wir näherten uns Madrid, und der Pilot musste einige Warteschlei-

[59] Mata Amritanandamayi: *Der Weg der Weisheit und Liebe*, S. 261.

fen vor der Stadt ziehen. Mir stockte der Atem: Genau diese Landschaft hatte ich vor meinem inneren Auge gesehen, als ich in jenem vergangenen Leben nach der Hinrichtung aus meinem Körper ausgetreten und wie ein Ballon langsam der Erde entschwebt war. Ich hatte in der Rückerinnerung nochmals diese unendliche Befreiung gespürt, als ich die geplagte Körperhülle hinter mir lassen konnte. Und jetzt, ein paar hundert Jahre später, sah ich wieder aus der Luft auf dasselbe Panorama, und mein Mann saß wieder an meiner Seite. Endlich setzte das Flugzeug auf der Landebahn auf, und ich kam im Madrid des 20. Jahrhunderts an.

Bei anderen Rückerinnerungen hatte ich mich ebenfalls in Ländern gesehen, wo ich in diesem Leben noch nie gewesen war und eigentlich auch nicht hinfahren wollte. Die meisten Leben waren nicht sehr glücklich verlaufen, und das Schönste daran war immer der Tod – wenn ich meine Körperhülle wieder loslassen konnte.

Als ich 1981 Suryas Schwester Meena kennen lernte, veränderte sich mit ihr meine innere Schau. Ich sah nicht mehr nur den alten Ballast vieler negativ erscheinender Leben. Durch Meenas Anwesenheit konnte ich immer besser erkennen, woher ich kam und wohin ich wieder zurückwollte. Bilder unbeschreiblicher Schönheit und Harmonie tauchten vor meinem inneren Auge auf. Die Sehnsucht, dorthin zurückzukehren, und der Schmerz, es nicht zu können, verzehrten mich fast.

Meena bewegte sich meist in einer anderen Bewusstseinssphäre, sprach mit hohen Meistern und feinstofflichen Wesen. Amma sagt, dass der Geist durch die spirituelle Praxis klar und subtil wird. Dadurch können wir viele Dinge oder feinstoffliche Wesen mit dem inneren Auge wahrnehmen. Doch sie rät, diesen Erfahrungen nicht allzu viel Bedeutung beizumessen.

Das war der auch der Rat anderer Weisheitslehrer, deren Schriften ich bis jetzt gelesen hatte. Solche übernatürlichen Fähigkeiten und Erfahrungen werden uns irgendwann begegnen und haben in dem gegebenen Moment ihren Sinn. Das ist alles.

Auf keinen Fall wollte ich mich weiter mit dem Thema Reinkarnation beschäftigen. Ich wollte vielmehr den Weg finden, wie ich diesem Kreislauf von Geburt und Tod entrinnen könnte. Und die Weisen geben uns dazu ganz klare Anweisungen, zum Beispiel las ich bei Amma: »Dieser Kreislauf wird weitergehen, bis du damit aufhörst, auf die Gegenwart zu reagieren, die die Wirkung der Vergangenheit ist. Wenn du gegenwärtige Erfahrungen als unausweichlich akzeptieren kannst, als die Folgen deiner eigenen Handlungen und ihnen ins Auge siehst ohne Zorn oder Rachegedanken, dann wird der Kreislauf des Karma aufhören sich zu bewegen.«[60]

Welch unglaubliche Befreiung ist es, dies zu wissen, es im Herzen zu verstehen und annehmen zu können. Wie dankbar bin ich Carl, dass er mir die Möglichkeit gegeben hat, mich weiterzuentwickeln. Wie anders kann ich nun meine Migräne und meinen Krebs sehen, die mir halfen zu lernen.

[60] Mata Amritanandamayi: *Awaken, children!* Bd. 6, S. 69.

Dienen als Befreiung

Die Stille und das Vakuum, die mich nach Carls Tod umfingen, als ich in das leere Haus zurückkehrte, waren heilsam und beunruhigend zugleich. Ich war dankbar, dass Sarah und Surya noch ein paar Tage bei mir blieben. Wir alle mussten uns von dem Schock erholen.

Auch Meena war eigens aus Amerika zu Carls Beerdigung gekommen. Voller Liebe und Respekt wollte sie ihm die letzte Ehre erweisen. Gleichzeitig war sie mir eine seelische Stütze. Es war schön, sie nach vielen Jahren wiederzusehen. Sie meinte beiläufig, dass ich die zwanzig Jahre meines *Tapas*, meines spirituellen Reinigungsfeuers, gut bestanden habe, doch der Weg sei noch nicht ganz zu Ende. Die Feinarbeit werde mich noch eine Weile beschäftigen.

Ich nahm lange alles wie durch einen Nebel wahr, konnte kaum reagieren und war schließlich froh, als sich alle verabschiedeten und ich allein war.

Sehr viel Arbeit wartete auf mich, da ich den gesamten Nachlass regeln musste. Aber schon war da die bekannte kleine Stimme, die mir ins Ohr flüsterte: »Jetzt hast du endlich Zeit und die Möglichkeit, anderen zu helfen.« Prompt hatte sich erneut mein Helfersyndrom gemeldet.

Zum Glück war ich wachsam und versuchte mir darüber klar zu werden, warum ich schon wieder nach diesem Muster reagierte. Und nun schien es möglich zu sein, einen ganz alten, festen Knoten behutsam zu lösen.

Seit meiner Krebserkrankung hatte ich mich immer wieder gefragt, warum die so genannte Krebspersönlichkeit oft als aufopfernd bezeichnet wird und als unfähig, sich eigene Wünsche zu erfüllen. Je mehr ich mich Schritt für Schritt selbst annehmen konnte, umso klarer erschloss sich mir diese Haltung. Sicher hatte sie unbewusst damit zu tun, dass ich mein eigenes Karma abarbeiten wollte. Aber zu der Krebspersönlichkeit gehört auch die harte oder schwierige Kindheit. Wenn man in der Kindheit nicht genug Liebe und Anerkennung bekommen hat, versucht man später, dieses Loch zu füllen, indem man schlicht alles tut, was einem die Anerkennung der anderen sichern könnte – sei es durch Hilfsbereitschaft, Anpassung oder zuvorkommendes Auftreten.

Als ich nach meiner Eheschließung nur noch Hausfrau war, hatten die meisten meiner weiblichen Bekannten neben der Familie einen Job und erfüllten sich ihre Emanzipationswünsche. Ich hatte das Gefühl, von ihnen belächelt und abgewertet zu werden, da ich es scheinbar nicht fertig brachte, mich selbst zu verwirklichen. Aber meine innere Stimme ermahnte mich immer wieder, dass für mich der Dienst an der eigenen Familie wichtiger sei als alle Lorbeeren der Welt. Bei einer der wenigen Gelegenheiten, bei denen ich mit Meena noch Kontakt hatte, erklärte sie mir, dass ich selbst, das heißt meine Seele, den Weg der Unwissenheit gewählt habe, um dienend das letzte Wegstück zu gehen. Wenn zu viel Bildung oder Wissen da sei, würde ich meine Pflichten als Mutter gar nicht oder nur halbherzig erfüllen. Aber gerade die Mutterschaft sei mein Weg.

Trotzdem war ich oft unzufrieden und wütend auf Carl gewesen, weil er mir nicht erlaubte, im Geschäft teilweise mitzuarbeiten. Auch hatte er kein Ohr für viele interessante Kurse im Esoterikbereich, die ich gern besucht hätte. Heute bin ich ihm sehr dankbar dafür, dass er so unerbittlich war. Viele dieser Kurse hätte ich mit meiner hohen Sensibilität und körperlichen Instabilität wohl schlecht verkraftet, und mein *Dharma* (meine Pflicht) als Ehefrau und Mutter dann auch nicht erfüllt. Auch suchte ich in Wahrheit immer nur nach der Essenz in all diesen Weisheitslehren und Religionen – und sie offenbart sich nur in der Stille. So gesehen *musste* Carl mich im Äußeren scheinbar schmerzhaft einschränken; nur so konnte ich den Schatz in mir selbst finden.

Noch lag aber ein langer, mühsamer Entwicklungsweg vor mir, um Byron Katie zuzustimmen, wenn sie sagt:

Ich verliere – Gott gewinnt.
Ich bin der Diener,
Nicht länger der Bestimmende.

Alles, was ich vor allem auch in Frauenzeitschriften über die Rechte der Frau und ihre Selbstverwirklichung las, erschien mir sehr überzeugend und verführerisch. Trotzdem hatte ich das starke Gefühl, dass wir Frauen auf dem Weg zu unserer »Selbstbefreiung« etwas total missverstehen.

Obwohl auch ich mich von der männlichen »Herrschaft« über mich befreien wollte, konnte und wollte ich nicht mit meinem Mann rivalisieren. Allzu gern hätte auch ich mich öfter aus dem häuslichen Alltag geflüchtet und mir als Innenausstatterin oder Yogalehrerin Selbstbestätigung geholt. Aber für Carl war es äußerst wichtig, alle drei Mahlzeiten zu Hause einnehmen zu können. Ich kochte gern für ihn, weil er es so sehr schätzte, und hörte mir bei Tisch seine Sorgen an. Wenn ich mich manchmal beklagte, dass ich keine Lust habe, während des Essens immer all die Probleme anzuhören, erwiderte er mit fast bittender Stimme: »Mit wem soll ich es dann besprechen? Wem kann ich es sonst sagen, wenn nicht dir?«

Ich war erleichtert und froh, als ich bei Amma las, dass die Frau, die eine Familie hat, dieser dienen und dabei entschlossen ihren spirituellen Weg gehen solle.

Dennoch war es schwierig für mich, meine geistigen Übungen durchzuhalten, denn Carl war strikt dagegen. Als ich mit der Meditation anfing, stand ich um Mitternacht auf, wenn er in Tiefschlaf gefallen war. Ich meditierte dann im Badezimmer, sodass er keinen Verdacht schöpfte, falls er aufwachte, nach mir rief und ich nicht im Bett lag. Aus irgendeinem Grund hatte er immer größte Angst vor allem, was mit meiner Spiritualität, mit Meditation und mit Meistern zusammenhing. Aber für mich war das die Kraft, die es mir ermöglichte, dieses Leben zu leben. Ich war sehr froh, später das Mantra von Amma zu bekommen, denn ich konnte es innerlich wiederholen, wo immer wir uns gerade befanden. Es gab mir Sicherheit und Frieden; es schenkte mir Schritt für Schritt endlich das mir fehlende Selbstvertrauen.

»Den Glauben an Gott zu verstärken bedeutet, den Glauben an dich zu stärken, den Glauben an das eigene Selbst. Das ist in anderen Worten das, was man Selbstvertrauen nennt, Vertrauen in das eigene Selbst.«[61]

Endlich begann sich in mir das Begriffswirrwarr von Ego, Ich-Bestätigung und Selbstverwirklichung zu klären. Nicht das kleine egozentrische Selbst mit allen seinen Tricks und Spielen sollte verwirklicht werden, sondern das göttliche Selbst, das in uns unbeachtet und verkümmert darauf wartet, von uns erkannt und verwirklicht zu werden.

Ich bemühte ich mich weiter nach besten Kräften, »nur« für meine Familie da zu sein und meine Träume nach Bestätigung

[61] Mata Amritanandamayi: *Awaken, children!* Bd. 3, S. 118.

im Beruf loszulassen. Doch oft hatte ich das Gefühl, dass ich auch außerhalb meiner Familie etwas »Gutes« tun musste und in irgendeiner Form dienen sollte. Einige Jahre lang besuchte und betreute ich daher in München alte Schweizer Landsleute, die in teilweise erbärmlichen Umständen lebten. Sie hatten wie mein Mann und ich das Land, in dem sie geboren waren, verlassen. Im Alter sehnten sich die meisten dorthin zurück, wo sie ihre Wurzeln hatten. Sie waren traurig, dass sie nicht mehr in ihre Heimat zurückkehren konnten oder sich ihre Familie nicht um sie kümmerte. Das Leid dieser Menschen berührte mich sehr, da die allerwenigsten irgendeinen religiösen oder spirituellen Rückhalt hatten.

Ich war aber noch immer im Tun und Machen befangen, wollte helfen und lindern, doch es war so, wie ich es dachte, nicht möglich. Ich hatte viel zu viele Vorstellungen, wie dienen und helfen aussehen sollte, und meine eigenen Gefühle und Motive waren immer noch nicht im Gleichgewicht.

Doch der Wert, eine harmonische Familie zu haben, wurde mir durch diese Erfahrungen immer klarer. Die Familie hilft und unterstützt sich gegenseitig, wenn ihre Mitglieder in Frieden und Liebe miteinander umgehen. Noch aber wusste ich nicht, wie ich ohne zu manipulieren, ohne meine eigenen Wunden durch die Wunden der anderen zu überdecken, helfen konnte.

Mir scheint, dass Byron Katie zu Recht sagt: »Heiler, heile dich selbst.«

Hatte ich nicht den Heilpraktiker für mich selbst gemacht? Hatte ich nicht Yoga und Meditation erlernt und gelehrt, damit es mir selbst besser ging? Was immer ich damals auch unter »besser gehen« verstand.

»Um anderen helfen zu wollen, müssen Sie über das Bedürfnis, anderen helfen zu wollen, hinaus sein.« Diesen Satz von

Nisargadatta Maharaj, den ich 1984 in mein kleines Büchlein geschrieben hatte, konnte ich lange nicht verarbeiten und verstehen. Und so hörte ich 1988 auf, andere Menschen mit Jin Shin Jyutsu zu behandeln und Yogaunterricht zu geben. Ich spürte, dass etwas mit mir nicht stimmte, und ich wollte in mir selbst auf die Suche gehen.

Nisargadatta Maharaj betont, dass man dem Allerwichtigsten in seinem Leben, dem Selbst, Aufmerksamkeit schenken solle. Man sei in seinem persönlichen Universum das Zentrum – und wie könne man überhaupt etwas erkennen, wenn man das eigene Zentrum nicht erkannt habe?

Bald merkte ich, dass zum Zentrum vorzustoßen ein sehr schmerzlicher Vorgang ist. Ich versuchte immer mehr, meine Gedanken und Aktivitäten nicht nach außen zu projizieren, sondern meine Gefühle und Beweggründe zu analysieren. Dabei entstanden aber nur Schuldgefühle, wenn ich erkannte, wie ich die Welt um mich herum kritisierte, um meine eigenen Schwächen nicht sehen zu müssen.

Ich schmorte lange Zeit im eigenen Saft. Mein einziger Trost war die Weisheit aus der *Bhagavadgita*, dass man nicht der Handelnde sei, sondern bloß der Zeuge. In immer neuen Anläufen versuchte ich, in die Wahrheit dieser Aussage einzudringen, was mir intellektuell bis zu einem gewissen Grad auch möglich war. So fühlte ich mich nicht mehr ganz so traurig, betroffen und schuldig.

Aber erst Byron Katies vier Fragen und ihr Gebet »Gott, bitte verschone mich davor, Liebe, Anerkennung und Verständnis von anderen zu erwarten« halfen mir, Versuche sowohl von Manipulation als auch von Flucht zu erkennen. So war ich während eines Workshops mit Byron Katie, den ich im August 2001 besuchte, völlig verzweifelt über mich selbst, als mir meine Denk- und Verhaltensmuster bewusst wurden. Ich heulte in Katies Armen einfach los. Sie meinte gelassen: »Es ist immer ein Anfang. Wir sind unschuldig.« Und dann wünschte sie mir Spaß mit der nächsten Runde.

Die Frage war: »Ist es möglich, Fehler zu machen?«

Wir saßen in zwei Reihen im Kreis. Ich als Fragende blieb im inneren Kreis sitzen, während der äußere Kreis sich weiterzudrehen begann. So wurde mir von vielen verschiedenen Leuten auf meine Frage »Ist es möglich, Fehler zu machen?« immer wieder die Gegenfrage gestellt: »Ist das wahr?« Ungefähr ab der achten Gegenfrage wurde ich immer unsicherer, und die Antwort in mir wechselte plötzlich von einem »Ja« zu einem »Ich kann das nicht wissen«, um plötzlich das aus meinem Herzen aufsteigende »Nein« anzunehmen und auszusprechen.

In mir fiel eine Welt zusammen.

Ich sah ein, dass ich – wie alle anderen auch – im Grunde gar keine Fehler machen konnte. Es war eine Wahrheit, die aus meinem Herzen aufstieg. All mein Bemühen, mein Tun, meine Schuldgefühle, mein Streben, gut zu sein, besser zu sein – das alles war eine hoffnungslose, vollkommen überflüssige Anstrengung.

Der Krieg in mir kam zu einem Ende – endlich.

»Geben Sie alles auf, und seien Sie für das Wirkliche bereit.« Jetzt wurden diese Worte Nisargadatta Maharajs in mir Wirklichkeit. Ich hatte sie so viele Jahre in meinem kleinen Notizbuch herumgetragen.

Unser ganzes Leben und Handeln scheint ein einziger Schrei nach Liebe und Anerkennung zu sein. Auch ich hatte immer im Außen nach Liebe gesucht, und weil ich sie dort nicht bekommen konnte, fortwährend alles kritisiert. Dabei war ich immer hin und hergerissen zwischen der Wut, weil ich das, was ich wollte, nicht bekommen konnte, und der Angst, nicht nett und hilfsbereit genug zu sein. So hatte ich mich selbst in die Sackgasse manövriert. Erst als ich bereit war, alles loszulassen – das Gute und das Schlechte –, öffnete sich mir die Tür zu meinem wahren Selbst.

Nun war auch die Tür in meinem Herzen für Ammas Aussage offen, dass wir uns daran erinnern sollten, keine Liebe von anderen zu erwarten, wenn wir eine schwierige Phase in unserem Leben durchlaufen würden. Man sei selbst eine unerschöpfliche Quelle der Liebe.

All die Jahre, in denen ich etwas Gutes tun wollte, hatte ich *nichts* gefunden. Ich hatte der Familie zu dienen. In diesem Feuerofen konnte ich an mir selbst arbeiten.

Ammas Geburtstagsrede vom 27. September 2001 gab mir die Gewissheit, dass es für mich so, wie es war, seine Richtigkeit hatte. In dieser Rede betonte Amma, Frauen sollten zu neuem Selbstbewusstsein erwachen. Es würde jedoch nichts nutzen, einfach nur die Männer nachzuahmen. Wenn Frauen die Männer imitierten, würden sie weder das eine noch das andere sein. Frauen sollten Mut entwickeln und gleichzeitig den tugendhaften und liebevollen Charakter der Mütterlichkeit nicht aufgeben.

Das Männliche zu wissen,
das Weibliche zu wahren.
So wird man zum Strom der Welt.
Laotse, Tao Te King

Heute ist meine Familie für mich eine große seelische Entlastung. Wir leben in Frieden miteinander und respektieren uns gegenseitig. Meine Schwiegertochter und meine ältere Tochter Lynn sind wunderbare Mütter und starke Ehefrauen geworden, die menschliche Werte wie Aufrichtigkeit, Rücksichtnahme und Liebe an ihre Kinder weitergeben. Sarah, die jüngste Tochter, geht den spirituellen Weg, und wir alle unterstützen sie dabei. Jahrelanger »Dienst« an der Familie schenkt mir jetzt Freiheit und Frieden.

Der Weg zu Gott, der Weg zum wahren Selbst

Auf meiner Suche nach der Wahrheit bin ich auf den Flügeln meiner Lektüre um die halbe Welt gereist. Ich folgte Jesu Spuren nach Indien, dem Buddha nach Tibet, den tibetischen Mönchen nach China und den chinesischen Zen-Meistern nach Japan. Ohne selbst in diese Länder reisen zu müssen, kam die Essenz der Lehren zu mir – durch Fumon Roshi, meinen Zen Meister, und durch Amma, die ein Avatar, eine Inkarnation des göttlichen Bewusstseins, ist. Meine Lebensumstände halfen mir, immer auf der Suche zu bleiben.

Aber was suchte ich immerzu? Wer oder was suchte wen?

Carl konnte mein Suchen nie verstehen; dann starb er, und ich hatte nur noch mich. Es gab Zeiten bodenloser, tiefster Dunkelheit – und Totenstille. Ich fragte mich, ist es *das*? – und hatte Angst, verrückt zu werden. Ausweichen und mich ablenken wollte ich auch nicht. Es gab kein Zurück mehr.

Als ich im August 2001 den bereits erwähnten Workshop von Byron Katie besuchte, fiel ihre Weisheit bei mir auf gut vorbereiteten Boden; sie konnte sofort Wurzeln schlagen, wachsen und gedeihen.

Ihre Methode – die vier Fragen, mit denen man alle möglichen Situationen und Probleme untersuchen und klären kann, und die darauf folgende Umkehrung – ist kompromisslos, einfach und überwältigend. Hierbei waren keine Ausflüchte mehr möglich. Wen oder was ich auch immer beschuldigen oder kritisieren wollte, nach den vier Fragen und der Umkehrung war ich wieder bei mir selbst und in mir selbst angekommen.

Natürlich wäre es bequemer gewesen, weiterhin Carl zu kritisieren, vor allem dafür, dass er mich so lange »eingesperrt« und mir nichts erlaubt hatte. Aber wenn ich ehrlich zu mir selbst werden wollte, musste ich mich dem Prozess Umkehrung stellen und die Kritik auf mich selbst anwenden: »Ich sperrte mich selbst ein.«

Warum zeigte ich dieses Verhalten? Weil ich Liebe und das Gefühl, angenommen zu sein, von meinem Mann erwartete und es nur auf dem Weg bekommen konnte, dass ich mir nichts erlaubte, was ihm nicht gefiel. Diese Erkenntnis erschien mir im ersten Moment sehr hart und schmerzvoll. In Wirklichkeit ähnelt es aber dem Eiter, der aus der Wunde gedrückt wird; erst danach kann die Wunde heilen, und ein geheiltes Herz ist ein befreites Herz.

Es ist eine wunderbare Erleichterung, wenn dieses pausenlose Projizieren und Kritisieren im Außen wegfällt. Es ist genau das, was Amma meint, wenn sie sagt, dass wir immer eine so große negative Last mit uns herumtragen würden. Das Zurücknehmen der Projektionen ist wie ein Nachhausekommen zu dem eigenen inneren Selbst.

Ich erlebte Katie während des Kurses so sehr im Hier und Jetzt, dass es mir ebenfalls leicht fiel, ganz in der Gegenwart zu bleiben. Dabei wurde es still in mir, aber gleichzeitig war alles um mich herum darin enthalten, und ich war in allem enthalten: in den anderen Kursteilnehmern, in den Bäumen, im Fluss, im Essen und Trinken, im Lachen und Weinen. Ich verlor mein Namensschild, meine Brille, meine Kursunterlagen, vergaß meinen Hunger und Durst, meine Kopfschmerzen und meinen Schlaf – doch plötzlich fiel ich wieder aus diesem Zustand heraus, mein Ego bekam Angst. Ich lief zu Katie und fragte: »Wie kann ich so weiterleben und funktionieren, wenn ich wieder zu Hause bin?« Sie antwortete: »Der Körper weiß immer, was zu tun ist. Erfreue dich der Gnade!«

Später erklärte Katie den Kursteilnehmern: »Du wachst nicht für immer auf. Es ist jetzt, jetzt, jetzt. (…) Die Geschichte, dein Leben geht weiter, doch ohne dass man sich mit der Geschichte identifiziert.«

Ich erkannte, dass ich jeden Moment frei bin zu wählen: entweder in meiner alten Geschichte, das heißt in der Vergangenheit, zu sein, mich weiterhin mir ihr zu identifizieren und damit zu leiden oder durch innere Befragung ins Jetzt, nach Hause, zurückzukehren.

Nach Carls Tod hatte ich mir viele Vorwürfe gemacht, was ich in unserem Zusammenleben alles versäumt und unterlassen hatte. Ich marterte mich sogar mit der Frage, ob ich Schuld daran sei, dass er so plötzlich sterben musste. Ein Satz von Ramana Maharshi tröstete mich in solchen Situationen. Er sagt, dass der Schöpfer überall sei, und er bewirke, dass jeder – gemäß seinem Karma – seine Rolle im Leben spiele.

Während meiner Ehe hatte ich mich so oft mit der Frage geplagt, ob ich alles recht mache, und erlebt, dass ich es nicht wirklich recht machen konnte. Jetzt war niemand mehr da, mit dem ich auf diese Weise hätte kommunizieren oder auf den ich Dinge hätte projizieren können – es gab nur mich.

War ich dabei, wieder eine neue Geschichte zu erfinden und ihr anzuhaften?

Endlich begann die ganze Arbeit und Suche Früchte zu tragen. Etwas in mir hatte immer gewusst; etwas in mir »erinnerte« sich immer wieder. Jetzt wollte es herauskommen und sich befreien. Ich musste meinen Verstand ins Herz – nach Hause – bringen. Die Herrschaft meiner Gedanken, die das wahre innere Wissen wegsperren wollten, musste fallen.

Ein Teil von Byron Katies Workshop bestand darin, als Selbsterfahrung einen ganzen Tag lang ohne Geld, Ausweis, Essen in den Straßen der Großstadt schweigsam unterwegs zu sein. »Ich habe Hunger, können Sie mir etwas zu essen geben?« war der einzige Satz, den wir sagen durften. Es war dann verblüffend zu erleben, wie das Universum den ganzen Tag in wunder-vollen Momenten für mich sorgte. Ich war ein Niemand, hatte nichts, wusste nichts, und doch war alles da, es war für alles gesorgt. Ich empfand eine unaussprechliche Befreiung.

Mit einem Gefühl großer Dankbarkeit ging ich im Rahmen dieser Übung in eine Kirche. Es war eine katholische Kirche. Da der Zugang zum Kirchenschiff durch ein drei Meter hohes schmiedeeisernes Gitter versperrt war, setzte ich mich auf eine der beiden Bänke vor dem Gitter und dankte Gott für die wunderbaren Erfahrungen und die Fürsorge. Tränen liefen mir über das Gesicht, und durch den Tränenschleier nahm ich das riesige, wunderschön gearbeitete Gitter wahr. Plötzlich wurde mir klar, wie ich mich mit meinen Gedanken und Konzepten ein Leben lang selbst eingesperrt hatte. Es war völlig unerheblich, wie kunstvoll das schmiedeeiserne Gitter gestaltet war oder ob meine Gedanken gut oder schlecht waren. Sie schlossen mich aus; sie hinderten mich, nach Hause, in die Wahrheit, in mein ureigenes Selbst zu kommen. Der Schmerz dieser Erkenntnis riss meinen Brustkorb fast entzwei, und ich weinte hemmungslos – einmal aus Freude, dann wieder aus Schmerz. Die Zeit schien stehen zu bleiben.

Plötzlich hörte ich das rasselnde Geräusch eines Schlüsselbundes, und die Küsterin stand vor mir und sagte freundlich: »Das Tor ist jetzt offen, Sie können hineingehen.«

Tags drauf sagte Katie zu uns: »Wenn ihr wüsstet, wie wichtig ihr seid, dann würdet ihr in Billionen Teile zerfallen und einfach Licht sein. Das ist der Grund, warum diese missverstandenen Konzepte existieren: dich von diesem Bewusstsein fernzuhalten. Wenn ihr es wirklich wüsstet, dann wärt ihr einfach nur Liebe – verrückte Narren, blind vor Liebe.«

Und Amma kleidet es in folgenden Worten: »Das ganze Universum wartet darauf, dich als seinen Herrn anzunehmen. Du bettelst aber noch mit einer Bettelschale in deiner Hand. Öffne die Augen und versuche klar zu sehen. Du bist der König, der als Bettler verkleidet ist. Wirf die Bettlerkleidung weg. Das Universum wartet darauf, dass du königliche Kleidung anlegst. Komme aus diesem Traum heraus, aus dieser Illusion der Schwäche.«[62]

Dieser Tag wurde für mich symbolisch zum Schlüssel, um durch das Tor zu gehen.

Ich hatte in meinen Geschichten der Vergangenheit immer weiter als das kleine ungeliebte Kind, das Dienstmädchen oder die Verkäuferin existiert. Auch in meiner Ehe bettelte ich um Zuneigung, Anerkennung und Liebe. Die leidvollen Geschichten und die Schmerzen waren die ganze Zeit nur da gewesen, um mich aus diesem Traum aufzuwecken.

Durch die Arbeit im Workshop mit Katie war mein Verstand zum Schweigen gekommen. Ich gelangte in das Hier und Jetzt und hatte keine »Geschichten« mehr. Auf diese Weise konnte ich durch die Straßen der fremden Stadt gehen und um meine Nahrung betteln, ohne mich in irgendeiner Weise schlecht oder arm zu fühlen. Ich erlebte, dass die Menschen mir gaben, was ich brauchte. In mir war tiefe Dankbarkeit, sonst nichts. Es gab keine Vergangenheit und keine Zukunft mehr. Alles fiel in diesem Augenblick in sich zusammen.

Dieser Kurs schenkte mir die Erfahrung, wie es ist, wenn der

[62] Mata Amritanandamayi: *Awaken, children!* Bd. 6, S. 119.

Verstand ruhig wird, wenn das kleine Ich schweigt. Dann ist niemand mehr da, der Recht haben will, der kontrollieren und manipulieren muss oder der etwas zu erzwingen sucht. Katie formuliert es mit den Worten: »Wenn du dorthin gelangst, dann gibt es weder Zeit noch Raum, sondern lediglich: ja , ja, ja.«[63]

Im Herbst 2001 hatte ich alles erledigt, was mit Carls Nachlass verbunden gewesen war. Alles war geordnet, verteilt, verkauft. Mein einziger Wunsch, den ich hatte, war, mit meiner noch verbleibenden Kraft der letztendlichen Befreiung entgegenzugehen.

Als Amma im Oktober auf ihrer Europareise München besuchte, wohnte sie wieder in unserem Haus, wo inzwischen Sarah und Surya lebten, und ich hatte die Gelegenheit, ihr einige Fragen stellen zu dürfen. So fragte ich, ob ich jetzt, da ich frei sei, zu ihr in den Ashram kommen dürfe. Sie antwortete: »Du stehst vor Gott. Bleib, wo du bist, und bewahre Stille.«

[63] Mitchell, Stephen: *A brief anthology of Byron Katie's words.*

Wenn die Lebensreise zu Ende geht

Ich habe zahllose Bücher über das Sterben und den Tod gelesen, denn ich möchte den Tod vorbehaltlos willkommen heißen und mich ihm freudig anheim geben, wenn die Zeit gekommen ist.

Als ich 1991 in der Krebsklinik lag, machte ich eine sehr tiefe Erfahrung. Ich hatte damals einfach losgelassen und war passiv geworden. Alles Lesen und Forschen, alle Sorgen und Gedanken, die ich mir immer gemacht hatte, schienen mich nicht weitergebracht zu haben. Im Gegenteil, jetzt hatte ich Krebs. Ich wollte einfach nur diese vielleicht letzten Wochen oder Monate, die mir noch verblieben, bewusst er-leben. Ich wollten mich keinem Zwang, keinen Forderungen, keinem Zeitdruck mehr aussetzen. Auch waren keine Wünsche mehr da, von denen ich glaubte, dass ich sie mir erfüllen müsste. Ich war einfach froh, daliegen zu dürfen, Essen zu bekommen und ab und zu etwas spazieren zu gehen.

Meine Sichtweise veränderte sich zeitweise völlig. Ich war wohl unbeabsichtigt in die Rolle des »Zeugen« gelangt. Ich schaute mehr oder weniger unbeteiligt zu, was sich tagsüber ereignete. Oder ich hörte mir zu, wie ich plötzlich spontan Zustimmung oder Ablehnung äußerte. Nachts hatte ich oftmals das Gefühl, dass ich mir selbst beim Schlafen zusah. Weder meine Migräneanfälle noch die therapeutischen Maßnahmen wie Spritzen oder Aufarbeitung der Biographie mit dem

Arzt, die ja alle im Grunde äußere Störungen waren, berührten mich. Innerlich war ich ruhig, zufrieden und glücklich.

Da ich alle Mahlzeiten im Zimmer allein zu mir nahm, sah ich in den ersten zwei Wochen tagelang nur den Arzt oder die Schwestern. Ich hatte überhaupt kein Bedürfnis, das Zimmer zu verlassen, sondern lag einfach da. Ich schaute den Wolken am Himmel zu, nahm die Geräusche um mich herum wahr und war zufrieden.

An so einem friedlichen Nachmittag merkte ich, wie ich mit einem Teil von mir immer weiter von meinem Körper weg-ging. Es war ein wunderbares, unbeschreibliches Gefühl. Ganz leicht, völlig schwerelos und glückselig und trotzdem ganz wach und klar wahrnehmend war ich dabei, meinen Körper zu verlassen. Einen Moment durchzuckte mich der Impuls, jetzt besser nach der Schwester zu klingeln, aber meine Hand ge-horchte nicht mehr. Die Verbindung zum Körper war zwar noch da, aber ich konnte mich nicht rühren. Ich hing zwischen den Welten, und mir war ganz wohl zumute. Ich war selig und froh, diesen Körper verlassen zu dürfen – als die Schwes-ter das Zimmer betrat. Da sie keine Antwort auf ihre Frage nach meinem Befinden erhielt und mein Körper völlig re-gungslos dalag, stürzte sie davon. Wenige Minuten später war sie mit dem Arzt zurück, der sich an mein Bett setzte und mit fester Stimme sagte: »Frau Wecker, ich gebe Ihnen jetzt eine Spritze und bleibe hier, bis Sie wieder ganz da sind.« Er hielt mein Handgelenk fest, fixierte meine Augen und holte mich damit zurück. Er blieb noch lange bei mir sitzen. Wir konnten beide nicht sprechen, aber er hatte verstanden – und ich auch. Es war für mich noch nicht Zeit gewesen zu gehen.

Jahre später, als ich die Bücher der Sterbeforscherin Elisa-beth Kübler-Ross gelesen hatte, wurde mir erst wirklich klar, was damals passiert war. Und ich fragte mich, warum sich nur so wenige Menschen dafür interessierten, was beim Sterben und danach passierte, da es doch fundierte Forschungen darüber gab. Warum lehrte niemand die Kunst des Sterbens, wenn wir den Tod nicht fürchten müssen? Denn der Übertritt vom Leben in das Licht ist eine ergreifend schöne Erfahrung, was die wieder ins Leben Geholten bestätigen und wie ich es auch erlebt habe. Als Amma einmal gefragt wurde, ob man lernen könne zu sterben, antwortete sie: »Ja, der Tod ist eine Kunst, die man lernen und praktizieren muss. Sie kann nur praktiziert werden, wenn du dein Ego abwirfst. Sie kann nur durch die Übung von Meditation erlernt werden.« Und: »Unbewusst werden wir auf das Erreichen dieses letzten Stadiums vorbereitet, bei dem alle weltlichen Anhaftungen fallen gelassen werden, das heißt das ganze Ego. Es muss geschehen, weil dies die letzte Stufe der Evolution ist. Man kann es nicht vermeiden. Die letzte Bestimmung für alle Seelen ist das Wegfallen von allen Hindernissen für Frieden und Erfüllung.«[64]

Genauso hatte ich die Zeit erlebt, als sich Carl auf seine letzte Reise vorbereitete. Scheinbar unbewusst sprach er immer davon, etwas zum letzten Mal tun zu wollen, zum Beispiel seine Enkel nochmals sehen, nach Indien fahren, Freunde besuchen und einkaufen gehen. Seine Seele bereitete ihn und auch mich vor. Da er jedoch nicht krank war, fiel es uns beiden schwer, damit umzugehen.

Carl ordnete seine Angelegenheiten so gut er konnte und verabschiedete sich von allen seinen Freunden, bevor er ins Krankenhaus ging. Zu meiner Freundin sagte er vor der Abfahrt: »In dem Krankenhaus, wo ich jetzt operiert werde, bin

[64] Mata Amritanandamayi: *Awaken, children!* Bd. 6, S. 7, 13.

ich geboren worden. Jetzt gehe ich dorthin zurück, um zu sterben«, was sie mir aber nicht sofort erzählte.

Und doch hing er mit ganzer Kraft am Leben und kämpfte – viele Tage lang ertrug er die künstliche Beatmung –, obwohl seine Seele ihn vorbereitete zu gehen. Nein, so leicht wollte er das Leben nicht aufgeben. Angesichts dieses Sterbens konnte ich nur beten und Gott anflehen, ihn von dem schrecklichen Kampf zu befreien.

Es war unerträglich für mich zu wissen, dass die genau dosierten Schlafmittel seine Reaktionen beeinflussten. Er hatte keine Möglichkeit, seinen Gefühlen in diesen letzten Stunden auf irgendeine Weise Ausdruck zu verleihen. Da die Ärzte zuvor immer gesagt hatten, dass Carl uns trotz dieser Mittel wahrnehmen und verstehen könne, musste er es doch auch hören, dass eine Überlebenshilfe nach der anderen abgeschaltet wurde. Als die Geräte entfernt worden waren, meinte die Ärztin, dass es gleich vorbei sei. Doch Carl kämpfte fünf Stunden lang weiter.

Ich empfand es als zutiefst grausam, was die moderne Medizin sich anmaßt. Erst ließ man ihn nicht sterben und hielt ihn künstlich am Leben, dann besprachen die Ärzte an seinem Bett alle weiteren Maßnahmen – und er musste alles mit anhören. Sein Körper versagte, aber sein Geist lebte. Nur gab es für ihn keine Möglichkeit, sich zu verabschieden.

Der Gedanke, was Carl wohl in seinen letzten Tagen auf der Intensivstation gefühlt und gedacht hatte, quälte mich. Ich erinnerte mich, dass ich irgendwann gelesen hatte, dass die Seele eines Verstorbenen an Weihnachten nochmals in unsere Bewusstseinsphäre eintauchen könnte. Ich betete inständig zu Carl, er möge an Weihnachten kommen und mir sagen, wie es ihm gehe, damit ich meinen inneren Schmerz loslassen könne und auch in mir Heilung geschehe. Ich war zuversichtlich, dass das möglich wäre, hatte ich mich doch inzwischen mit unzähligen Berichten über das Leben nach dem Tod befasst.

Außerdem hatte ich drei Monate nach Carls Tod ein sehr beeindruckendes Erlebnis. Ich wollte im November 2000 zu Meena in die USA fliegen, um ein wenig Abstand und Ruhe zu finden. Ich war etwas beunruhigt, da ich sehr viel Gepäck und meine Gitarre dabei hatte und in Atlanta umsteigen musste. Kaum waren wir in Zürich abgeflogen, spürte ich immer mehr Carls Energie. So fragte ich ihn, ob er mir nahe sei. Er antwortete mir, dass er mich begleiten wolle, da ich mir diese Reise mit ihm zusammen so sehr gewünscht habe, als er noch lebte. Damals habe er die Zusammenhänge nicht erkennen können, warum mir diese Reise so wichtig war, aber jetzt könne er es von seiner neuen Bewusstseinsebene aus verstehen. Ich stellte ihm noch weitere Fragen, die er mir beantwortete, aber ich traute der ganzen Sache nicht. Vielleicht war alles nur Einbildung.

Etwa eine Stunde vor der Landung in Atlanta wurde ich wegen meines vielen Gepäcks unruhig. Doch plötzlich spürte ich wieder diese Gewissheit, dass Carl anwesend war. Er meinte, dass ich mir keine Sorgen machen solle, er werde mir beim Umsteigen helfen. Das war dann doch etwas zu viel, und ich lächelte in mich hinein und fragte: »Wie willst du mir denn helfen, die Koffer zu tragen?« Er meinte, ich solle einfach vertrauen und mich überraschen lassen, denn die unsichtbaren Helfer würden alles arrangieren.

Voller Skepsis fragte ich mich, ob ich mir nicht alles nur einbildete. Ich vergaß bei der Landung dieses Angebot, da ich mich wie immer lieber den Sorgen hingab, wie ich alles nur schaffen sollte. Doch kaum hatte ich das Flugzeug durch den mobilen Aussteigearm verlassen, stand eine große, muskulöse

Amerikanerin vor mir und fragte: »Brauchen Sie Hilfe?« Völlig überrascht antwortete ich: »Ja, bitte!« Sie nahm mir meinen Flugschein aus der Hand und entfernte sich mit Riesenschritten. Ich verlor sie in der Menge sofort aus den Augen und suchte den Weg zur Gepäckausgabe. Dort kam sie mir auch schon wieder entgegen – mit einem Gepäckwagen, auf dem meine Koffer waren. Sie ließ ihn bei mir stehen, um kurz darauf mit meiner Gitarre, die im Sondergepäckraum abzuholen war, zurückzukommen. Dann schob sie mich und den Gepäckwagen durch den Zoll, holte die neue Bordkarte für meinen Weiterflug nach Kansas, drückte mir alles in die Hand, und schon war sie verschwunden. Ich konnte nicht einmal danke sagen.

Das Ganze hatte keine zehn Minuten gedauert. Ich stand wie vom Donner gerührt in der Halle, während meine Mitpassagiere noch immer nach ihren Koffern Ausschau hielten. Ich beschloss, ab sofort meinem Carl zu glauben, sollte ich nochmals eine Gelegenheit des Kontakts bekommen. Und sie kam – an Weihnachten.

An Heiligabend wollten mich mein Bruder und Esther besuchen, damit ich nicht allein war. Ich wäre jedoch sehr gern allein gewesen, denn ich hoffte, dass Carl tatsächlich kommen würde, um meine Fragen zu beantworten. Die beiden ließen sich aber nicht abhalten, und wir entschieden uns für eine Waldweihnacht. Wir bauten draußen im Wald eine hübsche Krippe auf und schmückten eine Tanne mit Kerzen. Als wir gemeinsam »Stille Nacht« sangen, hatte ich schon wieder dieses komische Gefühl, dass Carls Energie anwesend war. Als wir zu Ende gesungen hatten, sagten Esther und mein Bruder wie aus einem Mund: »Ich glaube, Carl ist auch da.«

Nachdem die beiden schlafen gegangen waren, setzte ich mich mit Stift und Block auf mein Bett und schrieb zwei Stunden lang alles auf, was Carl mir antwortete. Ich wollte unbedingt wissen, ob das Sterben für ihn so grausam gewesen war, wie ich es erlebt hatte.

Als Erstes antwortete er: »Wie hast du geweint und um mich gelitten. Damit hast du mir so viel Liebe geschenkt, und durch eure Gebete und das Singen konnten all meine Helfer und Engelwesen kommen. So viel Licht und Liebe habt ihr mir in dieser schweren Stunde entgegengebracht. Das hat mir die Kraft gegeben, mich wirklich für das Loslassen zu entscheiden. Ich bin dir ewig dankbar dafür. Glaube, glaube, es ist wahr, was du da schreibst. Du wusstest, dass ich komme, darum wolltest du an Weihnachten allein sein, und jetzt endlich kann ich dir nochmals sagen, wie sehr ich dich ehre und dir dankbar bin. Nur jetzt an Weihnachten ist es mich nochmals möglich, dir als Mensch ganz nahe zu sein. Wenn ich wieder in meine neue Heimat zurückgehe, erreichen mich deine Gedanken weiterhin. Ich kann nicht mehr kommen, aber die Engel und Geistwesen können kommen und dir helfen. Du machst dir immer zu viele Sorgen, und damit machst du dir dein Leben sehr schwer. Hab keine Angst, ich kann dir weiterhin durch die Engelwesen helfen, so wie am Flughafen in Atlanta. Es ist immer für alles gesorgt, du musst nur vertrauen und dich entspannen. Wenn ich dich und deine spirituelle Suche in unserem Erdenleben nicht unterstützt und verstanden habe, so erkenne ich jetzt, aus meiner neuen Sichtweise, die Zusammenhänge wieder und werde dich besser unterstützen können. Du hast mir so viel geschenkt, was ich erst jetzt erkennen kann. In der allumfassenden universellen Liebe sind wir eins. Da treffen wir uns wieder.«

Wie konnte es anders sein: Ich zweifelte erneut, ob dieser Kontakt zu Carl nicht bloß Einbildung sei. Doch dann rief mich Sarah an. Sie war über Weihnachten in Ammas Ashram gefahren. Aufgeregt erzählte sie mir am Telefon, dass Amma gesagt habe: »Nur weil ihr alle am Sterbebett so lange gebetet und gesungen habt, konnte dein Vater endlich loslassen und ins Licht gehen.«

Welcher Friede: Ich durfte glauben und vertrauen.

Auch am 25. Dezember fühlte ich nochmals Carls Nähe, und ich schrieb und schrieb. All die Hilfe, die er mir damals versprach, ist tatsächlich gekommen. Er hat mich manches gelehrt und mir viele Dinge gesagt, die ich nicht wusste, die ich aber später in Büchern bestätigt fand.

Viele Monate später, im Oktober 2001, fragte ich Amma, ob ich die Erfahrungen nach Carls Tod in diesem Buch erwähnen dürfe. Sie erklärte mir: »Es sind deine persönlichen Erfahrungen; ja, du kannst darüber berichten.«

All diese Erlebnisse in Zusammenhang mit Carls Sterben und nach seinem Tod bestätigten mir, was ich zuvor schon über den Tod gelesen hatte. Jetzt fielen mir plötzlich noch ganz andere Bücher in die Hand, die mir einen viel tieferen Einblick schenkten und meine eigenen Erfahrungen bekräftigten. Das, was mich jedoch am Stärksten beruhigte, beflügelte und erfreute, waren die Aussagen Ammas über Leben und Tod. Ihre Worte sollen deshalb am Schluss meiner Geschichte stehen:

»Alles Leben bewegt sich in Kreisläufen; das gesamte Universum ist ein Kreislauf. Wie die Erde sich in regelmäßigem Kreislauf um die Sonne bewegt, so ist auch die gesamte Natur diesem Muster unterworfen. (...) Karma und seine Folgen werden unausweichlich von jedem Wesen erlebt, bis der Geist zur Ruhe gekommen und Zufriedenheit im eigenen Selbst gefunden ist.«[65]

[65] Mata Amritanandamayi: *Der Weg der Weisheit und Liebe*, S. 95.

Nachwort

Tod und Wiedergeburt

Die Zeit, nachdem uns Carl am 3. August 2000 verlassen hatte, war schwierig. Fast dreißig Jahre lang war ich mit ihm so eng verbunden gewesen, dass ich mich nach seinem Tod wie amputiert fühlte.

Carls Nachlass zu ordnen und zu verteilen war eine große Aufgabe, aber er hatte in seiner Vorahnung alles so gut vorbereitet und aufgeräumt, dass ich mich einigermaßen zurechtfand. Wenn ich einmal nicht mehr weiterwusste, rief ich ihn in meinem Herzen und bat ihn innerlich um Hilfe. Auf wunderbare Weise wurde ich dann immer geführt, das Richtige zu tun. Als Carls Testamentsvollstreckerin tätig zu sein war der erste Schritt zu Selbstständigkeit und Selbstsicherheit. Ich war auch dankbar, dass er materiell gut für mich vorgesorgt hatte.

Nachdem alles geregelt war, hätte ich eigentlich ein angenehmes, zufriedenes Leben führen können. Aber ich war so müde geworden. Mein Körper wollte nicht mehr; mein Herz wollte immer öfter stillstehen.

Ich war zuvor mit Carls Herzproblemen beschäftigt gewesen und mit meinem eigenen Herz nicht besonders achtsam umgegangen. Schon seit mehreren Jahren schreckte ich etwa alle zwei bis drei Monate nachts aus dem Schlaf hoch, wobei ich mich dann wild auf und nieder bewegte und die Arme um mich warf, bis mir bewusst wurde, dass ich um Atem rang und fast erstickte. Die automatisch einsetzenden intensiven Körperbewegungen, die offenbar vom Unterbewusstsein gesteuert wurden, brachten mein Herz wieder in Gang, das stillzustehen drohte.

Diese nächtlichen Anfälle waren sehr unangenehm, und am meisten ärgerte ich mich darüber, dass ich dann immer laut »Nein, nein!« schrie. Ich war traurig, dass ich in der bedrohlichen Situation nicht die Namen Gottes rief oder mein Mantra auf den Lippen hatte, denn einmal würde es ja das letzte Mal sein, wenn mein Herz nicht wieder normal zu schlagen begann. Ich hatte gelesen, dass man sich im Augenblick des Todes des göttlichen Namens erinnern und ihn nach Möglichkeit aussprechen sollte, um eine spirituelle Wiedergeburt zu erlangen. Ich versuchte also, vor dem Einschlafen mein Mantra sehr konzentriert zu wiederholen, um es beim nächsten Anfall leichter parat zu haben.

Die Herzanfälle häuften sich, doch immer noch reagierte ich spontan mit »Nein!«. Mein Körper litt immer mehr unter der Müdigkeit; meine Migräne wurde heftiger. Ich musste selbst auf kleine Spaziergänge verzichten. Die kleinste Steigung raubte mir völlig den Atem.

Angesichts dieser Schwäche begann ich mich im Jahr 2001 auf den Tod vorzubereiten. Ich verteilte und verschenkte alles, was ich nicht unmittelbar zum Leben brauchte und schrieb mein Testament.

Über diese Ahnungen und Vorbereitungen für den Abschied konnte ich nur mit Meena sprechen, zu der ich nach Carls Tod in intensivem telefonischem Kontakt stand. Meena sagte, dass meine Aura völlig vom Todesschatten überdeckt sei – und so fühlte ich mich auch. Es war, als würde die Lebenskraft, sich mehr und mehr aus meinem Körper zurückziehen. Obwohl ich verschiedene Mittel versuchte und Meena täglich Fernheilung praktizierte, konnte ich diesen Prozess nicht aufhalten.

Ich fürchtete mich nicht, diesen Körper zu verlassen. Im

Gegenteil, ich betrachtete mein Leben als abgeschlossen. Hatte ich nicht alles erfahren und erlitten, was das Leben so bieten kann? Meine persönlichen Angelegenheiten waren geordnet. Jedem, der mir nahe stand, hatte ich zum Abschied einen Dankesbrief geschrieben. Die Briefe waren adressiert und lagen zum Versand bereit.

Ich war an einem Tiefpunkt angelangt, als sich Meena entschied, für drei Wochen zu mir zu kommen. Astrologischen Berechnungen hatten für mich eine sehr ungünstige Sternenkonstellation ergeben, und sie befürchtete, dass ich diese Phase mit der mir verbliebenen Lebenskraft nicht allein durchstehen würde. Ich war über ihren Besuch sehr dankbar, denn mittlerweile erlitt ich mehrmals in der Woche nächtliche Herzstillstände. Allerdings hatte das Beten und Mantrasprechen geholfen. Ich reagierte nicht mehr mit einem Nein, sondern rief Ammas Namen und war bereit, mich in ihre Arme fallen zu lassen.

Meena kam und schlief nun neben mir. Sie konnte mit ihrer Hellsichtigkeit die Anfälle beobachten und mir helfen. Ich war jetzt nicht mehr aufgeregt, wenn sich mein Körper im Tiefschlaf zu schütteln begann. Ich konnte jetzt »Zeuge« dieses Geschehens sein. Indem ich einfach nur »zuschaute«, vermochte ich mich im Herzen ganz mit Amma zu verbinden.

Eines Nachts setzte mein Herz für mehrere Minuten aus. Ohne Meenas Arbeit an meinem Astralleib wäre dies wohl mein Ende gewesen. Ich wusste nicht, ob ich lachen oder weinen sollte, als ich spürte, dass ich dank Meenas Hilfe wieder eine feste Verbindung zum Körper bekam, denn in mir hatten sich in den kritischen Minuten eine große Leichtigkeit und ein großer Frieden eingestellt und mich darauf vorbereitet, wieder mit meinem Ursprung zu verschmelzen.

In dieser Nacht tobte draußen ein schweres Unwetter; es

herrschte Weltuntergangsstimmung. Vier Tage und Nächte hatte es ununterbrochen geregnet, und der Boden hatte das Wasser nicht mehr aufnehmen können. Ganze Hänge lösten sich und rutschten zu Tal. Zu Tages- und Nachtzeiten heulten die Sirenen, und alle Hände waren gefragt, mit anzupacken, um Straßen und Häuser von Schlamm und Geröll zu befreien. Mit einem lauten Donnerschlag stürzten schließlich riesige Gesteinsmassen in ein Hochwasser führendes Flussbett, dann herrschte Totenstille. Welches Doppelspiel: Draußen versuchten die Menschen dem Tod zu entkommen, und ich wäre in meinem Bett liegend bereit gewesen, mich dem Tod zu überlassen.

Dann änderte sich innen und außen die Situation. Die Sonne zeigte sich für kurze Zeit. Straßen und Bahnlinien wurden freigeräumt und Telefonleitungen wieder repariert. Auch mein Körper erholte sich etwas, und ich konnte noch einige wichtige Dinge erledigen. Dann kam der Schnee und deckte alles mit strahlendem Weiß zu. Der Spuk war vorbei; es trat Stille ein. Auch ich schlüpfte wieder unter die warme Decke, und Frieden breitete sich in mir aus.

Aber noch war die Schlacht nicht gewonnen. Wieder verdunkelte sich der Himmel und öffnete seine Schleusen. Auch meine eigenen Gefühle, vor allem meine Zweifel, warfen Schatten auf meinen zuvor so friedvollen Zustand. Nochmals beschäftigte ich mich zwei Nächte lang intensiv damit, mir und den Menschen zu vergeben, die in meinen Gedanken auftauchten und die teilweise fast greifbar vor mir zu stehen schienen. Ein schweres Ringen um Ehrlichkeit und das Offenlegen von allem, das ich in mir noch irgendwo versteckt halten wollte, brachten mich an den Rand der Erschöpfung. Aber es gab kein Zurück mehr. Ich musste die letzten Bindungen erkennen und ihnen ins Auge sehen, damit das Loslassen geschehen konnte. Tag und Nacht erhielt ich von Meena spirituelle Begleitung, und meine Freundin Rita half mit vielen Kleinigkeiten, die noch zu bewältigen waren.

Mein schwärzester Tag kam Ende November, als die Sterne meines Horoskops wirklich gegen mich standen. Sarah und Surya hatten wir mitgeteilt, dass es mir schlecht gehe. Sie fuhren gleich los, um mich zu besuchen. Lynn hatten wir nicht benachrichtigt, denn sie steckte mitten in einem großen Umzug, und wir wollten sie nicht beunruhigen. Ich wollte Sarah mein Testament geben und ihr einiges persönlich erklären. Vor allem sollte sie sehen, wie ruhig und glücklich ich war. Ich wollte, dass sie bewusst von mir Abschied nehmen konnte, da sie ja ihre leibliche Mutter auf für sie so plötzliche und unfaßbare Art verloren hatte. Sarah schien sehr gefasst und gelöst zu sein, »gleich-gültig« bereit zu akzeptieren, für welchen Weg sich das Leben entscheiden würde.

Die nächste Nacht saß ich dann wachend und betend im Bett, bereit, mich mitnehmen zu lassen. Aber es erschienen weder ein Engel noch der Tod, die mich aufgefordert hätten, mit ihnen zu kommen, und mein Herz setzte nicht aus.

Irgendwann fiel Meena in Schlaf, und gegen Morgen schlummerte auch ich ein. Draußen hatte sich der Sturm wieder gelegt, und als uns die ersten Sonnenstrahlen aus dem »Todesschlaf« kitzelten, mussten wir beide lachen.

Aber dann weinte ich fürchterlich. Ich war fertig, leer. Hatte ich mich selbst zum Narren gehalten?

Es blieb wenig Zeit, über das Vorgefallene zu spekulieren. Sarah und Surya wollten zu Amma fahren und mich mitnehmen. Meena, deren Besuch zu Ende ging, musste zum Flughafen gebracht werden. Ich entschied mich, allein im Haus zu bleiben. Ich wollte dieser Leere nicht entfliehen. »Es gibt keine Fehler«, hörte ich Byron Katie in meinem Herzen sagen.

Diese Todesübung konnte kein Fehler gewesen sein, und ich wollte mich aus dieser Erfahrung nicht davonstehlen.

Meena flog in der Gewissheit ab, dass ich es jetzt selbst schaffen würde. Ich ging daran, meinen Haushalt wieder zu organisieren, hatte ich doch alle Vorräte abgebaut, Zeitungen abbestellt, Verpflichtungen abgesagt, vieles stillgelegt. Die meisten meiner Kleider sowie meinen Schmuck und anderes Zubehör hatte ich verschenkt. Ich musste wieder ins Leben zurückfinden.

Erst im Nachhinein erkannte ich, wie befreiend die »Sterbeaktion« gewesen war. Ich wusste nun, dass ich auf keinen Fall wieder in mein altes Leben verfallen wollte. Obwohl mir Amma nicht erlaubt hatte, in ihren Ashram zu ziehen, wollte ich wie ein Sannyasin, ein der Welt entsagender Mensch, leben. Ich wollte mich, so weit es ging, vom Alltagsleben fernhalten und meine Tage in Stille und Meditation verbringen.

Ich hatte meiner Tochter allerdings versprochen, einen Herzspezialisten aufzusuchen. Ich fuhr deshalb nach Zürich und übernachtete bei meinem Bruder. In der Nacht erlitt ich wieder einen Herzstillstand, rang nach Luft und war danach erschöpft. Ein Nein hatte ich jedoch nicht ausgerufen, und das beruhigte mich sehr.

Nach verschiedenen Untersuchungen schlug mir der Herzspezialist vor, mir einen Herzschrittmacher einzupflanzen. In zwanzig Minuten wäre alles vorbei, kein lästiges Ringen mehr in der Nacht. »Überlegen Sie nicht zu lange!«

Was sollte ich da schon lange überlegen? Ich war mir meiner Sache sicher: Mein Herz durfte stillstehen, wann immer die Zeit dafür gekommen war.

Der Abendzug brachte mich wohlbehalten nach Hause in meine stille Höhle. Verglichen mit einer Himalaja-Berghöhle eines Asketen lebte ich natürlich in einer luxuriösen Klause – mit Heizung, fließendem Wasser und anderen Annehmlichkeiten. Aber das Haus in den Bergen war jetzt meine Höhle des Rückzugs. Ich wollte dort endlich ein lange geplantes Vorhaben in die Tat umsetzen: Ich wollte sieben Tage lang Jin Shin Jyutsu praktizieren. Mit der einfachen Praxis des Fingerhaltens hatte der Begründer der Methode, der Japaner Jiro Murai, es geschafft, sich selbst zu heilen. Jetzt war die Zeit gekommen, dass ich es ebenfalls versuchte.

Ich begann auf meine Weise zu fasten: Ich nahm nur pürierte Gemüsesuppe und Basmatireis zu mir. Dazu trank ich viel warmes Wasser, um die Schlacken auszuleiten. Die ersten zwei Tage empfand ich als entspannend und erleichternd. Dann aber begannen der Körper und das Unterbewusstsein, das lange Verdrängte und Aufgestaute zu lösen, und eine kaum auszuhaltende Unruhe, Angst und Panik kamen hoch. Ich versuchte, möglichst nicht in diese Gefühlswelt einzusteigen, sondern Beobachter und Zeuge zu sein.

Das Fingerhalten fiel mir immer schwerer; fast musste ich aufgeben. Ich versuchte so lange wie möglich im Meditationssitz zu bleiben, wenn auch weich in Kissen gelehnt, um wacher bei meinem Atem zu sein. Ich betete und hoffte, dass mir die Ursache meiner Panik gezeigt würde.

Die Zeit verstrich, und das Unglaubliche trat immer klarer vor mein inneres Auge: *Es war die Angst vor der Liebe*.

Aber hatte ich mich nicht intensiv mit dem Wesen der Liebe beschäftigt? Versuchte ich nicht, in meinem Alltag, im Kontakt mit anderen die Liebe zu leben?

Erschüttert ergriff ich meinen rechten Zeigefinger – den Finger der Angst, der bei mir krumm war und recht armselig aussah –, um ihn nach Art des Jin Shin Jyutsu zu halten. Eine leise innere Stimme meldete sich: Wie sieht es mit der Liebe zu dir selbst aus? Bist du bereit, deinen Körper zu lieben, ihm das zu geben, was er braucht, um ein gutes Fahrzeug für deine Seele zu sein? Bist du bereit, dich wirklich lieben zu lassen?

Still zu sitzen, dabei den Finger zu halten und diesen Fragen ehrlich nachzuspüren war kaum zu ertragen.

Weil ich die Liebe wollte, war ich all die Jahre nicht bereit gewesen, auf meinen Körper zu hören. Stattdessen verausgabte ich mich, um die anderen zu lieben, denn ich wollte wiederum von ihnen angenommen und geliebt werden. Doch ich wusste, dass ich bereits auf dem besten Weg war, meinem Körper jetzt das zu geben, was er brauchte.

Aber die Frage, ob ich bereit wäre, mich lieben zu lassen, was ich auch mit körperlicher Liebe verband, riss sofort einen Krater in mir auf.

Ich musste nun meinen Mittelfinger halten, der für Wut steht, denn ein großer Zorn stieg plötzlich in mir hoch. Um diese starke Emotion auszuhalten, begann ich, nach Byron Katies Methode alle meine Gefühle und Gedanken dazu aufzuschreiben. Ich schrieb mir alles zum Thema Männer von der Seele. Ich kritisierte die Männer nach Strich und Faden; es hagelte nur so an Vorwürfen und Unterstellungen.

Dann kam die harte Arbeit, diese Meinungen mit Hilfe der vier Fragen zu analysieren. Ich staunte nur noch über das, was zum Vorschein kam. Ich war mir gar nicht bewusst gewesen, welche Wut auf die Männer in mir steckte, wie gut ich sie verborgen hatte, wie ich ihr stets auswich und sie tief in mir eingeschlossen hielt. Etwas Heilsameres hätte mir gar nicht passieren können, als endlich diese vergrabenen Emotionen anschauen zu müssen.

Danach waren die Ringfinger an der Reihe, gehalten zu werden. Nun war da nur noch Traurigkeit. Ich praktizierte Jin Shin Jyutsu, ließ meinen Tränen freien Lauf und versuchte, konzentriert bei meinem Atem zu bleiben. Doch wurde ich zuweilen erneut von Wut und Traurigkeit überschwemmt, und ich dachte daran, welche Erfahrungen ich in meinem Leben mit Männern gemacht hatte.

Sobald ich mir meines Atems wieder bewusst wurde, waren die vier Fragen präsent:

1. Ist es wirklich wahr, dass ich in meinem Leben durch Männer nur Schmerz und Unterdrückung erfahren habe?
2. Kann ich wirklich wissen, ob das wahr ist? Wie behandle ich mich, wenn ich in dieser Weise über die Männer denke, und wie behandle ich die Männer, wenn ich so denke?
3. Bin ich bereit, diesen Gedanken loszulassen?
4. Wie wäre ich ohne diesen Gedanken?

Dann ging ich daran, meine Urteile und vorgefassten Meinungen umzukehren.

Der erste Schritt auf dem Weg der Umkehrung oder Rücknahme der Projektion war hart, aber nur konsequent: Ich habe mich selbst unterdrückt und mir Schmerz zugefügt. Die zweite Umkehrung – es trifft nicht zu, dass ich von Männern nur Schmerz und Unterdrückung erfahren habe – war genauso wahr und befreiend.

Und schon tauchte die nächste Frage auf: Wie steht es um mein Leben?

Mein Leben ... Mein was? Mein? Gab es das überhaupt noch?

Was hatte denn die Nacht vom 23. November überlebt? Mein Wille? Meine Seele? Mein Geist, mein Körper? Was lebt weiter?

Das Leben, ganz einfach!

Du bist nicht der Handelnde, du bist nur der Zeuge – was immer auch passiert, es passiert einfach. Nicht, weil ich es will oder nicht will, sondern weil es aus irgendwelchen Gründen *ist*. Es *ist*. Punktum. Nur wenn noch etwas da ist, das zustimmt oder ablehnt, entsteht ein Problem. Dann hilft allein das Ja, die völlige Hingabe an das Leben: ohne wenn und aber kommen lassen, was kommt; gehen lassen, was geht.

Die letzte Konsequenz der Liebe ist das bedingungslose Ja. Und bis diese Bedingungslosigkeit erreicht ist, tut es weh – körperlich und seelisch. Meine Schmerzen nicht haben zu wollen ist in diesem Sinne bereits eine Bedingung: Ich will keinen Schmerz, ich will gesund sein!

Es gehört einfach zu diesem Leben, dass der Körper Schmerzen hat. Haben nicht alle großen Heiligen Schmerz und Qual erlitten? Was leidet Ammas Körper tagtäglich, wenn sie Tausende umarmt? Doch sie kann mir ihrem Bewusstsein in die Glückseligkeit eintauchen, wann immer sie will.

Die einseitige Verbindung nur mit dem Körperbewusstsein ist das Nein. Die Rückverbindung zur Seele, die in die Mitte führt, ist das Ja. Jede Sekunde bin ich frei zu entscheiden, mich meinem Verstand, meinem Intellekt, oder mich meinem seelischen Teil, meinem höheren Selbst, zuzuwenden.

Da saß ich nun den fünften Tag, hielt meine Finger und musste mir den ganzen Schlamm von Selbstmitleid, Projektion, Wut und Traurigkeit ansehen und verarbeiten.

Nur jetzt nicht aufgeben, sagte ich mir, sondern sitzen bleiben und durchkommen. Nicht wieder neue Ängste und Projektionen erschaffen, beim Atem und den Fingerhaltungen bleiben, nicht fliehen.

Am sechsten Tag hatten sich die Emotionen endlich gelegt. Meine Seele führte mich in ruhigere Gewässer. Da ich nicht auswich und den Mut aufbrachte durchzuhalten, fand meine Seele wie immer Wege, um Hindernisse zu verwandeln.

Ich erinnerte mich, dass Meena mir vor vielen Jahren erklärt hatte, warum es so schmerzvoll ist, eine erfüllende, liebevolle

Partnerbeziehung zu leben: In der Regel spiegelt der Partner die eigenen unterentwickelten und ungelebten Seiten. Das, was wir in uns selbst vermissen, suchen wir im anderen. Lernziel der »Erdenschule« ist die Entwicklung in Richtung Ganzwerden. Das heißt unter anderem, männliche und weibliche Eigenschaften in sich selbst auszugleichen. Jedesmal wenn wir uns auf Erden mit einem Partner verbinden, ist es ein Meilenstein auf dem Weg der Evolution. Jede Seele durchläuft Stufe um Stufe, bis sie mit der letztendlichen Einheit wieder verschmelzen kann.

Meena erklärte mir auch, dass wir alle einen Seelenpartner haben, mit dem wir untrennbar verbunden sind, der über uns wacht und meist höher entwickelt ist als der Partner, der sich noch auf der Erde befindet. Es fiel mir jedoch schwer, diese Information anzunehmen. Es dauerte lange, bis ich durch eigene Erfahrungen an die Existenz eines Seelenpartners glauben konnte. Außerdem war für mich der Gedanke schmerzvoll, dass ich mich von diesem Seelenpartner – angenommen es gäbe ihn – offenbar nicht führen und behüten ließ, denn ich zweifelte ja an allem.

Um mich mit dem Gedanken an einen Seelenpartner, an eine männliche Seelenhälfte, mehr vertraut zu machen, erfragten wir innerlich seinen Namen. Auch bat ich die geistige Welt um Beweise für seine Existenz. Tatsächlich erhielt ich Hinweise; einige waren wirklich nicht zu übersehen. Als ich eines Nachts wieder einmal zwischen Glauben, Gehorsam und totaler Ablehnung hin- und hergerissen war, rief ich ärgerlich nach einem handfesten Zeichen. Kaum hatte ich meinem Ärger und meiner Verzweiflung Luft gemacht, schien die Glühbirne in der Lampe vor mir in einem Sternenregen zu explodieren. Als das Licht erlosch, waren die Initialen des Namens meines Seelenpartners wunderbar in die Glühbirne eingebrannt. Dies geschah vor über zwanzig Jahren, und ich habe die Glühbirne aufbewahrt. Die Buchstaben darauf sind tadellos erhalten geblieben. Trotz dieser Zeichen zweifelte ich weiter, denn ich konnte »ihn« ja weder hören noch sehen.

Meena versuchte, mir den Sinn der Seelenpartnerschaft zu erklären: Als Shiva und Shakti Äonen vor unserer Zeit die einzelnen Seelenfunken, die das »Ganze« enthielten und für die Evolution manifestierten, auf die Reise schickten, teilte sich jeder dieser Funken in eine Yin- und eine Yang-Hälfte. Diese nun getrennten männlichen und weiblichen Seelenhälften begannen jede für sich eine Individualität zu entwickeln, um alle Aspekte der verschiedenen Bewusstseinsebenen zu durchlaufen. Je mehr sich das Ego entwickelte und sich die Seelenhälften aus der Einheit entfernten – bis zu deren Vergessen und Verneinen –, umso schmerzvoller wurde die Reise. Der eine Teil verliert sich auf der möglicherweise mehrere hundert Inkarnationen währenden Reise häufiger und verwickelt sich länger. Trotz aller Faszination und allen weltlichen Vergnügen bleiben tief in der Seele der Schmerz der Trennung und die Sehnsucht nach der Heimkehr in die Einheit bewahrt. Die Seele will in die Ganzheit zurückfließen, und so suchen wir in jeder neuen Inkarnation weiter nach Partnern, die unserem in der Seele eingravierten Idealbild entsprechen. Wir erfahren dabei alle Höhen und Tiefen der menschlichen Existenz.

Damit konnte ich mir erklären, warum sich auf der Erde letztendlich alles um Sex dreht. Es ist ein einziger Schrei nach Liebe, nach dem Verschmelzen in der Einheit.

Wir suchen im Partner, was wir in uns selbst vermissen. Wenn wir dann vom Festhalten und Verlieren frustriert und müde geworden sind, fangen wir an, unseren Blick nach innen zu wenden – und beginnen unsere Rückreise nach Hause. Alles, was wir im Außen suchen, ist tief in uns selbst verborgen und wartet darauf, sich uns zeigen zu dürfen und uns zu führen. Aber meist sind wir mit unseren Projektionen und Illusionen vollauf beschäftigt. Ich könnte erkennen, dass all die wunderbaren männlichen beziehungsweise weiblichen Eigenschaften, die ich so bewundere oder ablehne, nur Projektionen sind. Es sind Eigenschaften, die ich in mir selbst nicht zur Entfaltung bringe.

An einem bestimmten Punkt unserer individuellen Lebensreise wird die Sehnsucht nach Liebe und Einssein überwältigend groß, und niemand vermag sie zu stillen. Dann wenden wir uns ganz dem spirituellen Weg zu. Es setzen das Wirken und die Hilfe eines echten Gurus oder Meisters ein. Mit seinem Mitgefühl und seiner grenzenloser Liebe hilft er uns, von all unseren Illusionen, Wünschen, Ideen, Gewohnheiten frei zu werden und die Schmerzen, die dieser Prozess mit sich bringt, auszuhalten. Wenn vom stolzen, selbstherrlichen Ego nur noch Staub übrig geblieben ist, hilft uns der Schöpfer, Yin und Yang wieder zu einer Einheit zusammenzufügen.

Auf unserem beschwerlichen Weg hat unsere andere Seelenhälfte stets mit uns gekämpft und gelitten. Aber die männliche Seelenhälfte, die das Wissen repräsentiert, ist ohne die weibliche Hälfte trocken und unflexibel. Die weibliche Seelenhälfte, die die Liebe repräsentiert, ist für sich genommen verloren, da ihr das Gefäß fehlt, in das sie den Strom ihrer Liebe fließen lassen kann. Das ist der Grund für die tiefe Traurigkeit, die wir alle in uns tragen und meist mit so viel hektischer Geschäftigkeit zu verdecken suchen. Aber wenn die Zeit für uns reif ist, kommt jemand, der uns den Weg zeigt. Dann beginnt eine neue intensive Arbeit: das Reinigen und Klären der Körperelemente. Genau diese Arbeit hatte Meena gemeint, als ich sie 1980 kennen lernte und sie mir die fünf Elemente und sieben Körperhüllen aufmalte und darüber sprach, dass sie rein zurückgegeben werden müssten. Alle Schulden müssen zurückgezahlt, alles Karma muss ausgeglichen werden.

Je mehr Fortschritte wir auf dem Weg nach Hause machen, desto intensiver wird die Hitze. Wir »verbrennen« und klären uns immer schneller. Die dabei auftauchenden Krankheiten sind alles nur Reinigungsprozesse. Viele fortgeschrittene Seelen durchleben diese Zeit in verschiedenen Höhlen des Himalajas oder suchen die unmittelbare Nähe eines Gurus oder Meisters. Doch Meena erklärte mir, dass man diesen Reinigungsprozess überall auf der Welt durchlaufen könne.

Ich fragte Meena, ob es nicht möglich sei, all diese Dinge auch in Büchern nachzulesen. Wenn ich es schwarz auf weiß vor mir hätte, wäre es viel einfacher für mich, meine Zweifel aufzugeben. Sie lächelte nur und meinte: »Die letzte Wahrheit wird nie aufgeschrieben, sondern nur mündlich direkt an die Seelen weitergegeben, die bereit sind.«

Nach meiner Meinung kommt jedoch die Zeit, dass es gut ist, wenn Suchende hier und dort etwas finden können, das noch nicht so einfach aus dem eigenen Herzen aufzusteigen vermochte. Beispielsweise hat der berühmte Arzt Deepak Chopra einen Roman mit dem Titel *Seelenverwandte* veröffentlicht.

Alle unsere Wunden und Mängel müssen geheilt und ausgeglichen sein, um in die Einheit zurückzukehren. Wie das geschieht, ist ein Wunder und Mysterium der höchsten Ordnung.

Als der siebte Tag meiner Klausur angebrochen war, wurde all das in mir lebendig, was mir Meena erklärt hatte und was ich aus Ammas Worten gelernt hatte. Ich hatte das Gefühl, dass sie mir frohe Botschaft übermittelt hatten. Ich wollte nicht mehr zweifeln. Besaß ich nicht genügend Beweise, um mich dem Geheimnis Gottes völlig anzuvertrauen? War nicht rückblickend in meinem Leben alles von unsichtbarer Hand zu meinem Besten geführt und bereitet worden? War nicht genau in dem Moment, als alles in mir am Zusammenbrechen war und ich weder ein noch aus wusste, Amma zu uns gekommen?

Der siebte Tag des Fingerhaltens verwandelte mich. Ich fühlte mich befreit und offenen Herzens, das Leben anzunehmen, wie immer es sich nun entfalten würde. Der Kokon von »mein und dein«, »gut und schlecht« war durchbrochen.

»Bereit sein ist alles, nicht bereit sein heißt, sich zu fürchten«, lehrte Ramana Maharshi. Ich war nun bereit – und ließ meine Finger los.

Seitdem ich nach Carls Tod allein lebte, begann sich der Kreis der Menschen um mich herum zu verändern. Ich brauchte meine Lebenseinstellung nicht mehr zu rechtfertigen; ich fühlte mich in meinem Sosein völlig angenommen und geliebt. Ich vermochte, still und ruhig für mich selbst zu sorgen, und konnte gleichzeitig anderen eine Stütze auf ihrem Weg sein.

Dann geschah etwas, das Ramana Maharshi mit den Worten beschrieb: »Das Erwartete mag sich nie ereignen, während das Unerwartete sich ereignen muss.« Das Leben schenkte mir nochmals die alles verwandelnde Kraft der Liebe, eine von besitzergreifender Manipulation befreite Liebesbeziehung voll von überströmender Freude und Kreativität. Die letzten Hindernisse, die das Wachstum meiner Seele noch blockierten, wurden von den Strahlen dieser Liebe verbrannt und aufgelöst.

Dschaladin Rumi, der große Mystiker des Sufismus, wurde mein geistiger Begleiter in dieser Erfahrung. Er hatte selbst durchlebt, was er uns in vielen Büchern und Gedichten mitteilte, »dass die Liebe das Ich und die Persönlichkeit schamlos vernichtet und letztlich in eine Entwerden führt«.

Seine Wahrheit wurde auch zu meiner Wahrheit: »Der Liebe Reich ist anders als alle Religionen. Den Liebenden ist Gott ihr Reich und Religion.«[66]

Das Feuer der Liebe muss alles verbrennen. Was übrig bleibt, ist die Asche – *Vibuthi*. Indische Meister schenken sie den Suchenden als Symbol für die letztendliche Realität, für die Loslösung. Was aus der Asche wiedergeboren wird oder wie Phönix aus der Asche steigt, hat keinen Namen mehr.

[66] Dschaladin Rumi, *Das Mathnawi* , in: Annemarie Schimmel: *Ausgewählte Geschichten*, Basel 1994.

Anhang

Literatur

Aundh, Rajah von: *Das Sonnengebet.* Samsara, Füssen 1997.

Aurobindo: *Von der Seligkeit des Dienens.* Padmos, Düsseldorf 1985.

Beyersdorff, Dietrich: *Biologische Wege zur Krebsabwehr. Komplementäre, ganzheitliche Krebstherapien.* Haug, Heidelberg 1993.

Bhagavadgita. Neu bearbeitet und hrsg. von Helmuth von Glasenapp. Reclam, Stuttgart 1977.

Bircher-Benner, Max: *Die Ordnungsgesetze des Lebens.* Bircher Benner, Homburg 2003.

Budwig, Johanna: *Krebs. Das Problem und die Lösung.* Sensei, Kernen 1999.

Budwig, Johanna: *Öl-Eiweiß-Kost.* Sensei, Kernen 2000.

Burmeister, Alice/Monte, Tom: *Heilende Berührung. Körper, Seele und Geist mit Jin Shin Jyutsu behandeln.* Knaur, München 2000.

Burmeister, Mary: *Einführung in Jin Shin Jyutsu. Drittes Buch.* Raphael, Bonn 1994.

Byron Katie: *Lieben was ist. Wie vier Fragen Ihr Leben verändern können.* Goldmann, München 2002.

Chopra Deepak: *Die Körperzeit. Mit Ayurveda jung bleiben, ein Leben lang.* Knaur, München 2000.

Chopra, Deepak: *Die Körperseele. Grundlagen und praktische Übungen der indischen Medizin.* Knaur, München 2001.

Clark, Hulda R.: *Heilung ist möglich. Eine revolutionäre Technik zur Behandlung chronischer Erkrankungen.* Knaur, München 2000.

Cornell, Judith: *Amma – das Leben umarmen.* Theseus, Berlin 2002.

Fromm, Erich/Suzuki, Daisetz Teitaro/Martino, Richard de: *Zen-Buddhismus und Psychoanalyse.* Suhrkamp, Frankfurt 2002.

Goldmann-Posch, Ursula /Rita Rosa Martin: *Über-Lebensbuch Brustkrebs.* Schattauer, Stuttgart 2002.

Gray, Robert: *Das Darm-Heilungsbuch. Gesundheit durch Kolon-Sanierung.* Knaur, München 2000.

Haich, Elisabeth: *Die Einweihung*. Drei Eichen, Hammelburg 2003.
Hay, Louise L.: *Gesundheit für Körper und Seele*. Heyne, München 2001.
Hürlimann, Gertrud I.: *Rute und Pendel*. Oesch, Zürich 2003.
Irmey, György/Anna-Luise Jordan/Robert Norton: *110 wirksame Behandlungsmöglichkeiten bei Krebs*. Haug, Heidelberg 2001.
Jungclaussen, Emmanuel (Hrsg.): *Aufrichtige Erzählungen eines russischen Pilgers*. Herder, Freiburg 2000.
Krystal, Phyllis: *Die inneren Fesseln sprengen. Befreiung von falschen Sicherheiten*. Econ & List, München 1999.
Kübler-Ross, Elisabeth: *Über den Tod und das Leben danach*. Hrsg. von Tom Hockemeyer. Die Silberschnur, Güllesheim 1998.
Kushi, Michio/Mendelsohn, Robert S./Klein, Peter: *Die makrobiotische Antwort auf Krebs*. Mahajiva, Münster 1990.
Kushi, Michio: *Die Kushi Diät. Makrobiotik als Vorsorge*. Knaur, München 1984.
Kushi, Michio: *Natürliche Heilung mit Makrobiotik*. Ost-West-Bund, Völklingen 1995.
Lad, Vasant: *Das große Ayurveda Heilbuch*. Windpferd, Aitrang 2003.
LeShan, Lawrence: *Diagnose Krebs – Wendepunkt und Neubeginn*. Klett-Cotta, Stuttgart 2000.
LeShan, Lawrence: *Psychotherapie gegen den Krebs*. Klett-Cotta, Stuttgart 2001.
Mata Amritanandamayi: *Auf den Spuren der Glückseligkeit*. Theseus, Berlin 2001.
Mata Amritanandamayi: *Der Weg der Weisheit und Liebe*. Theseus, Berlin 1998.
Mata Amritanandamayi: *Gespräche mit Amma*. Teil 1–4. Ansata, Interlaken 1993–1996.
Müller-Stahl, Martin/Dirk-Ingo Wolfrum: *Motivation zur Hoffnung. Für Krebskranke, Angehörige, Pflegende und Ärzte*. KVC, Essen 2001.
Nakagawa, Fumon S.: *Zen, weil wir Menschen sind*. Theseus, Berlin 2003.
Nisargadatta Maharaj: *Ich bin*. Kristkeitz, Berlin 1980.
Ramana Maharshi: *Gespräche des Weisen vom Berge Arunachala*. Ansata, Interlaken 1984.
Ramana Maharshi: *NAN YAR? Who am I? Venkataraman Tiruvannamalai 1986.*
Sathya Sai Baba: *Der Weg nach Innen*. Sadhana. Sathya Sai Vereinigung, Dietzenbach 2001.
Ralli Lucas: Sai Babas Botschaften für Dich und mich. Dietzenbach 1992.
Sator, Günther: *Feng Shui. Die Kraft der Wohnung entdecken und nutzen*. Gräfe und Unzer, München 1998.

Sattilaro, Anthony J./Monte, Thomas J.: *Gesundes Leben – auf natürliche Weise*. Mahajiva, Münster 1987.
Sattilaro, Anthony J./Monte, Thomas J.: *Rückruf ins Leben. Die Geschichte meiner Krebsheilung*. Mahajiva, Münster 1995.
Schillings, Astrid/Hinterthür, Petra: *Qi Gong – Der Fliegende Kranich*. Windpferd, Aitrang, 6. Aufl. 1999.
Schirner, Markus: *Pendel-Set*. Schirner, Darmstadt 2002.
Schneider, Manuel: *Mythen der Landwirtschaft*. SÖL, Bad Dürkheim 2001.
Schrott, Ernst: *Ayurveda für jeden Tag*. Goldmann, München 1998.
Schrott, Ernst: *Die köstliche Küche des Ayurveda*. Heyne, München 1998.
Siegel, Bernie: *Prognose Hoffnung. Liebe, Medizin und Wunder*. Ullstein, München/Berlin 2003.
Simonton, O. Carl/Simonton, Stephanie Matthews/Creighton, James: *Wieder gesund werden. Eine Anleitung zur Aktivierung der Selbstheilungskräfte für Krebspatienten und ihre Angehörigen*. Rowohlt, Reinbek 2001.
Stegemann, Karin: *Warum aber werden wir nicht weise? Erleuchtungsspuren aus Ost und West*. Beyerlein & Steinschulte, Stammbach 2001.
Steiner, Rudolf: *Das Leben nach dem Tod und sein Zusammenhang mit der Welt der Lebenden*. Freies Geistesleben, Stuttgart 1997.
Stepski-Doliwa, Stephan von: *Sai Baba spricht zum Westen*. Govinda Sai, Grafrath 1994.
Strunz, Ulrich, *Forever young. Das Ernährungsprogramm*. Gräfe und Unzer, München 2000.
Tausch, Anne-Marie: *Gespräche gegen die Angst*. Rowohlt, Reinbek 1997.
Thich Nhat Hanh: *Das Sutra des bewussten Atmens. Kommentare zu dem Anapanasati Sutra*. Theseus, Berlin 1989.
Thich Nhat Hanh: *Umarme deine Wut*. Theseus, Berlin 2002.
Walf, Knut: *Tao für den Westen. Weisheit, die uns nottut*. Kösel, München 1997.
Weinreb, Friedrich: *Vom Sinn des Erkrankens. Gesundsein und Krankwerden*. Origo, Bern 1979.
Werner, Benno: *Das Krebszeitalter. Die verschiedenen Ebenen der Krebserkrankung*. Knaur, München 1993.
Wolverton, B. C.: *Gesünder leben mit Zimmerpflanzen*. VGS, Köln 1997.
Zürcher Walter: *Alternative Heilmethoden bei Krebs*. Hermann Bauer, Freiburg 1986.

Adressen

- *Informationen über Mata Amritanandamayi*

Deutschland: www.amma.de
Schweiz: www.amma.ch
Indien (internationaler Hauptsitz): www.amritapuri.org

Verein Amrita e. V. / Verkauf
Amselweg 20
64753 Brombachtal
Telefon 06063-2216
E-Mail: ammasales@aol.com
(Verkauf von Amma-Büchern, CDs und anderem mehr, Bezugsquelle der Selbsthilfe-Unterlagen *Der andere Weg*)
Amma Info-Telefon: 089-98 73 69

- *Meditation, Zen*

Zen-Zentrum Eisenbuch
Daihizan Fumonji
Eisenbuch 7
84567 Erlbach
Telefon 08670-98 68 20
Internet: www.eisenbuch.de
(Leiter: Soto-Zen-Meister Fumon Roshi; angeboten werden unter anderem Kurse für Krebsbetroffene mit Relia Wecker. Daihizan Fumonji bedeutet »Berg des großen Mitgefühls und Stätte des universalen Tors«.)

Domicilium – Meditationshaus
Holzkirchener Straße 3
83629 Weyarn
Telefon 08020-1511
E-Mail: snela@domicilium-weyarn.de
Internet: www.domicilium-weyarn.de
(Kontakt: Dr. Bogdan und Helena Snela, Telefon 089-168 90 01)

- *Jin Shin Jyutsu*

Klaus Rainer Boesch
Kessenicherstraße 238
53129 Bonn
Telefon 0228-23 45 98
(Informationen über Seminare, Vorträge und Materialien)

• *Gesang als Befreiung*
Internet: www.women-at-work.ch/eva

• *Hilfe und Information für Krebspatienten in Deutschland*
Gesellschaft für Biologische Krebsabwehr e. V.
Hauptgeschäftsstelle
Postfach 102549
69015 Heidelberg
Telefon 06221-13 802-0
E-Mail: information@biokrebs.de
Internet: www.biokrebs.de

Deutsche Krebshilfe e. V.
Thomas-Mann-Straße 40
Postfach 1467
53111 Bonn
Telefon 0228-729 90-0
E-Mail: deutsche@krebshilfe.de
Internet: www.krebshilfe.de
Infodienst: Montag-Donnerstag 9–16 Uhr, Freitag 9–15 Uhr
(Beratung, Hilfe, in Einzelfällen finanzielle Unterstützung)

• *Hilfe und Information für Krebspatienten in der Schweiz*
Krebsliga Schweiz
Effingerstr. 40
CH – 3001 Bern
Tel. 031-389 91 00
Fax 031-389 91 60
E-Mail: info@swisscancer.ch
Internet: www.swisscancer.ch

Krebstelefon
Kostenloser Informations- und Beratungsdienst der Krebsliga Schweiz
0800-55 88 38

Lukas Klinik
Brachmattstraße 19
CH-4144 Arlesheim (bei Basel)
Telefon 061-706 71 71
E-Mail: kontakt@lukasklinik.ch
Internet: www.lukasklinik.ch
(Spezialklinik für Tumorpatienten; keine Chirurgie, nur Nachsorge)

Paracelsus-Spital
Bergstraße 16
CH-8805 Richterswil (am Zürichsee)
Telefon 01-787 21 21
E-Mail: contact@paracelsus-spital.ch
Internet: www.paracelsus-spital.ch
(Anthroposophische Medizin, mit Chirurgie)

Aeskulap-Klinik Dr. Brander
Zentrum für Ärztliche Ganzheitsmedizin
CH-6440 Brunnen am Vierwaldstätter See
Telefon: 041-825 49 49
E-Mail: info@aeskulap.com
Internet: www.aeskulap.com
(Keine Chirurgie, nur Nachsorge)

- *Baubiologie, Geobiologie in Deutschland*

Institut für Baubiologie und Ökologie Neubeuern – IBN
Holzham 25
83115 Neubeuern
Telefon: 08035-2039
E-Mail: institut@baubiologie.de
Internet: www.baubiologie.de
(Baubiologische Beratung bei Neubau, Renovierung und Sanierung; Haus-, Arbeitsplatz- und Grundstücksuntersuchungen, Schadstoffanalysen u.v.m.)

Forschungskreis für Geobiologie Dr. Hartmann e. V.
Adlerweg 1
69429 Waldbrunn
Telefon: 06274-912100
Internet: www.geobiologie.de
(Unter anderem Vermittlung von Rutengängern)

- *Baubiologie, Geobiologie in der Schweiz*

Verband für Radiästhesie und Geobiologie Schweiz
Steiacherweg 1
CH – 6289 Müswagen
E-Mail: info@vrgs.ch
Internet: www.vrgs.ch

Die Bestseller von Louise L. Hay

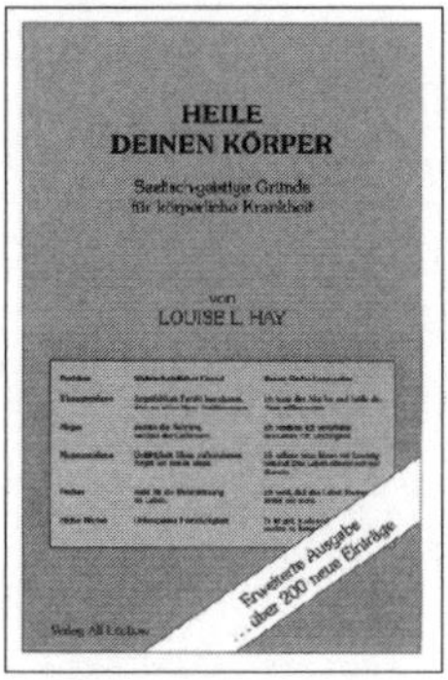

Der Klassiker der Bestseller-Autorin, in dem sie die seelisch-geistigen Ursachen vieler körperlicher Beschwerden aufzeigt.

Louise L. Hay
Heile Deinen Körper
60 Seiten, Broschur
ISBN 3-363-03021-5

Louise L. Hay
Meine innere Weisheit
112 Seiten, gebunden
ISBN 3-363-03004-5

Louise L. Hay
Liebe Deinen Körper
112 Seiten, gebunden
ISBN 3-363-03017-7

Lüchow
www.luechow-verlag.de